Tratado Geral de Umbanda

Compêndio simplificado de teologia de umbanda, a religião dos mistérios de Deus

"As Chaves Interpretativas"

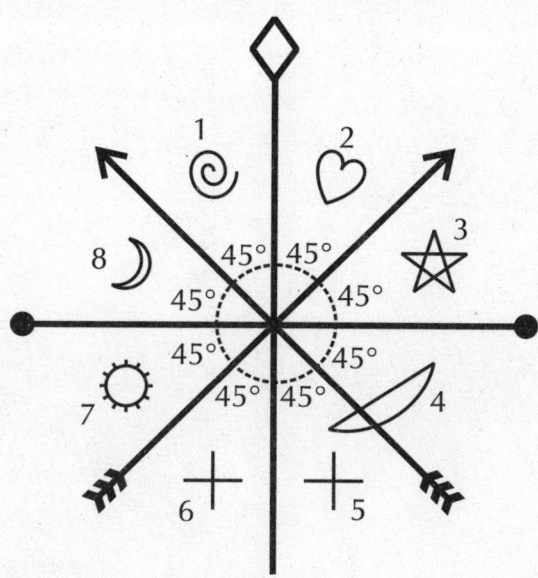

Rubens Saraceni

TRATADO GERAL DE UMBANDA

COMPÊNDIO SIMPLIFICADO DE TEOLOGIA DE UMBANDA, A RELIGIÃO DOS MISTÉRIOS DE DEUS

"AS CHAVES INTERPRETATIVAS"

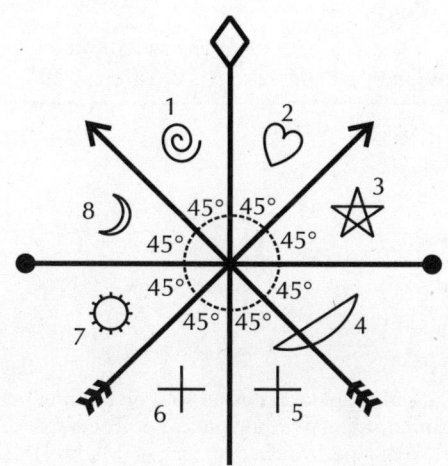

MADRAS®

© 2022, Madras Editora Ltda.

Editor:
Wagner Veneziani Costa

Produção e Capa:
Equipe Técnica Madras

Revisão:
Edson Narvaes
Rita Sorrocha
Adir de Lima

Dados Internacionais de Catalogação na Publicação (CIP)
(Câmara Brasileira do Livro, SP, Brasil)

Saraceni, Rubens, 1951- .
Tratado geral de umbanda : compêndio
simplificado de teologia de umbanda, a religião
dos mistérios de Deus / Rubens Saraceni. —
4. ed. — São Paulo : Madras, 2022.
ISBN 978-85-370-0448-7
1. Umbanda (Culto) I. Título.
08-11413 CDD-299.60981

Índices para catálogo sistemático:
1. Umbanda : Religiões afro-brasileiras 299.60981

Proibida a reprodução total ou parcial desta obra, de qualquer forma ou por qualquer meio eletrônico, mecânico, inclusive por meio de processos xerográficos, incluindo ainda o uso da internet, sem a permissão expressa da Madras Editora, na pessoa de seu editor (Lei nº 9.610, de 19.2.98).

Todos os direitos desta edição reservados pela

MADRAS EDITORA LTDA.
Rua Paulo Gonçalves, 88 — Santana
CEP: 02403-020 — São Paulo/SP
Caixa Postal: 12299 — CEP: 02013-970 — SP
Tel.: (11) 2281-5555 — Fax: (11) 2959-3090
www.madras.com.br

Este livro traz em seu subtítulo o dizer "Compêndio simplificado de Teologia de Umbanda" pois é uma condensação de um maior, com cerca de 2.500 páginas. Como é impossível publicá-lo na íntegra, optamos por dividi-lo em assuntos e livros, simplificando sua publicação, leitura e aquisição pelos nossos leitores.
Tenham uma boa leitura!

Rubens Saraceni

ÍNDICE

Introdução 9
Deus 12
A Teologia de Umbanda 18
A Umbanda e seus Mistérios 21
O Sacerdote de Umbanda e O Sacerdócio Umbandista 24
Chaves da Umbanda 27
Definição de Mistério 30
As Sete Vibrações Divinas 33
    Vibração 33
As Sete Linhas de Umbanda 36
Os Elementos 39
Divindades e Símbolos 41
Divindades de Deus 49
    As Divindades Energéticas e as Mentais 54
Orixás Elementais, Uma Chave 60
    O Mistério Tronos de Deus: a Chave das
    Chaves Interpretativas 63
Reinos e Domínios 65
Divindades dos Vegetais 69
Orixás do Fogo 76
As Chaves Elementais dos Guias 81
Os Fatores de Deus 86
Fatores, as Chaves dos Mistérios da Criação 97
O Setenário na Umbanda 104
    Os Setenários Multiplicados 110
Chave Interpretativa do Setenário 118
Os Fatores e Verbo Divino 124
Ondas Vibratórias 127

A Base da Criação	127
As Formas das Ondas Vibratórias	130
Ondas Vibratórias Fatorais	131
As Funções dos Fatores Divinos	142
Fatores Universais	142
Fatores Cósmicos	147
Os Fundamentos Divinos das Linhas de Umbanda Sagrada	149
Tabela Parcial dos Verbos, dos Fatores, dos Orixás e das suas Funções	155
O Simbolismo das Cores	170
A Geometria Sagrada da Umbanda	172
O Ponto Riscado da Umbanda	185
Tabela de Signos Mágicos	195
Ciência do Ponto Riscado	200
A Posição dos Signos Mágicos	200
O Arco na Magia Riscada de Umbanda	203
Ondas Vibratórias Temporais e Atemporais	208
Cruzamentos	211
A Magia Simbólica ou Riscada	212
De Onde Saem os Signos Mágicos	219
O Sacerdócio e o Sacerdote Umbandista	222
O Isolamento de um Templo Umbandista	224
O Assentamento de Forças na Umbanda	226
A Pemba	227
A Toalha na Umbanda	231
A Magia Divina e a Umbanda	234
O Tempo na Umbanda	234
Cerimônia Fúnebre	239
Ritual de Purificação do Corpo e Encaminhamento do Espírito	239
Encomenda do Espírito	241
Batismo na Umbanda	244
Sacerdócio	245
Assentamento de Forças	245
Sacerdócio Vocacional Umbandista	250
Escola de Desenvolvimento Mediúnico Umbandista	255

Introdução

Escrever sobre Deus e suas Divindades aos umbandistas, após tudo o que vem sendo escrito há séculos, é quase uma redundância.

Afinal, se tantos já escreveram sobre Ele, e de tão descrito e comentado chegam a banalizar a Sua evocação, chamando-O para causas e coisas fúteis ou desprezíveis, tais como: falsos juramentos; evocação do testemunho d'Ele para encobrir erros, falhas e pecados humanos, o que podemos abordar n'Ele ou d'Ele que volva a mente, os pensamentos e os sentimentos dos seres em uma nova direção e expectativa de fé repleta de esperança e ventura?

Respondemos que nunca é demais reavivar a fé nos seres e renovar as interpretações sobre o nosso divino Criador e Suas manifestações na forma de Divindades-Mistérios.

É certo que não encontramos muitos textos que associam integralmente as divindades às manifestações d'Ele, e sim que dão total autonomia a elas e as colocam em situação e posição contrárias às que são realmente.

Se não, então vejamos:

— Colocam o culto a uma divindade como um fim em si, e só por meio do culto a ela se chega a Deus.

Estas divindades têm nomes: Jesus Cristo, Buda, Krishna, etc., divinizando-as de tal forma que sem a presença delas torna-se impossível o culto a Deus.

— Os "canais" de acesso a Ele tornam-se mais importantes que Ele.

— Os "meios" de a Ele se chegar e achegar-se são mais louvados, valorizados e ressaltados que Ele, o fim a ser alcançado por todos.

— Os reveladores assumem maior importância e recebem maior adoração que a revelação, que é Deus.

Isto vem acontecendo há tanto tempo que ninguém se apercebe disso nos dias de hoje, e na Umbanda os espíritos que se manifestam em nome de Deus e dos Orixás tornaram-se um fim em si ao invés de serem entendidos como um meio entre as pessoas e o plano divino da criação, onde reside de fato todo o poder que eles manifestam.

Percebemos uma certa acomodação dos umbandistas com este estado das coisas, todos voltados para o socorro aos necessitados e deixando de lado o culto intenso a Deus na Sua forma mais elevada.

Ao jovem iniciante umbandista é recomendado que desenvolva a sua mediunidade rapidamente, em vez de estimulá-lo a depurar sua consciência, suas posturas, sua emotividade e outros negativismos.

Com este "estado das coisas" não é raro ver em uma corrente mediúnica pessoas intolerantes, vaidosas, frustradas, desesperançadas mesmo.

E tudo porque, no sacerdócio da Umbanda, foi muito valorizado o médium em si mesmo e não a mediunidade como fator de interação entre os planos material e espiritual; foi valorizado o conhecimento mágico em detrimento da formação sacerdotal, formação esta que implica total transformação consciencial do ser que consagra sua vida ao sacerdócio.

Não será cultivando esse estado das coisas na Umbanda que fortaleceremos uma religião "familiar", já que só alguns são médiuns de fato, mas todos são necessitados de uma crença forte na existência de Deus e de uma religiosidade e fé inabaláveis ante os eventos doloridos que nos assoberbam constantemente.

Só uma doutrina que explique racionalmente a presença de Deus na vida dos umbandistas e o porquê do culto às suas manifestações na forma de orixás será realmente capaz de mudar esse estado das coisas na Umbanda e conscientizar os umbandistas da necessidade do estudo constante e aperfeiçoador da fé, da religiosidade e da consciência, indispensáveis aos exercícios da mediunidade e do sacerdócio.

De nada adianta só saber fazer trabalhos espirituais, oferendas, assentamentos ou magias. É preciso saber o porquê de ter de fazê-los e porque fazê-los.

É certo que temos um imenso trabalho pela frente e sozinhos não teremos como concretizá-lo. Mas a primeira pedra para calçar este caminho para uma "religião de fato" nós temos procurado colocar, esperando que outros umbandistas venham contribuir com seus saberes no calçamento dele.

Só assim, com um caminho bem construído agora, daqui a alguns séculos a Umbanda será uma via evolucionista religiosa universal e trilhada por todos os seres, sejam eles médiuns ou não.

Apenas com uma teologia forte e bem pensada será possível congregar todos os membros de uma família, independentemente de serem médiuns ou não, em torno da doutrina religiosa umbandista.

Não adianta ordenar a mediunidade de uma pessoa se não alterarmos a sua consciência e sedimentarmos sua fé em conceitos superiores sobre o universo divino que rege tanto a nós, encarnados, quanto aos espíritos que por intermédio de nós se manifestam como "guias espirituais de Umbanda Sagrada".

Os fiéis seguidores de uma religião é que a tornam o que é: uma religião!

Esporádicos frequentadores dos templos de Umbanda, e que só os frequentam quando estão vivendo dificuldades insolúveis pelos sacerdotes da religião que seguem (e muito mal), não a tirarão de um dos estados das suas coisas: o de ser vista como um ponto de descarga dos problemas espirituais, materiais e emocionais.

O tão procurado "pai-de-santo" nunca chegará a ser, de fato, o sacerdote dos que o procuram quando estão com problemas e nunca conduzirá um rebanho ordeiro e obediente à sua pregação religiosa, já que sempre será visto como apenas um ponto de descarga das mazelas alheias.

É preciso mudar o estado das coisas na Umbanda ou ela será engessada como religião das massas e será recolhida a um gueto frequentado só pelos desvalidos, que não mais voltarão a ele assim que nele solucionarem seus problemas.

— Que estas minhas palavras introdutórias sirvam de alerta aos verdadeiros umbandistas, preocupados com esse estado das coisas da Umbanda!

DEUS

Deus, a fonte primordial de todos os eventos criadores, já foi descrito por todos os que se voltaram para Ele como o supremo Criador, o Inefável, o Incriado Criador, o Princípio, o Meio e o Fim último de tudo e de todos, etc.

Portanto, não nos alongaremos em provar sua existência porque, com raras exceções, Ele é aceito e reverenciado por toda a humanidade, ainda que receba muitos nomes em função dos seus reveladores pertencerem a raças, línguas, culturas, épocas e regiões diferentes.

Nenhuma religião realmente estabelecida, e isto desde tempos imemoriais, deixou de ter um Deus criador e onipotente pairando acima de todas as divindades cultuadas pelas pessoas.

Pensadores ateus criaram inúmeras doutrinas, algumas até negando a existência d'Ele, mas sem indicarem um substituto da mesma grandeza que ocupasse o vácuo criado pela ausência d'Ele em suas doutrinas.

Na Umbanda não existem discussões sobre a existência d'Ele porque é aceita naturalmente. Logo, não se questiona Sua existência e sim é aceito, cultuado e reverenciado por todos os umbandistas seja pelos seus nomes africanos (Olorum, Zambi, etc.), ou indígena brasileiro (Tupã), ou mesmo como "Deus".

Deus ou Olorum é para os umbandistas o princípio dos princípios; o mistério de todos os mistérios; o Pai de todos os pais; o divino Criador Olodumaré!

1) Por princípio dos princípios entendemos que tudo tem origem n'Ele e que fora d'Ele nada existe. E, como do nada coisa alguma deriva, então todos os princípios surgem a partir d'Ele, que é a origem de todos eles.

Princípios, em si mesmos, só em Deus têm origem e fundamentam-se. Portanto, é de suma importância que definamos o que são os princípios e separemos deles as teorias humanas acerca do que é divino e do que não é.

Para ser distinguido como um princípio que se origina em Deus, tem de estar em tudo o que ele criou e pode ser identificado, classificado e aceito como um princípio.

Exemplos de princípios:
— A reprodução;
— A evolução;
— A ordem, etc.

Comprovação de que a reprodução está em Deus e, por isso, é um princípio:

a) Deus é aceito por todos como a causa geradora primeira, pois gera em si e gera de si.

— gerar em si significa ser Ele autogerador.

— gerar de si significa Ele reproduzir-Se em tudo o que gerou, dotando tudo dessa capacidade ou princípio gerador.

Alguém pode arguir isto: uma pedra não gera outra pedra, tal como uma semente pode gerar de si outras sementes!

A esse questionamento respondemos com isto: uma pedra não gera outras pedras porque as pedras não têm princípios geradores em si, mas sim são geradas a partir de um dos princípios geradores da matéria, o qual é encontrado na força imanente que gera os átomos, que geram o magma, que gera as pedras quando se resfria sob certas condições físicas.

O princípio gerador, no caso das pedras e de muitas outras entidades físicas, não está visível no que foi gerado porque se manifesta em outra dimensão ou realidade de Deus, fato este que comentaremos em outro capítulo, onde mostraremos os princípios invisíveis, pertencentes a outras realidades extramateriais mas dependentes da existência da matéria.

O <u>gerar de si</u> está em Deus e em tudo o que Ele gerou, tal como uma semente de feijão, um galho de videira, etc. que, sob condições ideais, se autorreproduzem e se perpetuam.

Os animais sob certas condições ideais também se reproduzem, perpetuando-se.

Nestes casos, a reprodução visível está em todos os seres que Ele criou. E a invisível, encontrada nas pedras e outras coisas mais, também está, mas será comentada em outro capítulo.

Todos os seres vivos (animais, répteis, insetos, vegetais, etc.) trazem em si esse princípio reprodutor (geram em si e geram de si).

— Geram em si suas sementes e geram de si suas reproduções.

Então, a reprodução ou faculdade geracionista é um princípio, não uma teoria.

Outro exemplo: Princípio da evolução.

— A evolução está em Deus e em tudo o que Ele cria. Por isso ela é um princípio.

Comprovação de que a evolução é um princípio e não uma teoria:

— Deus é em si mesmo a evolução e dota tudo o que gera com essa Sua capacidade evolucionista, sejam as micropartículas que, num contínuo processo evolucionista, vão se agrupando até formarem as substâncias materiais, sejam os espíritos que são consciências em constante evolução.

Encontrando condições ideais, as micropartículas vão se agrupando de várias formas e são capazes de formar corpos celestes (planetas, estrelas, etc.).

Encontrando condições ideais os espíritos (consciências análogas a centelhas) alcançam uma evolução tal que se assemelham a estrelas brilhantes.

Uma semente também traz em si esse princípio evolucionista e, após germinar, forma uma planta e evolui para muitas sementes. De uma única semente de uma espécie de feijão, hoje são produzidas milhares (ou milhões) de toneladas desse mesmo feijão.

— No caso das micropartículas, evoluem de um estado indefinido (energia) para outro bem definido, que é a matéria.

— Na hipótese da semente de feijão, ela evolui para muitas sementes.

— Quanto ao espírito, ele evolui de uma centelha, uma consciência potencial para uma consciência plenipotenciária.

— As micropartículas evoluem pela agregação.

— As sementes evoluem pela multiplicação.

— Os espíritos evoluem pela conscientização.

A evolução, como princípio fundamentado em Deus, pode ser encontrada de varias formas, já que cada coisa criada atende a uma necessidade do conjunto, formado por todas as coisas criadas por Ele.

Portanto, a evolução não é uma teoria mas sim um princípio fundamentado em Deus, em que tudo se encontra em estado potencial, e a partir da existência desse princípio tudo evolui para outros estados.

Com esses dois exemplos esperamos ter deixado claro o que são princípios e por que Deus é o princípio dos princípios: eles se encontram n'Ele, e n'Ele estão fundamentados.

Quanto às teorias, elas são a descrição da forma como os princípios se autoaplicam e como agem nas coisas criadas por Deus.

2) Outra definição de Deus está como o mistério dos mistérios, dada a Ele pelos umbandistas:

— Por mistério dos mistérios entendemos que n'Ele se encontram todos os mistérios e sem Ele mistério algum pode existir.

Os mistérios se encontram em todos os níveis da criação e temos de saber como identificá-los e classificá-los, assim como separá-los das celebrações deles.

Se não, vejamos:
a) A fé é um mistério.
Uma missa é a celebração da fé.
b) O amor é um mistério.
 A união de duas pessoas que se amam é a celebração do amor por meio do casamento.
c) A Lei Maior ou a ordenação divina é um mistério.

O desenvolvimento moral é a execução dessa mesma lei em nossa vida.

Muitos são os mistérios, que só podem ser assim classificados se tiverem origem em Deus.

— A fé tem sua origem n'Ele.
— O amor tem sua origem n'Ele.
— A ordem tem sua origem n'Ele.

A fé, a encontramos em nós mesmos como nossa religiosidade.
O amor, o vivenciamos em nossos sentimentos de afeição.
A ordem, a aplicamos a nós mesmos nos nossos procedimentos ordeiros.

Por isso são mistérios, já que os encontramos em tudo e em todos.

A própria formação da matéria obedece aos mistérios e, se amor é sinônimo de união, os átomos só se unem se houver afinidade (complementaridade) entre eles, como no casamento entre dois seres que se amam.

Muitos tomam a celebração de um mistério como ele em si mesmo e, por isso mesmo a noção de mistério anda um tanto confusa atualmente.

Mas, para o umbandista, a noção de mistério tem de ser bem definida porque cultuamos Deus em Si como ente supremo autogerado em Si mesmo, portanto receptivo a um culto específico, assim como cultuamos os sagrados orixás, que são em si mesmos seus mistérios e seus manifestadores.

No capítulo dedicado às manifestações de Deus, desenvolveremos os conceitos de divindade e de mistério mais detalhadamente.

Mas que fique entendido que só é mistério o que existe em Deus e manifesta-se a partir d'Ele como uma qualidade inata, que acompanha tudo o que Ele criou.

Alguém pode arguir isto:

— Uma planta, um animal ou outra coisa qualquer diferente dos espíritos trazem em si esses mistérios, seja o da fé, do amor ou da ordem?

Respondemos que sim, ainda que os manifestem de outras formas, porque pertencem a outras classes de entidades. E também algumas espécies manifestam os mistérios de maneiras diferentes que as que usamos para manifestá-los.

As plantas, principalmente, emitem vibrações de afeição (amor) para quem as ama e cuida bem delas. Umas apoiam as outras congregando-se num mesmo espaço muitas espécies e desenvolvem-se de modo ordenado, reproduzindo-se só quando há as condições ideais para tanto.

3) Pai de todos os pais, para os umbandistas, é mais uma designação de Deus porque tratamos e chamamos de nossos pais e mães orixás as nossas divindades, que foram geradas por Ele para nos conduzirem em nossa eterna evolução.

O sentido de ancestralidade é muito forte entre os umbandistas, sentimento este muito positivo e que herdamos de nossas matrizes religiosas africanas.

Isso justifica essa nossa classificação dele como Pai de todos os pais, e por que todas as divindades (orixás) são nossos superiores em todos os sentidos e nos amparam o tempo todo, e tudo fazem para desenvolverem em nosso mental as nossas faculdades, sejam elas as do intelecto, as da percepção, as cognitivas, etc., e que são as faculdades do espírito, não a dos sentidos corpóreos, tais como: tato, olfato, visão, audição e paladar.

Se as divindades são pais e mães e Deus é o Pai deles também, então é o Pai de todos os pais.

4) O divino Criador Olodumaré é outra forma de o umbandista referir-se a Deus.

Nós temos na nossa criatividade humana as nossas faculdades criativas. Mas só Ele, o Senhor dos destinos, e que a tudo o que Cria dá um destino, Tem o poder de nos dar um destino e todos os meios e recursos para que o vivamos.

E se O denominamos divino Criador, é porque Ele é o Único com poderes tais que até gera em Si suas divindades, assim como gera a nós, os espíritos.

Espíritos não geram espíritos, e muito menos os destinos.

Divindades não geram destinos para os espíritos, só os amparam para que cada um realize o seu, que é o de tornarmo-nos manifestações espirituais do divino Criador Olodumaré.

Com esses comentários, ficou claro que para os umbandistas Deus está acima dos espíritos e das suas divindades; é o incriado Criador; Princípio dos princípios; Mistério dos mistérios; Pai de todos os pais e o Divino Criador Olodumaré, Senhor de todos os destinos.

A Teologia de Umbanda

Escrever sobre Teologia de Umbanda não é tarefa fácil porque antes precisamos definir o que é Teologia e o que é Doutrina de Umbanda.

— Teologia: tratado de Deus; doutrina que trata das coisas divinas; ciência que tem por objeto o dogma e a moral.

— Doutrina: conjunto de princípios básicos em que se fundamenta um sistema religioso, filosófico e político; opinião, em assuntos científicos; norma (do latim *doctrina*).

Pelas definições acima, teologia e doutrina acabam se entrecruzando e se misturando, tornando difícil separar os aspectos doutrinários dos teológicos, principalmente em uma religião nova como é a Umbanda que, para dificultar ainda mais esses campos distintos, está compartimentada em várias correntes doutrinárias.

Panteões formados pelas mesmas divindades mas com nomes diferentes confundem quem deseja aprofundar-se no seu estudo.

Autores umbandistas temos muitos! Mas as linhas doutrinárias os separam e em um século de Umbanda ainda não foi possível uma uniformização teogônica ou doutrinária. Então, imaginem a dificuldade em tentar algo no campo teológico.

Quando iniciei um curso nomeado por mim "Curso de Teologia de Umbanda", isto no ano de 1996, foram tantas as reações contrárias que esse meu pioneirismo gerou até um certo autoisolamento, que me impus para preservar-me e ao meu trabalho no campo da mediunidade, da psicografia e do ensino doutrinário.

Ser pioneiro e iniciar algo até então não pensado por nenhum outro umbandista gerou para mim uma certeza inabalável:

— Na Umbanda, tirando a parte prática ou os trabalhos espirituais, tudo mais ainda está para ser uniformizado e normatizado.

— Batizados, casamentos, funerais, iniciações, etc., cada corrente doutrinária tem seus ritos e ninguém abdica do seu modo e prática particular em benefício do geral ou coletivo.

Eu mesmo, orientado pelos mentores espirituais, desenvolvi ritos de batismo, de casamento, de funeral e de iniciação fundamentais e possíveis de serem ensinados em aulas coletivas e de serem realizados com grande aceitação por quem a eles se submetesse, já que são muito bem fundamentados. Mas, não para surpresa minha, já que não esperava que fossem aceitos, foram recusados por muitos e admitidos só por uma minoria.

E mais uma vez os umbandistas desdenharam ritos fundamentais em pé de igualdade com os das outras religiões e continuaram casando-se em outras religiões e batizando seus filhos fora da Umbanda.

Só uma minoria é fiel aos seus ritos!

Com isso, perde a religião e perdem os umbandistas.

Lembro-me que, quando comecei o meu curso de Teologia, um grupo que pratica uma Umbanda diferenciada (segundo eles) criticou-me violentamente e tudo fez para desacreditar-me e aos meus livros, mostrando-me como um ignorante e a eles como doutores nisto, naquilo e naquilo outro.

Os leitores, que não são desinformados, ainda que a maioria não seja doutores, não deixariam de notar a falta de fundamentos ou de fundamentação em tais críticas.

Pressa e oportunismo não são bons companheiros de quem deseja semear algo duradouro no tempo e na mente das pessoas, principalmente entre os umbandistas, tão refratários a mudanças.

Eu, com muitos livros teológicos e doutrinários já escritos há muito tempo, não me animei em publicá-los antes de ter iniciado o meu curso em 1996, e só anos após ministrá-lo a centenas de pessoas e ser aprovado por elas ousei colocar ao público livros de Doutrina e Teologia de Umbanda Sagrada.

Mas antes, tomei a precaução de testar minha teoria e de que havia criado um novo campo de estudo para os umbandistas já que, sem a aprovação deles, de nada adiantaria lançá-lo pois cairia no vazio e no esquecimento, tal como já está acontecendo com os livros dos meus afoitos críticos, detratores e vilipendiadores.

Quem tenta se apropriar das ideias e das criações alheias corre o risco de ser tachado com a pecha de oportunista e deve tentar destruir a todo custo quem teve a ideia primeiro e criou algo bom. Caso contrário, este alguém sempre os acusará e mostrará a todos que oportunismo e esperteza em religião têm vida curta porque não prosperam no tempo, além de não contarem com a aprovação da espiritualidade e dos sagrados orixás, que não delegaram a ninguém o grau de reformador da Umbanda, pois ela ainda não ultrapassou a sua fase de implantação no plano material.

Os meus livros também se inserem nessa fase e espero que este meu comentário sirva de estímulo a outros umbandistas (não apressados e não oportunistas) e que venham a contribuir para que seja criada uma verdadeira "literatura teológica umbandista", tão fundamental quanto indispensável à doutrina de Umbanda.

Eu sei que isso demorará muito tempo para acontecer, mas sou obstinado e continuarei a contribuir com o calçamento do caminho que conduzirá as gerações futuras à concentração dessa nossa necessidade.

Também sei que os atuais adversários de uma normatização são muitos e não deixarão que tal aconteça, pois contrariará seus interesses pessoais e seus desejos de dominarem a Umbanda.

Entretanto, nós somos pacientes e perseverantes, certo?

A Umbanda e seus Mistérios

Todas as religiões atuais, as que já cumpriram suas missões redentoras e as que ainda haverão de ser criadas, todas mesmo, possuem seus mistérios. E tanto isso é verdade que cada religião é em si mesma um mistério de Deus.

Julgar uma religião a partir do seu lado visível é um exercício infrutífero porque a compreensão de sua verdadeira missão só é possível se tiverem as chaves interpretativas do seu lado espiritual ou oculto.

Em algumas, um pouco dos seus mistérios estão visíveis aos observadores atentos e conhecedores de determinadas chaves interpretativas que possibilitam a identificação deles, mesmo que estas chaves não sejam suficientes para abri-los e decodificarem suas dinâmicas de atuação na vida dos seguidores delas.

Mas, que é possível ao bom observador identificar alguns mistérios, disso não tenham dúvidas, amigos leitores!

A Umbanda é uma religião totalmente fundamentada em mistérios e seu nome deveria ser este: Umbanda, a religião dos mistérios de Deus, de tantos que estão se mostrando a todos o tempo todo e durante todo o tempo.

Só não os vê quem não é bom observador ou não conhece suas chaves interpretativas. E estes, infelizmente, são a maioria dos umbandistas, sejam eles médiuns ou frequentadores das sessões de trabalhos espirituais realizados regularmente pelos templos de Umbanda Sagrada.

Analisando livros de autores não umbandistas que abordam a Umbanda não encontrei em nenhum deles a interpretação dos seus mistérios mas tão somente comentários da sua doutrina e algumas esforçadas tentativas de decodificá-la, ainda que seja visível o desconhecimento das chaves interpretativas pelos autores que já li e analisei.

Mesmo nos livros de alguns autores que se apresentam como iniciados na Umbanda, a ausência ou desconhecimento das chaves interpretativas é visível e esta é uma das causas da pobreza doutrinária ou teológica da religião umbandista, vista mais como um pronto-socorro espiritual do que uma magnífica religião de mistérios.

Os livros de história e mitologia nos revelam a existência dos "mistérios de Eleusis", dos "mistérios órficos" da outrora exuberante religião grega. Outros nos citam a existência dos mistérios egípcios, dos mistérios caldeus, etc.

Alguns livros ocultistas revelam a existência desses e de outros mistérios, mas se resumem a citar diálogos de filósofos, historiadores, poetas, dramaturgos ou fabulistas e a partir dessas pequenas revelações nos dão chaves interpretativas que pouco revelam, porque muito é interpretação dos seus próprios autores.

Existe, de fato, uma faixa vibratória astral onde, como em uma biblioteca, todo o conhecimento está à disposição das pessoas que conseguirem acessá-la, recolher alguma chave interpretativa e abrir novas formas de praticar mistérios tão antigos quanto a própria criação, pois nenhum mistério deixou, deixa ou deixará de estar nela, a Criação e n'Ele, o divino Criador.

Lamentavelmente, não encontrei muitas chaves verdadeiramente interpretativas dos mistérios nos livros de Umbanda que já li. Mas também não as encontrei em livros cristãos, hinduístas, judaicos, islâmicos, etc.

Talvez seus autores propositadamente não tenham revelado as chaves que conheciam para não facilitar as coisas para os seus leitores. Mas, talvez... interpretar seja um exercício dispensável e relatar apenas a visão pessoal dos mistérios seja a regra.

Talvez seja assim mesmo e eu estou querendo demais, não?

De que adianta dizer que o ocultismo, o hermetismo, a cabala, a numerologia, a astrologia, a quiromancia, a fitoterapia, a cristalogia, a música, os verbos e o som estão na Umbanda?

Quem realmente sabe que classe de potência divina está por trás de cada número, ou mesmo a que poder determinado número ou letra está ligado e como ativar esse poder, para que a pessoa que traz aquele número ou aquelas letras possa ativá-lo e beneficiar-se dele, realizando um magnífico trabalho?

De que adianta uma pessoa saber que seu signo é tal e que está sob a influência de tais planetas, se ela não souber como evocar e ativar as potências divinas por trás de cada signo ou de cada planeta para auxiliá-la a superar suas dificuldades?

De que adianta identificarmos os problemas de uma pessoa se não soubermos usar o poder dos mistérios para diluirmos esses problemas ou criar as condições para que aconteça uma transmutação para melhor na vida das pessoas que viermos atender?

Não adianta um tarólogo, um quiromante, um médium, um vidente, um intuitivo, um astrólogo, um numerólogo ou qualquer outra pessoa dizer: eu estou identificando que há um problema em sua vida e você deve procurar ajuda com quem possa solucioná-lo para você!

Que temos problemas, isso já sabemos e por isso mesmo vamos em busca de auxílio, não?

Agora, identificar que temos um problema... e solucioná-lo, aí é outra história.

A saída mais fácil é mandar as pessoas a um centro de Umbanda, onde os guias espirituais, eles sim!, poderão resolver os problemas, não é mesmo?

Coitados dos guias espirituais, que têm de ter solução para tudo e para todos na ponta da língua e no ato da consulta... se não, não são bons guias.

E os problemas emocionais, de má formação consciencial, de personalidade, de desvirtuamentos, etc., que colocam seus possuidores em sintonia vibratória com poderes e forças terríveis? Poderes e forças muitas vezes desconhecidas até dos próprios guias espirituais que, se sabem muito, no entanto também não sabem tudo e não têm as chaves de acesso a todos esses poderes e forças, chaves estas que permitem desativá-los e afastá-los da vida das pessoas que os atraíram por sintonia vibratória mental.

O Sacerdote de Umbanda e o Sacerdócio Umbandista

Observando a forma como surgem os centros de Umbanda e conversando com muitas pessoas que dirigem seus centros, cheguei a algumas conclusões aqui expostas e que, espero, não despertem reações negativas mas sim levem todos à reflexão. Só isto é o que desejo, e nada mais.

Todos os dirigentes com os quais conversei foram unânimes em vários pontos:

a) foram solicitados pelos seus guias espirituais para que abrissem suas casas.

b) todos relutaram em assumir responsabilidade tão grande.

c) todos, de início, se sentiam inseguros e não se achavam preparados para tanto.

d) todos só assumiram missão tão espinhosa após seus guias afiançarem-lhes que tinham essa missão e que teriam todo o apoio do astral para levá-la adiante e ajudarem muitas pessoas.

e) todos sentiam então que lhes faltava uma preparação adequada para poderem fazer um bom trabalho como dirigente espiritual.

f) todos confiavam nos seus guias espirituais e no magnífico trabalho que eles realizavam em benefício das pessoas.

g) todos, sem exceção, só levaram adiante tal missão porque acreditaram nos seus guias.

h) todos se sentem gratos aos seus guias por tê-los instruído quando pouco ou quase nada sabiam sobre tantas coisas que compõem o exercício da mediunidade e sobre sua missão de dirigir uma tenda de Umbanda.

i) mas todos ainda acham que há algo a ser aprendido e acrescentado ao seu trabalho, mesmo já tendo muitos anos de atividade como dirigente e de já haver formado médiuns que hoje também já montaram e dirigem suas próprias casas.

j) e todos acreditam que sempre é tempo de aprenderem um pouco mais e não têm vergonha de ouvir o que outros dirigentes têm a dizer.

Bem, só com essas observações acima já temos um retrato fiel dos dirigentes umbandistas, e posso afirmar com convicção algumas conclusões a que cheguei:

a) na Umbanda o sacerdócio é uma missão.

b) o sacerdote de Umbanda (a pessoa que deve dirigir um centro e comandar os trabalhos espirituais) não é feito por ninguém; ele já traz desde seu nascimento essa missão.

c) o sacerdote de Umbanda invariavelmente é escolhido pela espiritualidade.

d) só consegue dirigir uma tenda quem traz essa missão pois esta também é dos guias espirituais.

e) mesmo não se sentindo preparado para tão digno trabalho, no entanto, a maioria crê nos seus guias e leva adiante sua incumbência.

f) mesmo não sabendo muito sobre como dirigir uma tenda os guias suprem essa nossa deficiência e vão nos ensinando coisas muito práticas que, com o passar dos anos, se tornam um riquíssimo aprendizado.

g) todos gostariam de se preparar melhor para o exercício sacerdotal, ainda que já sejam ótimos dirigentes espirituais.

h) todos leem muito sobre a Umbanda e procuram nas leituras informações que os auxiliem no seu sacerdócio.

i) muitos fazem vários cursos holísticos para expandirem seus horizontes e a compreensão do que lhe foi reservado pela espiritualidade.

j) todos gostariam de ter alguém (uma escola, uma federação, uma pessoa) que pudesse responder certas dúvidas que vão surgindo no decorrer do exercício da sua missão.

Bem, o que deduzi é que ninguém faz um dirigente espiritual porque só o é ou só o será quem receber essa missão dos seus guias espirituais.

Mas, se assim é na Umbanda, no entanto o exercício do sacerdócio pode ser organizado, graduado e direcionado por uma "escola", e isto facilita muito porque traz confiança e orientações fundamentais ao dirigente espiritual.

Devíamos ter na Umbanda mais escolas preparatórias tradicionais que auxiliassem as pessoas que trazem essa missão, tornando mais fácil as coisas para elas.

E, lamentavelmente, além de só termos alguns cursos voltados para esse campo, ainda assim quem ousou montá-los é injustamente acusado de charlatão, embusteiro, aproveitador e outros termos pejorativos.

Eu mesmo, só porque montei um "colégio" sob orientação espiritual e só porque psicografei algumas dezenas de livros de Umbanda (muitos ainda não publicados) já sofri todo tipo de discriminação, de calúnia, de ofensas e de acusações que espero que cessem, pois os umbandistas acabarão por entender que todas as religiões têm escolas preparatórias dos seus sacerdotes.

Só assim, com todos aprendendo as mesmas diretrizes e doutrina umbandista, a nossa religião conseguirá organizar-se e expurgar do seu meio os espertalhões que têm feito coisas condenáveis e cujos atos têm refletido negativamente sobre o trabalho sério de todos os verdadeiros umbandistas.

Chaves da Umbanda

A Umbanda é uma religião espiritualista que ensina que a vida é eterna e que a nossa curta passagem aqui no plano material destina-se à evolução, ao aperfeiçoamento e à conscientização dos espíritos.

Ela é uma síntese de mistérios de fácil aplicação na vida das pessoas porque dispensam maiores cuidados nas suas ativações e suas dinâmicas de ações são controladas pelos espíritos-guias, todos ligados a um ou vários desses mistérios.

Cada guia espiritual de Umbanda sagrada é um espírito iniciado no mistério que seu nome simboliza ou oculta.

Sim, há nomes simbolizadores e nomes ocultadores.

— O nome "Sete Flechas" é simbolizador. Já o nome "Pai João do Congo" é ocultador.

— O nome "Tranca Ruas" é simbolizador. Já o nome "Zé dos Cocos" é ocultador.

— O nome "Sete Encruzilhadas" é simbolizador. Já o nome "Maria Padilha" é ocultador.

— O nome "Sete Espadas" é simbolizador. Já o nome "Maria Molambo" é ocultador.

E assim é com todos os nomes usados pelos guias espirituais de Umbanda Sagrada, todos eles iniciados em um ou vários mistérios da Criação, incorporados religiosamente por ela durante sua codificação divina, codificação esta já ocorrida no plano astral antes da manifestação histórica do Senhor Caboclo das Sete Encruzilhadas no seu médium, o nosso saudoso Pai Zelio Fernandino de Moraes, este sim, o iniciador terreno da Umbanda.

— Sim, há um iniciador da Umbanda no plano material e este é Pai Zelio de Moraes.

Quanto aos que propugnam que ela teve um início em eras remotas ou entre outros povos, estes fazem apenas um exercício de comparatividade porque confundem a prática de incorporar espíritos, tão antiga quanto a própria humanidade, com a Umbanda.

Só não vê quem não quer que o ato de incorporar espíritos, evoluídos ou não, é antiquíssimo e anterior ao próprio espiritismo, tão bem codificado por Alan Kardec.

O próprio Zelio de Moraes, ainda moço, foi expulso de uma sessão espírita porque incorporou os espíritos de um "Caboclo" e de um "Preto-Velho".

E estes espíritos já vinham sendo expulsos, assim como seus médiuns, de outras sessões espíritas de então.

O astral serviu-se de um espírito, o Senhor Caboclo das Sete Encruzilhadas, e de um médium, o nosso saudoso pai Zelio de Moraes, para fundar uma religião de espíritos manifestadores religiosos de mistérios da Criação de Deus.

Se a incorporação é um dom e muitas pessoas possuem esse dom, assim também a Umbanda é uma religião que tem nesse dom um dos seus fundamentos.

Agora, que já existiram, existem e sempre existirão religiões mediúnicas, disso não temos dúvidas. Os cultos afros e os ameríndios são fundamentados na incorporação coletiva ou individual de forças invisíveis.

— O xamanismo também se fundamenta na incorporação de forças invisíveis.

— O espiritismo incorpora forças invisíveis.

— As pitonisas gregas ou egípcias incorporavam forças invisíveis.

— Os profetizadores de todos os tempos incorporam forças invisíveis.

Mas nenhum era ou é umbandista, certo?

Que alguém vá até um pajé indígena, até um xamã mongol ou siberiano e até um feiticeiro africano e diga-lhe que ele é umbandista, e com certeza esse alguém ouvirá esta pergunta: "O que é umbandista?"

Será um tanto embaraçoso para esse alguém explicar para o pajé, para o xamã e para o feiticeiro africano o que é a Umbanda, já que eles praticam algo similar ao que praticam os médiuns umbandistas e, com certeza, eles perguntarão: "Qual é a idade da sua religião?"

E, ao saberem que ela só tem um século de existência, dirão isto:
— Vocês copiaram nossas práticas que são seculares, não?

— E não adiantará dizer-lhes que a Umbanda é a fiel depositária dessas práticas milenares, distorcidas após a "queda" disso ou daquilo, certo?

O fato é que a Umbanda é uma religião praticada por muitas pessoas, a maioria possuidora dos mesmos dons dos xamans, dos pajés, dos feiticeiros e dos médiuns espíritas. Apenas, exercitam estes dons segundo uma dinâmica própria, já que os dons, todos os possuem em maior ou menor intensidade.

E ponto final!

Agora, quanto aos mistérios, há várias formas de serem ativados e colocados em nosso benefício.

A Umbanda coloca-os em ação a partir dos guias espirituais ou de certas práticas de magia adaptadas à nossa época, à cultura e às necessidades dos seus adeptos.

— Que negue quem quiser que a Umbanda é uma religião iniciada por pai Zelio de Moraes.

— Que aceite quem quiser que ela começou com ele.

— Que todos aceitem que a mediunidade em suas muitas faculdades é exercitada desde os primórdios da humanidade, e, portanto, a Umbanda é uma religião mediúnica.

— Mas que ninguém negue que ela é de fato uma religião dos mistérios de Deus!

Definição de Mistério

Definir o que é mistério não é fácil. Mas, sinteticamente, "mistério é algo que em si mesmo traz as condições de realizar-se, assim como está em tudo e em todos como uma faculdade e poder ativos ou em estado potencial".

Um mistério está no princípio, no meio e no fim de tudo e de todos. Em algumas coisas, está como qualidade intrínseca. Em outras está como qualidade extrínseca. Mas em todas as coisas está presente, ainda que em nível material não possamos identificar a sua presença, ou melhor, a sua onipresença.

Mistério é algo que está em Deus e no que Ele Criou, Gerou e Emanou.

Enfim, mistério é algo que está no Criador como uma de suas faculdades e está na sua criação como sua qualidade.

Vamos recorrer ao mistério direcionador para que apreendam a noção de mistério de uma forma simples e aplicável à interpretação dos muitos mistérios existentes.

Em Deus, tudo é direcionado e tudo que Ele gera traz em si o sentido ou o senso de direção.

Por direção, entendam o caminho a ser seguido ou a ser percorrido por algo ou por alguém até alcançar seu ápice, quando se cristaliza e se torna em si mesmo parte estável da criação.

— Uma pedra, quando completa seu ciclo de formação e cristaliza-se, já percorreu um longo trajeto, e que não começou no magma no interior do planeta, mas sim começou em outros planos da vida onde micropartículas passaram a unir-se até formarem partículas atômicas e, já como átomos, a formarem moléculas que formaram o magma, que formou as pedras quando foi expelido para a crosta e resfriou, gerando então várias espécies de rochas e minérios.

Enfim, havia um sentido em todas as micropartículas e há um, ainda que não esteja visível, em cada pedra encontrada na natureza.

Nós, ao sermos criados por Deus, fomos direcionados e dotados de um sentido de direção, assim como nossa criação tem um sentido no conjunto das coisas criadas por Ele.

O sentido de direção tem nos guiado desde o instante em que fomos gerados, e a nossa evolução contínua está nos levando a um processo de cristalização que, ao ser completado, nos tornará em nós mesmos parte permanente, e indispensável, da criação, ainda que no nosso atual estágio evolutivo não atinemos com o que nos aguarda mais à frente e que nos tornará naquilo que Deus pensou e nos direcionou.

A nada e a ninguém é revelado como será quando alcançar seu processo de cristalização. E apenas suposições não ajudam muito, já que cada um pode supor aquilo que achar mais plausível e ainda assim não terá certeza se está certo.

Sabemos que estamos trilhando um caminho evolucionista. Mas para onde ele nos conduzirá só o nosso divino Criador sabe exatamente.

A humanidade tem discutido, desde seu início, o seu futuro e até agora ninguém conseguiu decifrar o enigma humano, embora muitas hipóteses já tenham sido formuladas e tenham empolgado milhões de pessoas porque foram bem elaboradas.

E, de hipótese em hipótese, a vida humana tem fluído do mesmo jeito sem que ninguém em sã consciência tenha descoberto o fim último da nossa jornada evolutiva.

Com certeza aqui nunca teremos a resposta certa, porque ela não se encontra no nosso atual estágio evolutivo, e teremos de alcançar outros planos da vida e outras realidades de Deus para obtê-la, ou para conjecturarmos novas hipóteses ou teorias.

Mas que há um direcionamento em nossa evolução, isto há, e que ninguém duvide pois ele está em nós mesmos e a nossa consciência tem nos indicado quando estamos trilhando o caminho certo ou o errado.

Nós temos consciência de que acertamos ou erramos; do que é bom ou ruim; do que é nobre e do que é desprezível.

Enfim, a nossa consciência está nos direcionando e temos em nós o senso de direção no atual estágio evolutivo em que nos encontramos.

— Resumidamente, mistério é isso.

Agora, quanto à forma de cada mistério manifestar-se ou de fluir na criação, aí é mais complexo e precisamos de comentários de apoio para criarmos uma base lógica sobre a qual possamos discorrer sobre muitos dos mistérios manifestados religiosamente pelos espíritos-guias de Umbanda Sagrada.

A primeira pedra dessa base, nós a encontramos no que denominamos "fatores de Deus", que nos fornece a chave interpretativa de todas as classes de divindades manifestadoras dos mistérios de Deus, assim como nos fornece as chaves interpretativas de nossa própria personalidade.

Os fatores serão comentados em livros ou em capítulos à parte para que todos possam adquirir uma boa noção sobre este mistério de Deus.

As Sete Vibrações Divinas

Vibração

Quando falamos em vibração divina estamos nos referindo a um fluxo de ondas emitido por Deus e pelas suas divindades.

A palavra vibração, aqui, assume um sentido especial para podermos comentar uma das bases da criação, que tanto a sustenta como energiza permanentemente tudo o que Deus emana (os seres, as criaturas e as espécies).

As sete vibrações aqui enfocadas formam o que denominamos setenário vibratório e cada uma delas flui em uma faixa ampla, infinita mesmo, alcançando tudo e todos, criando um espectro vibracional magnífico dentro do qual fluem tantas ondas de modelos diferentes (comprimentos), e uma não toca em nenhuma outra ainda que todas estejam em tudo o que Deus criou, pois cada uma dessas ondas forma a sua tela vibratória e emite ou emana seu fator.

Cada uma dessas ondas emite ou emana continuamente seu fator e cada fator realiza um trabalho ou sua função.

Como os fatores são classificados por "famílias", cujos membros (os fatores) têm funções complementares, então podemos dizer que essa infinidade de ondas vibratórias formam as sete vibrações divinas e podemos enfeixá-las em espectros frequenciais, diferenciando-os por faixas. E aí surgem as sete faixas vibratórias.

Como cada faixa é formada por ondas e fatores que se complementam e, já em nível de criação, são absorvidas, concentradas e condensadas em certos elementos, substâncias, espécies, etc., então temos uma chave para abrirmos ordenadamente esse mistério de Deus.

— **A 1ª vibração associada a elementos, padrões energéticos, chacras, cores, etc.**

a) nos elementos, associamos os cristais a ela.
b) nos padrões energéticos, é associada à energia cristalina.
c) nos chacras, é associada ao coronal.
d) nas cores, é associada ao translúcido.
e) nos sentidos, é associada à fé.
f) nos sentimentos, é associada à religiosidade, à fraternidade, à esperança, à paciência, à perseverança, à resignação, à tolerância, à humildade.

— **A 2ª vibração faz esta associação:**
a) nos elementos, é associada aos minerais.
b) nos padrões energéticos, é associada à energia mineral.
c) nos chacras, é associada ao cardíaco.
d) nas cores, é associada ao dourado e ao rosa.
e) nos sentidos, é associada à concepção.
f) nos sentimentos, é associada ao amor, à união, à caridade, à bondade, à prosperidade, à concepção, etc.

— **A 3ª vibração faz esta associação:**
a) nos elementos, é associada aos vegetais.
b) nos padrões energéticos, é associada aos florais.
c) nos chacras, é associada ao frontal.
d) nas cores, é associada ao verde e ao magenta.
e) nos sentidos, é associada ao conhecimento.
f) nos sentimentos, é associada à especulação, à curiosidade, à busca, ao aprendizado, à criatividade, à inventividade, à versatilidade, etc.

— **A 4ª vibração faz esta associação:**
a) nos elementos, é associada ao fogo.
b) nos padrões energéticos, é associada à energia ígnea.
c) nos chacras, é associada ao umbilical.
d) nas cores, é associada ao vermelho e ao laranja.
e) nos sentidos, é associada à justiça.
f) nos sentimentos, é associada à imparcialidade, à reflexão, à moralidade, ao equilíbrio, etc.

— **A 5ª vibração faz esta associação:**
a) nos elementos, é associada ao ar.
b) nos padrões energéticos, é associada à energia eólica.

c) nos chacras, é associada ao laríngeo.
d) nas cores, é associada ao azul e ao amarelo.
e) nos sentidos, é associada à lei.
f) nos sentimentos, é associada à lealdade, à retidão, ao caráter, à tenacidade, à rigidez, ao rigor, à combatividade, ao senso de direção e de ordem.

— **A 6ª vibração faz esta associação:**
a) nos elementos, é bielemental (terra-água).
b) nos padrões energéticos, é associada à energia telúrica-aquática.
c) nos chacras, é associada ao esplênico.
d) nas cores, é associada ao violeta e ao lilás.
e) nos sentidos, é associada à evolução.
f) nos sentimentos, é associada à flexibilidade, à transmutabilidade, à maturidade, ao racionalismo, à persistência, à sapiência, etc.

— **A 7ª vibração faz esta associação:**
a) nos elementos, é associada à água.
b) nos padrões energéticos, é associada à energia aquática.
c) nos chacras, é associada ao básico.
d) nas cores, é associada ao azul e ao roxo.
e) nos sentidos, é associada à geração.
f) nos sentimentos, é associada à maternidade, ao amparo, à estabilidade, à fartura, à maleabilidade, à criatividade, à preservação, à multiplicação, etc.

Estas sete vibrações formam o setenário vibracional planetário e nelas fluem as vibrações mentais de todos os orixás.

As Sete Linhas de Umbanda

As Sete Linhas de Umbanda Sagrada guardam uma correspondência direta com as sete vibrações divinas só diferenciando-se porque se limitam à atuação religiosa dos orixás e não englobam como poderes ativos as outras classes de divindades que são associadas a elas, já que também atuam dentro das faixas cujos espectros vibracionais são amplos.

Se temos em uma vibração todas as classes de divindades, então, na sua faixa vibracional, atuam todas as que conhecemos, pois já foram descritas e cultuadas, e também atuam as que desconhecemos, porque nunca foram descritas e cultuadas (por enquanto).

Mas não é porque não foram descritas e cultuadas que não existem e não atuam sobre nós, certo?

Desconhecermos um mistério não significa que ele não existe ou não nos influencia e sim que ele atua sobre nós sem que saibamos que está atuando.

Tomemos para exemplo a vibração da fé:

— Nela atuam anjos, arcanjos, gênios, potestades, divindades elementais, tronos, querubins, serafins, orixás, devas, etc. (o etc. refere-se às Divindades-Mistérios ainda desconhecidas de nós).

A Umbanda, no seu início, era muito mais sincretizada com o catolicismo que hoje e os santos cristãos eram os referenciais usados para indicar os orixás que estavam sendo cultuados por intermédio deles.

E os guias espirituais limitavam-se a comentar a existência de sete linhas de Umbanda e não as sete vibrações divinas com seu amplo espectro frequencial em que em uma frequência atua o anjo da fé, em outra atua o arcanjo da fé, em outra atua o serafim da fé, em outra atua o trono da fé, em outra atua o orixá da fé (Oxalá), etc.

Muitos guias até se referiram às linhas dos orixás, individualizando-os ou descrevendo-os como "desconectados" de todos os demais, totalmente autônomo mesmo.

Para a época em que autores umbandistas começaram a publicar comentários sobre as sete linhas, já era importante a simples revelação da existência delas, isso por volta dos anos 30 e 40 do século XX.

Grandes autores umbandistas de então descreveram essas sete linhas como sete orixás-santos e encaixaram em "sublinhas" os guias que se manifestavam e se identificavam como manifestadores de um ou de outro deles.

Isto não quer dizer que estavam errados, mas sim que a revelação das sete linhas de Umbanda ainda era limitada e atendia as necessidades dos umbandistas daquela época.

Grandes autores deixaram para a posteridade suas obras e muitos dos atuais autores umbandistas ainda se servem delas para comentarem as sete linhas.

Esses novos autores umbandistas não estão errados. Apenas limitam-se a comentá-las como aprenderam. Só isso, certo?

Afinal, a eles não foi revelado que as sete linhas são bipolarizadas e que são formadas por 14 orixás regentes das sete irradiações religiosas da Umbanda (o seu setenário).

Hoje sabemos muito mais que há setenta, sessenta ou cinquenta anos, e tudo vem assumindo uma lógica, uma verdadeira feição teológica racional e tipicamente umbandista, dando à nossa religião todo um manancial de revelações, de comentários e de informações sobre o universo divino que não existia no tempo dos antigos autores de Umbanda, obrigados então a buscarem informações complementares em autores de teosofia, de magia e de teologia pertencentes a outras doutrinas, religiões e filosofias.

Pai Benedito de Aruanda e mestre Seiman Hamiser yê, de fato, revolucionaram o repetitivismo existente até os anos 90 do século XX e deram início à abertura dos mistérios da Umbanda e a uma codificação ampla e ilimitada, pois nas sete vibrações divinas estão todos os orixás, nas sete linhas cabem todos eles e já não precisamos ocupar seus níveis vibratórios com nomes de Caboclos, como ainda fazem alguns autores umbandistas.

Esperamos que novos autores umbandistas venham a aceitar e aderir à nossa codificação de sete linhas bipolarizadas, mas, para não darem aos seus leitores a fonte criadora dela (nós), esperamos que não comecem a trocar o nome dos orixás que as pontificam e as regem, senão retrocederemos à época dos antigos autores, quando um trocava o nome de um orixá por outro e tanto apresentava sua codificação como a verdadeira e desclassificava a dos outros autores apresentando-as como falsas.

Como registramos nos órgãos competentes a nossa codificação, não aceitaremos que aventureiros mudem os nomes dos orixás ali colocados por nós, pois para as sete linhas de Umbanda bipolarizadas e subdivididas em sete graus vibratórios positivos e sete graus negativos só existe uma codificação: a nossa!

Quem quiser servir-se dela, basta solicitar ao nosso editor a autorização que poderão usá-la. Mas, caso comecem a desvirtuar a nossa codificação das sete linhas de Umbanda, aí serão convidados a prestar contas a quem de direito.

Se alerto sobre isso, é porque já paguei o preço da inovação nesse campo, sendo chamado e tachado de tudo, menos de um renovador do conhecimento fundamental da Umbanda e o verdadeiro criador de uma teologia genuinamente umbandista, assim como do estudo regular teológico dentro da Umbanda.

Para outras informações, sugerimos a leitura dos livros *As Sete Linhas de Umbanda*, *Código de Umbanda* e *A Gênese de Umbanda*, de nossa autoria.*

---

* N.do E.: Publicados pela Madras Editora.

Os Elementos

Falar em elementos implica descrever a natureza a partir dos seus formadores (o ar, a água, a terra e o fogo). Mas a natureza terrestre nos mostra mais que isso, pois vemos cristais de rochas, vegetais, minérios, certos gases, etc.

Então recorremos à classificação tradicional dos elementos (água-ar-terra-fogo) para descrevê-los como elementos primários e, a partir deles, descrevermos os elementos secundários e derivados deles.

O setenário não pode ser formado por divindades associadas apenas aos quatro, pois eles formam em si um quaternário elemental.

Logo, recorremos a três outros elementos abundantes na natureza e que nos servem magnificamente, porque tanto no culto tradicional africano quanto na Umbanda temos orixás associados a eles.

— Oxóssi é associado às matas.
— Oxum é associada aos minérios.
— Oxalá é associado aos cristais.

Muitos autores descrevem um quinto elemento como o "plasma" etérico, além dos quatro tradicionais herdados dos filósofos gregos clássicos.

Nós seguimos outra linha e preferimos dizer que temos os quatro elementos básicos e originais e outros três derivados deles, pois não se concretizam sem a preexistência deles na natureza.

Só que bem sabemos que todas as formas ou coisas criadas por Deus têm uma vibração divina modeladora e sustentadora delas.

Logo, há uma vibração divina modeladora e sustentadora dos minérios, outra dos cristais e outra dos vegetais.

Com isso, fechamos o setenário elemental, pois se temos vibrações, orixás e elementos, também temos sentidos que podem ser associados a esse setenário.

Os elementos primários deixam de ter maior importância perante os outros três se atentarmos para o fato de que o fogo precisa de alimentadores anteriores a ele para sustentá-lo. E o mesmo acontece com os outros três (terra, água e ar).

Então interpretamos o setenário elemental desta forma.

— São sete as vibrações divinas sustentadoras de tudo o que Deus gerou e exteriorizou.

— São sete os elementos formadores da natureza terrestre.

Como a base de todas as vibrações está em Deus, automaticamente as bases dos sete elementos também estão n'Ele.

Divindades e Símbolos

O uso de símbolos é muito antigo e eles têm auxiliado a humanidade, já que cada símbolo traz em si mesmo seu poder de realização, ainda que não revele com facilidade a potência divina que é predominante nele e não deixe visível sua forma de atuar na vida de quem o tem como o seu talismã ou amuleto protetor.

Praticamente todas as religiões têm seus símbolos distinguidores que, aos observadores, já as identificam, tal como uma sigla ou um logotipo.

A cruz identifica o cristianismo; o quarto crescente identifica o islamismo; o hexagrama identifica o judaísmo, etc.

Cada símbolo encerra em si mesmo toda uma ciência e um poder e possui sua dinâmica de ação diferente dos outros existentes que conhecemos.

Por trás de cada símbolo está uma ou mais divindades e elas têm suas funções na criação, em que atuam como manifestadoras exteriores dos mistérios preexistentes em Deus.

Uma divindade de fato é em si um poder de Deus, é um poder realizador e é uma manifestação exterior d'Ele. Portanto, uma divindade não é um ser, como a entendemos, mas sim é um poder que assume a "forma aparente" que seus cultuadores lhe derem.

Uma divindade é uma manifestação exterior de Deus; é, em si, um mental gerador e manifestador de uma faculdade ou mistério d'Ele. Como bem sabemos, uma divindade de fato não está voltada unicamente para nós, espíritos humanos, pois sua vibração mental está em toda a criação de Deus.

Uma divindade é um poder manifestado e operado por Deus e, por ser um mental divino, abarca toda a criação, estando dentro dela como uma "faixa de ondas" em cujo arco vibracional fluem todos os recursos necessários à sustentação dos meios da vida existentes nesta faixa, assim como dos seres das criaturas e das espécies que nele vivem e evoluem.

Cada divindade traz em si tanto os recursos universais ou coletivos quanto os recursos localizados ou individualizados, ou seja: uma divindade traz em si o poder de dar sustentação à criação de uma estrela e de todo o seu sistema sustentador dos corpos celestes que suas emissões energéticas formarão dentro do seu campo gravitacional e eletromagnético, como também traz em si o poder de sustentar todas as formas de vida que surgirem dentro de sua faixa vibracional, desde as maiores até as menores.

Divindade é um poder e traz em si tanto tudo o que for preciso para criar os meios quanto tudo o que for preciso para sustentar as muitas formas de vidas que neles viverão e evoluirão.

Cada divindade tem só para si toda uma classe de seres divinos manifestadores do mistério que ela é em si mesma, seres divinos estes que são os aplicadores dos seus poderes na vida dos seres que evoluem dentro da faixa vibratória regida por ela.

Estes seres divinos são como "clones" do poder e o trazem integralmente em si, ainda que o exercitem e o apliquem nos seus campos de atuação dentro da faixa vibracional da sua divindade regente e sejam limitados pelos seus poderes mentais, já que estes seres divinos são individualizações "espiritualizadas" do poder que manifestam.

Como são seres divinos, atuam nos meios e nos seres através de vibrações mentais, as quais fluem nas suas frequências específicas. Todas dentro da faixa vibracional da sua divindade regente.

Assim, dentro de uma faixa regida por uma Divindade de Deus, fluem ou vibram muitas ondas mentais emitidas pelos seres divinos que formam sua hierarquia.

Cada onda mental individual tem seu modo próprio de propagar-se, criando dentro da faixa coletiva uma frequência só sua e que pode ser "sintonizada" pelos seres que a mentalizarem, solicitando o seu auxílio direto, pois o indireto todos o estarão recebendo quando seus mentais entram em sintonia vibracional com ela, a divindade individualizada em um "espírito".

Então, quando falamos em divindade-mistério ou em divindades manifestadoras de mistérios, ainda que individualizadas, estamos falando de mentais universais. E todas elas, assim como todas as coisas criadas por Deus, irradiam-se através de ondas vibratórias.

As ondas vibratórias mentais emitidas pelas Divindades-Mistérios tanto formam os meios quanto imantam os seres, as criaturas e as espécies, compatibilizando-os aos meios gerados por elas, que são em si manifestações de Deus.

Quando falamos em divindade telúrica, por exemplo, estamos falando do poder manifestado por Deus e que, desde o nível vibratório mais sutil da criação até o mais denso, gerou uma faixa vibratória telúrica pela qual flui a "energia telúrica".

No nível mais sutil e elevado da criação ou em seu 1º plano vibracional esta energia telúrica é formada por fatores, que são as menores partículas existentes, impossíveis de serem visualizadas por nós. Já no plano mais denso da criação, esta mesma energia telúrica é encontrada de modo tão compactado que faz com que ela seja vista, sentida e classificada como "terra".

Os grãos de terra, não importando o seu tipo, têm uma estrutura reticular ou atômica.

Estas estruturas e a forma como os átomos se ligam para formá-las obedecem às vibrações mentais da Divindade-Mistério Telúrica, que é em si a manifestação de Deus em uma faixa vibratória única na criação.

A distribuição ou ligação atômica, com certos átomos predominando em um "tipo" de terra e outros predominando em outros tipos, cria estruturas atômicas que, se pudessem ser visualizadas a olho nu, nos mostrariam magníficos campos magnéticos, cujas funções são as de manterem em um único grão de terra os átomos que o formam.

A estrutura de cada grão é um campo magnético em si e tem a sua forma, não sendo essa forma encontrada em nenhuma outra coisa criada por Deus, ainda que outras muito parecidas existam e coexistam dentro do mesmo elemento telúrico.

Estas estruturas atômicas telúricas são em si símbolos e foram formados dentro da faixa vibratória telúrica regida pela Divindade-Mistério Telúrica, que é em si uma das muitas manifestações de Deus.

A manifestação telúrica de Deus está em todo o seu exterior e forma o que denominamos por "criação", ainda que desta criação tenham participado todas as outras manifestações d'Ele, cada uma delas uma Divindade-Mistério.

Assim, na criação, é a sua parte telúrica, desde o seu mais elevado nível vibratório ou fatoral até o seu nível mais denso ou material, quem a rege porque essa manifestação, essa faixa vibratória, essa energia e esse elemento é a Divindade-Mistério Telúrica, que tem em si todos os recursos e poderes para gerar tanto os fatores quanto os campos magnéticos sustentadores das ligações atômicas, subatômicas e fatorais telúricas.

Observem o enfoque que demos a este nosso comentário: os grãos de terra!

Nós comentamos que todas as ligações atômicas formam símbolos; que são estruturas ou campos eletromagnéticos microscópicos e que são formados porque existe uma vibração mental divina emitida o tempo todo em uma faixa vibratória específica classificada por nós como "telúrica", e que dá sustentação à manutenção deles criando a matéria, aqui a substância terra.

Há uma Divindade-Mistério Telúrica; há uma gama de fatores telúricos; há uma energia telúrica; há uma faixa vibratória telúrica; há muitas ondas vibratórias telúricas; há, dentro dessa faixa vibratória telúrica muitas frequências e há as individualizações dessa divindade-mistério gerando toda uma hierarquia de seres divinos com cada um deles vibrando mentalmente em sua frequência específica e cuidando de um dos aspectos da "criação telúrica".

Como cada onda flui ou propaga-se em sua frequência específica, cada uma cria um campo vibracional só seu e que também tem sua forma, que pode ser parecida com outras, mas não é igual.

Estas ondas têm suas formas de propagação e cada uma gera um campo com seu modelo ou estrutura vibracional. E, como aqui tomamos a Divindade-Mistério Telúrica como exemplo, então todos os seres divinos telúricos reproduzem em suas vibrações mentais as mesmas formas encontradas nos grãos de terra.

Lembrem-se que cada tipo de terra tem a sua cor por causa dos átomos que se ligaram para formá-la. E, se os átomos não têm cor, no entanto a estrutura reticular que eles formam reflete as ondas luminosas dando-lhes as suas cores características.

Como cada divindade manifestadora da Divindade-Mistério Telúrica foi individualizada em uma frequência específica e suas vibrações mentais ainda criam estruturas irradiadoras dos seus poderes, estas divindades também emitem luz ou refletem a luz da Divindade Mistério da mesma forma que os grãos de terra.

Logo, há uma correspondência direta entre os seres divinos ou divindades individualizadas com cada tipo de terra.

Esta correspondência acontece de todas as formas possíveis, desde a cor da luz irradiada ou refletida por eles, até a forma da estrutura reticular dos grãos de terra.

A própria qualidade da terra tem uma relação direta com a divindade associada a ela.

— Para a terra preta há um símbolo, uma cor, uma energia, uma função, uma frequência, uma estrutura e uma divindade telúrica individualizada.

— Para as terras roxa, amarela, vermelha, branca, cinza, etc., também existem divindades telúricas individualizadas correspondentes, criando com isso toda uma classe de divindades telúricas individualizadas e ativas em toda a criação, pois elas são as responsáveis pela aplicação dos princípios do mistério telúrico na vida dos seres, das criaturas e das espécies, assim como são responsáveis pelos aspectos sustentadores dos meios telúricos da vida.

— Luz, cor, símbolo, divindade e mistério correspondem-se diretamente. E podemos acrescentar forma, frequência, vibração e estrutura nessa correspondência que não fugimos ao nosso propósito, que é o de afirmarmos com toda convicção que tudo na criação mantém uma correspondência direta com as manifestações exteriores de Deus e com Suas qualidades interiores.

E, porque há uma correspondência direta exterior entre a criação e o seu Criador, possível de ser visualizada por meio das suas chaves (no nosso exemplo usamos a chave telúrica), também há uma correspondência direta interior entre Ele e tudo o que Criou, que pode ser percebida se usarmos a chave interpretativa correta, no caso, a telúrica.

Natureza, sentimentos, moral, caráter, desejos, etc. também podem ser classificados como telúricos ou não, porque, como dissemos, Deus também manifestou-se de outras formas criando suas outras Divindades-Mistérios e todas as suas hierarquias de seres divinos manifestadores desses seus mistérios.

Há correspondência entre as divindades e os símbolos.

As Divindades-Mistérios são poderosos mentais que estão no plano divino da Criação e irradiam-se dentro de suas faixas vibratórias (no exemplo, a telúrica) através de ondas mentais transportadoras de seus poderes. E, como são muitos os poderes de uma divindade-mistério, então muitos são os tipos de ondas mentais irradiadas por ela.

Cada onda mental flui em uma frequência ou comprimento de onda cujo desenho criado por ela pode ser feito (riscado) por nós assim como podemos reproduzir graficamente os campos eletromagnéticos que elas formam, criando mandalas e símbolos belíssimos, dignos de quem os gera: as Divindades-Mistérios!

Também, para cada onda vibratória, que é em si um dos meios desses mistérios alcançarem tudo e todos ao mesmo tempo e durante o tempo todo, eles possuem suas hierarquias de seres divinos cujas funções na criação são as mesmas das suas ondas mentais, sejam elas puras ou mistas.

Assim, há hierarquias puras de seres divinos; há hierarquias complexas e com tantas funções sendo realizadas ao mesmo tempo que é impossível caracterizá-las só por elas, e somos obrigados a usar a chave dos elementos englobando-as em classes, tais como: seres divinos telúricos, aquáticos, minerais, etc.

Além dessa classificação dos seres divinos em classes, ainda temos de separá-los por naturezas, fato que faz surgirem os seres divinos tais como: anjos, arcanjos, gênios, elementais, tronos, etc., todos seres divinos.

O universo divino é tão complexo porque, em um mesmo elemento, cada categoria de seres divinos tem suas hierarquias puras, mistas ou complexas dificultando ainda mais a associação divindade-símbolo.

A complexidade é tanta que nos níveis vibracionais espirituais mais elevados há colégios dedicados ao estudo do universo divino, todo ele "povoado" pelas mais diversas categorias de seres divinos, assim com há escolas específicas de estudo da heráldica celeste que, aqui no plano material, denominamos como simbolismo.

O simbolismo é tão complexo quanto a física e o que temos são apenas alguns conhecimentos elementares fáceis de serem aplicados pelos seguidores das religiões.

Aqui, não temos a intenção de desenvolver a heráldica celeste, mas abordaremos algumas de suas chaves.

O que pretendemos é deixar bem compreensível ao amigo leitor que existe um fundamento, uma correspondência entre as divindades e os símbolos porque estes são gerados a partir das vibrações mentais das Divindades-Mistérios. E, como cada Divindade-Mistério tem todas as funções da criação, porque é em si uma manifestação exterior do nosso divino Criador, então cada uma dessas Divindades-Mistérios tem tantos símbolos quanto as funções existentes e, tal como existem ondas vibratórias e seres divinos telúricos, também existem símbolos telúricos.

Então, que fique bem claro que por trás de cada símbolo há uma ou várias divindades.

Quando há só uma é porque o símbolo é puro. Já quando há várias, o símbolo é misto. E quando encontramos muitas, é porque o símbolo é complexo.

Puros, mistos e complexos, isso para os símbolos. Mas e o que acontece no campo das divindades?

O mesmo, respondemos com convicção, porque as Divindades-Mistérios compartilham do mesmo exterior de Deus e realizam-se como poderes atuando sobre as mesmas coisas (a criação e as criaturas).

Assim, nos pontos de interseção ou cruzamento de funções que se complementam, em suas hierarquias elas geram seres divinos com duplas funções, capazes de atuar sob a égide de uma, mas nos campos de outra. Isto para os seres divinos mistos. Já para os cruzamentos complexos elas geram seres divinos complexos capazes de, sob a égide de uma, atuarem nos campos de muitas ao mesmo tempo.

Esta é a chave interpretativa dos seres divinos da Umbanda que difere da chave interpretativa de outros cultos afro-brasileiros ou das de outras religiões.

Na Umbanda, o Sete (divindades complexas) está presente em todas as linhas de orixás.

Temos as Iansãs Sete; os Xangôs Sete; os Oguns Sete; as Oxuns Sete; os Oxóssis Sete, etc., ainda que sejam divindades pouco conhecidas de boa parte dos médiuns umbandistas.

No Sete da Umbanda está a chave de um dos seus mistérios e, até onde sabemos, ela não está visível ou não foi interpretada por outros cultos afro-brasileiros.

E, porque na Umbanda o Sete esteve presente desde o seu início, esta chave interpretativa é uma de suas chaves mestras, que até poderá ser usada pelos cultos afro-brasileiros, caso eles queiram servir-se dela. Mas ela é uma chave genuinamente umbandista, e os seres divinos em cujos nomes simbólicos o Sete está presente são divindades genuinamente umbandistas, idealizadas e concretizadas nesta religião e em nenhuma outra até então.

Fora do panteão umbandista não existem Oxum Sete Cachoeiras, Ogum Sete Pedreiras, Sete Lanças, Sete Espadas, Sete Raios, Sete Escudos, Sete Correntes, Sete Caminhos, etc.; Iansã Sete Pedreiras, Sete Cachoeiras, Sete Raios, Sete Coroas, etc.; Xangô Sete Cachoeiras, Sete Pedreiras, Sete Montanhas, Sete Pedras, etc.

Muitos podem alegar que a Umbanda originou-se dos cultos afros então existentes. Mas isto não é toda a verdade: ela não se originou só dos cultos afros e, sim, serviu-se do seu universo mágico-religioso, e reinterpretou-os, reorganizou-os, readaptou-os, renovou-os, e criou um panteão divino só seu e com elasticidade suficiente para estender-se cada vez mais, acomodando em sua estrutura quantas divindades mais vierem a ser incorporadas neste seu infinito manancial de seres divinos.

Cada religião tem a sua forma de manifestar os seus mistérios e a Umbanda tem a sua, que difere das formas dos demais cultos afro-brasileiros, ainda que mantenha com todos eles um "parentesco" já que se serviu dos panteões deles para formar o seu e serviu-se de muitas das interpretações abertas até então para, reformulando-as parcialmente, adaptá-las às suas práticas espiritualísticas e mediúnicas.

Portanto, as chaves interpretativas aqui usadas são tipicamente de Umbanda e não se encaixam em nenhuma das fechaduras de outros cultos afros.

Para entender realmente as Divindades-Mistérios e os seres divinos do vasto panteão religioso umbandista é preciso que se conheça a chave das energias vivas e divinas denominadas por nós "Os Fatores de Deus". E, para entender realmente os símbolos sagrados, é preciso que se conheça a chave das ondas vibratórias, interpretadas por nós como "Os Fundamentos do Simbolismo".

Divindades de Deus

Divindade: qualidade de divino; natureza divina; Deus; coisa ou pessoa que se adora; deidade (do latim *divinitate*).

O conceito de divindade é amplo e se aplica tanto a Deus quanto aos seres que possuem uma natureza divina. Mas também podemos ampliar seu alcance para incluir os espíritos que, trazendo de sua geração em Deus qualidades e capacidades herdadas d'Ele, conseguirams desenvolvê-las em si mesmos, tornando-as benéficas a muitos, fato que os qualifica como espíritos divinizados.

Então temos uma hierarquia de divindades:
1º Deus
2º Divindades naturais
3º Seres de naturezas divinas
4º Espíritos divinizados (Jesus, Buda, etc.)

Deus, como é universal, e os conceitos desenvolvidos em todos os tempos O colocam no início de tudo e no topo das hierarquias, é a fonte de tudo, inclusive das divindades, não exige comentário algum para explicar sua natureza divina. Ele é o que é: Deus!

Mas as divindades, para serem assim classificadas, devem estar em relação direta com Ele, estarem n'Ele e manifestarem-No o tempo todo em suas ações.

1- Relação direta com Deus,
2- Estar em Deus,
3- Manifestar Deus o tempo todo em suas ações. São predicados indispensáveis a uma divindade.

a) Como se dá a relação direta com Deus?
b) Como estar em Deus?
c) Como manifestá-Lo o tempo todo em suas ações?

Mostrados os predicados que fazem com que uma divindade seja o que é, surgem as interrogações.

Vamos respondê-las em comentários, mas, para que se tornem afirmações de divindades temos de começar em Deus. Sigam o nosso raciocínio:

Deus, Ser incriado, Autogerado, e Princípio gerador-criador em Si mesmo, gera em Si suas qualidades divinas.

As qualidades d'Ele são tantas que não nos é possível relacioná-las em uma lista porque ela se estenderia para tudo o que Ele gerou e criou, já que cada coisa ou cada ser foi gerado em uma qualidade específica d'Ele.

Neste universo infinito que nos rodeia, mal conhecemos o que existe em nosso planeta. Logo, ainda não é possível descrevermos o que, de fato, existe no resto do Universo.

— Conhece-se os átomos que formam as substâncias aqui existentes. Mas será que em outros planetas não existem outras substâncias, formadas a partir da ligação de átomos ainda desconhecidos por nós?

— Conhecemos os minerais e as rochas aqui existentes e já bem descritos pela ciência. Mas será que em outros planetas não existem outras espécies de minerais ou de rochas?

— O nosso planeta é como é por causa das condições aqui existentes, que tornaram as ligações dos átomos em substâncias úteis às formas de vida que aqui se desenvolverem. Entretanto será que em todo o Universo só existirão os tipos de substâncias aqui existentes?

— Conhecemos os gases que aqui existem, e que são formados a partir da ligação de átomos também já conhecidos. Será no entanto que em outras partes do Universo e nos demais planetas não existirão outros átomos que, ao se ligarem, criarão substâncias ainda desconhecidas pela nossa ciência?

Estas e tantas outras perguntas, que aparentemente não têm ligação com as divindades de Deus, ficarão por enquanto sem respostas porque ainda não é possível ao homem viajar até outras partes do Universo e estudar no local todas as substâncias lá existentes, não é mesmo? Mas, quanto às divindades, algo nesse sentido é possível.

O fato é que existem tantas qualidades criadoras-geradoras em

Deus quanto as muitas substâncias existentes neste universo infinito, ainda que muitas delas sejam desconhecidas por nós. E há tantas divindades (seres de natureza divina) quanto forem as substâncias existentes.

Para cada substância há uma divindade ativa e operante, totalmente integrada em Deus e que é em si mesma essa capacidade e faculdade geradora d'Ele.

Se há uma substância que denominamos "água", há uma divindade de Deus associada à água, porque essa divindade é em si o poder gerador de Deus que gera em si as condições ideais para que uma imanência divina dê sustentação às ligações atômicas que formam a substância água.

Se há uma substância que denominamos gás hélio, há uma divindade de Deus associada ao hélio, porque essa divindade é em si o poder gerador de Deus que gera em Si as condições ideais para que uma imanência divina sua dê sustentação às ligações atômicas que formam a substância gás hélio.

Saindo das substâncias e avançando para os corpos celestes, onde elas se agrupam para formar estrelas ou planetas, dizemos isto:

Se há uma estrela (o Sol, por exemplo), há uma divindade de Deus associada a ela, que é em si o poder de Deus que gera em Si as condições ideais para que uma imanência divina dê sustentação ao agrupamento dos átomos que formam a estrela que chamamos de Sol.

Avançando mais um pouco, se há uma galáxia, há uma divindade de Deus que é associada a ela, porque essa divindade é em si o poder de Deus que gera em Si as condições ideais para que uma imanência divina dê sustentação à formação dessa galáxia.

Se há um universo, há uma divindade de Deus que é associada a ele, porque essa divindade é em si o poder de Deus que gera em Si as condições ideais para que uma imanência divina dê sustentação à formação desse universo.

Esses conceitos "panteístas" aqui utilizados, dizem respeito a uma das classes de divindades de Deus que denominamos divindades da natureza.

Essas divindades tanto são indissociadas de Deus porque são em si o poder e a qualidade geradora d'Ele e que geram os meios (natureza terrestre, solar, galáctica, universal) necessários para que a vida flua continuamente, como são em si imanências divinas sustentadoras de tudo o que Ele gera e cria em Si e que se tornam o que Ele gerou e criou.

Imanência = qualidade daquilo que é imanente.

Imanente = perdurável; permanente; privativo de um sujeito ou objeto; que existe sempre num dado objeto (ser) e que é inseparável dele (do latim *immanente*)

Imane = muito grande; desmedido (do latim *immane*)

Imanidade = qualidade daquilo que é imane (do latim *immanitate*).

— Se demos aqui os significados etimológicos de imanência é porque toda qualidade de Deus é imanente e possui em si o Seu poder gerador-criador, e o mesmo acontece com as divindades, todas imanentes.

Retomemos nosso comentário sobre as classes de divindades!

Chegamos a um ponto importante sobre as divindades e até podemos formar uma hierarquia divina, que se distribui pela grandeza ou campo de atuação:

Divindades Universais
Divindades Galácticas
Divindades Estelares
Divindades Planetárias
Divindades Dimensionais
Divindades Regentes de Níveis ou Faixas
Divindades Regentes de Domínios
Divindades Regentes de Reino da Natureza.

Nesta hierarquia existem divindades que atuam através de vibrações mentais e existem divindades que atuam através de irradiações energéticas.

As divindades "energéticas" são manifestadoras de poderes imanentes que fluem através dos "elementos da natureza".

Então encontramos divindades associadas ao fogo, à água, à terra, ao ar, aos vegetais, aos cristais, aos minerais, etc.

Todas elas estão para nós em estado potencial, sendo necessário suas evocações religiosas ou suas ativações magísticas para que possam atuar em nosso benefício.

As divindades formadoras da natureza não atuam a partir de si mesmas em nosso benefício, porque a função delas é a de darem sustentação às formas de vida elementais (de elementos) existentes nas outras realidades de Deus, separadas da nossa realidade espiritual por mecanismos divinos precisos e isoladores das muitas realidades que n'Ele coexistem em perfeita harmonia.

Há a necessidade desse isolamento porque os seres elementais seguem evoluções diferentes da nossa, a espiritual, ainda que sejam paralelas que se influenciam, ora intensamente e ora sutilmente.

Essas divindades da natureza assim são classificadas porque são identificadas com o elemento e a substância que predominam em sua formação. Elas são mentais divinos cujas irradiações estendem-se ao infinito e é impossível delimitar seu alcance.

Na verdade, cada uma dessas divindades é em si uma vibração de Deus, e forma em si uma realidade d'Ele, toda ela ocupada por tantos seres elementais que não é possível quantificá-los.

E, dentro dessas realidades habitadas por seres elementais, existem hierarquias ou "governos" ocupados por seres de natureza divina.

Estes seres de natureza divina são em si mistérios de Deus porque são imutáveis tanto visualmente quanto nas suas formas de atuarem mental e energeticamente sobre os seres elementais colocados sob suas regências divinas.

O ocultismo ocidental tradicional, fundamentado na classificação dos antigos filósofos gregos, divide os elementos da natureza em terra, água, ar e fogo. Estas são energias básicas ou primárias.

São de fato os elementos básicos formadores de tudo o que aqui existe, tal como a mistura das cores primárias cria novas cores dando origem a um amplo espectro cromático.

Assim analogamente também acontece com as divindades da natureza, sendo que algumas são divindades puras, outras mistas, compostas ou complexas.

— Divindades elementais puras: são aquelas cujas vibrações mentais e irradiações energéticas fluem em padrão único e só se fixam em elementos puros, tais como: o oxigênio, o hidrogênio, o hélio, o carbono, o ferro, o ouro, a prata, o manganês ou outros dos elementos químicos da tabela periódica.

— Divindades elementais mistas: são aquelas cujas vibrações mentais e irradiações energéticas fluem através das moléculas formadas a partir das ligações atômicas, tais como: moléculas de água, de dióxido de carbono, de cloreto de sódio, de etileno, de carbonato de cálcio e muitas outras formadas a partir das ligações atômicas.

Há também as divindades puras dos quatro elementos básicos formadores da natureza:

— Divindades ígneas: associadas ao elemento fogo.
— Divindades eólicas: associadas ao elemento ar.
— Divindades aquáticas: associadas ao elemento água.
— Divindades telúricas: associadas ao elemento terra.

Além dessas divindades puras ou associadas aos quatro elementos básicos formadores da natureza, ainda temos divindades que são associadas à própria natureza planetária, tais como:

— Divindades associadas aos vegetais.
— Divindades associadas aos minerais.
— Divindades associadas aos cristais.
— Divindades associadas ao tempo e ao clima.

Vamos desenvolver estes "campos" que compõem nossa natureza planetária porque é muito importante esse conhecimento, já que é neles que são associados muitos dos orixás.

As Divindades Energéticas e as Mentais

Existem dois "tipos" de divindades no universo divino que regem a tudo que Deus criou:

— As divindades energéticas ou elementais.
— As divindades religiosas ou conscienciais.

As divindades energéticas, como já havíamos comentado no

capítulo anterior, atuam em todos os níveis da criação (desde o micro até o macrocósmico) como energizadores dos seres e dos "meios" onde eles vivem.

Temos tantas divindades energéticas quantos forem os elementos formadores dos meios e das "espécies" de seres que neles vivem.

Assim, temos, resumidamente, estas classes de divindades:

Divindades Puras
— Divindades do Fogo (puras)
— Divindades do Ar (puras)
— Divindades da Terra (puras)
— Divindades da Água (puras)
— Divindades dos Vegetais (puras)
— Divindades dos Minerais (puras)
— Divindades dos Cristais (puras)

Divindades Mistas do Fogo

	(1º elemento)	(2º elemento)
— Divindades Mistas	Ígneo	Eólicas
— Divindades Mistas	Ígneo	Telúricas
— Divindades Mistas	Ígneo	Minerais
— Divindades Mistas	Ígneo	Cristalinas
— Divindades Mistas	Ígneo	Vegetais
— Divindades Mistas	Ígneo	Aquáticas

Divindades Mistas do Ar

	(1º elemento)	(2º elemento)
— Divindades Mistas	Eólicas	Aquáticas
— Divindades Mistas	Eólicas	Vegetais
— Divindades Mistas	Eólicas	Minerais
— Divindades Mistas	Eólicas	Cristalinas
— Divindades Mistas	Eólicas	Telúricas
— Divindades Mistas	Eólicas	Ígneas

Divindades Mistas da Água

(2º elemento)	(1º elemento)	
— Divindades Mistas	Aquáticas	Telúricas
— Divindades Mistas	Aquáticas	Vegetais
— Divindades Mistas	Aquáticas	Cristalinas
— Divindades Mistas	Aquáticas	Minerais
— Divindades Mistas	Aquáticas	Eólicas
— Divindades Mistas	Aquáticas	Ígneas

Divindades Mistas Vegetais

	(1º elemento)	(2º elemento)
— Divindades Mistas	Vegetais	— Aquáticas
— Divindades Mistas	Vegetais	— Eólicas
— Divindades Mistas	Vegetais	— Telúricas
— Divindades Mistas	Vegetais	— Minerais
— Divindades Mistas	Vegetais	— Cristalinas
— Divindades Mistas	Vegetais	— Ígneas

Divindades Mistas Telúricas

(2º elemento)   (1º elemento)

— Divindades Mistas	Telúricas	— Aquáticas
— Divindades Mistas	Telúricas	— Eólicas
— Divindades Mistas	Telúricas	— Ígneas
— Divindades Mistas	Telúricas	— Vegetais
— Divindades Mistas	Telúricas	— Cristalinas
— Divindades Mistas	Telúricas	— Minerais

Divindades Mistas Minerais

(2º elemento)   (1º elemento)

— Divindades Mistas	Minerais	— Cristalinas
— Divindades Mistas	Minerais	— Ígneas
— Divindades Mistas	Minerais	— Telúricas
— Divindades Mistas	Minerais	— Vegetais
— Divindades Mistas	Minerais	— Aquáticas
— Divindades Mistas	Minerais	— Eólicas

Divindades Mistas Cristalinas

(2º elemento)   (1º elemento)

— Divindades Mistas Cristalinas	— Eólicas
— Divindades Mistas Cristalinas	— Ígneas
— Divindades Mistas Cristalinas	— Aquáticas
— Divindades Mistas Cristalinas	— Telúricas
— Divindades Mistas Cristalinas	— Vegetais
— Divindades Mistas Cristalinas	— Minerais

    Estas divindades mistas ou bielementais têm suas irradiações bipolarizadas e tanto irradiam um quanto outro elemento ou os dois ao mesmo tempo.

    Em suas irradiações originais (primeiro elemento) elas são ativas e no segundo elemento são passivas, ou seja: elas conservam suas qualidades, atributos e funções originais, mas também assumem as qualidades, atributos e funções dos seus segundos elementos.

Exemplos:
Orixá Ogum Energético:
Qualidade: Ordenador da criação
Atributos: Energizador eólico
Funções: Enviar suas irradiações energéticas eólicas a todos os meios da vida e a todos os seres criados por Deus.
Orixá Ogum Energético da Água:
Qualidade: Ordenador da criação pelos meios da vida aquáticos. Ele mantém sua qualidade ordenadora da criação, mas por intermédio do elemento aquático, já que só ele é ordenador da criação.
Atributos: Energizador eólico dos meios e dos seres aquáticos.
Funções: Ordenar os meios da vida aquáticos e o sentido da geração dos seres aquáticos.

Nestes exemplos, temos o orixá Ogum que é ordenador da criação atuando por meio do elemento água (Iemanjá-geradora).

Aqui, o Ogum que atua na irradiação de Iemanjá é denominado Ogum do Mar ou Ogum ordenador da geração. Mas, em nível energético, nós o classificamos como Ogum energizador da água e ordenador do sentido da geração nos seres que vivem nas dimensões aquáticas da vida.

Estas atuações unicamente energéticas são realizadas por divindades "oguns" da natureza e eles as realizam por vibrações "elementais".

Assim é com o orixá Ogum bielemental eólico-aquático, e com todos os outros orixás bielementais que mantêm suas funções e as realizam no campo dos seus segundos elementos.

Só até aqui e em nível unicamente energético, o número de divindades naturais é grande. Então, imaginem se somarmos a essas divindades bielementais as trielementais, as tetraelementais, as pentaelementais, as hexa-elementais, as heptaelementais, etc.

E cada uma dessas divindades energéticas possui sua hierarquia formada por seres de natureza divina!

Daí, deduz-se que o universo divino é gigantesco. Também o número de divindades (em si mesmas mistérios de Deus) e o número de seres divinos manifestadores dessas Divindades-Mistérios é enorme.

Essa grande quantidade de divindades gera o que chamamos "linhas de trabalhos de Umbanda", já que os "espíritos-guias" são ligados a uma(s) ou a outra(s) delas e são em si "espíritos manifestadores" dos mistérios dessas divindades da natureza.

Por isso encontramos em seus nomes simbólicos as chaves identificadoras dos mistérios aos quais estão ligados, ativam e manifestam.

Um Caboclo Pena Branca difere em algum aspecto de um Caboclo Pena Verde, não?

— Só na cor da pena?

— Ou será que a cor está mostrando que se ambos têm algo em comum nos seus nomes simbólicos e que é a "pena", no entanto a cor branca refere-se a uma das irradiações da Umbanda e a cor verde refere-se a outra irradiação?

Todos os nomes simbólicos indicam campos onde atuam os espíritos-guias de Umbanda Sagrada. Mas eles só podem usar esses nomes caso estejam sob a regência de uma ou mais irradiações divinas e estejam ligados a estas divindades energéticas, às quais ativam e direcionam suas vibrações energéticas em benefício das pessoas que frequentam os centros de Umbanda.

Não é qualquer espírito que pode atuar como guia espiritual.

Só os que se integraram aos mistérios é que podem fazê-lo, porque realmente têm poder pois se tornaram em si mesmos espíritos-manifestadores de mistérios naturais e divinos.

Sem ter sido "iniciado" junto a uma ou a algumas divindades energéticas e receberem delas uma imantação divina, um espírito não assume o grau de guia de Lei de Umbanda.

A "iniciação espiritual" concede ao espírito iniciado o poder e o direito de atuar em nome da divindade que o iniciou e o integrou à sua hierarquia espiritual.

"Por trás" dos espíritos-guias de Lei de Umbanda Sagrada estão as divindades naturais regentes de faixas vibratórias e de irradiações divinas.

Estas divindades são em si mesmas mistérios de Deus e os espíritos que se iniciaram perante elas são guias de lei manifestadores de mistérios divinos.

A natureza terrestre, em seu lado etéreo ou espiritual, é povoada por seres (espíritos) naturais, ou seja: são indissociados dela.

— Nos rios, lagos e mares vivem os seres "aquáticos".

— Nos jardins, bosques e florestas vivem os seres "vegetais".

— Nas pedreiras, serras e montanhas vivem os seres "minerais-ígneos".

— Nos aglomerados de quartzo vivem os seres "minerais-cristalinos".

— No magma vivem os seres "ígneos".

— Nos gases e no ar vivem os seres "eólicos".

— Na terra vivem os seres "telúricos".

Enfim, são vastíssimos reinos da natureza, todos eles regidos pelas divindades naturais (elementais, bielementais, trielementais, etc.) cujos domínios são acessados pelos umbandistas quando oferendam na natureza os orixás e os guias e solicitam que auxiliem as pessoas que os consultam.

Mas todo este vastíssimo campo tem ficado oculto nos escritos religiosos de Umbanda, deixando uma lacuna no conhecimento geral.

Este campo oculto deve ser revelado e mostrado porque ele existe de fato e é por causa de sua existência e das possibilidades de interagir em nossa vida que as oferendas rituais feitas na natureza se justificam e são amplamente recomendadas pelos guias espirituais.

Em outros capítulos vamos comentar esse campo oculto, desvendando-o e justificando o porquê de cultuarmos tantos orixás.

Acompanhem-nos!

Orixás Elementais, Uma Chave

Por meio dos elementos, que são condensações de fatores por "famílias", temos uma chave de fácil manejo para interpretar os orixás que se manifestam na Umbanda Sagrada.

Associações sempre existiram e os autores umbandistas vêm se servindo delas, ou criando novas, para melhor comentarem os orixás de uma forma diferente da usada na transmissão oral tradicional e secular herdada dos nigerianos que aqui aportaram.

Desde os primeiros autores umbandistas os orixás vêm sendo "reinterpretados" e adaptados à dinâmica religiosa umbandista, porque nossas práticas são espiritualistas e diferem das práticas dos cultos afros puros ainda existentes em solo africano.

Saibam que na África não existe as figuras de Caboclos, Pretos-Velhos, baianos, marinheiros, boiadeiros que existem na Umbanda. E mesmo as crianças (Erês ou Ibejis), Exu e Pombagira. Lá tudo é feito de modo diferente porque a ideia que têm desses mistérios não segue a nossa dinâmica religiosa.

Então, até as suas chaves de acesso e de interpretação são outras. Portanto, não adianta dizerem que Umbanda e Candomblé são a mesma coisa, porque o que existe em comum são os cultos a mistérios religiosos.

Se o que temos em comum é o culto a mistérios religiosos e não as formas de cultuá-los, então nossas chaves não poderiam ser as mesmas e isto foi o que fizeram os intérpretes umbandistas, desde os primeiros até os atuais: recorreram a outras chaves interpretativas para decodificarem mistérios já abertos aos cultos religiosos coletivos ou individuais.

Saibam que o uso de novas chaves interpretativas para abrir mistérios antigos é validado pela Lei dos Mistérios e visa renovar seus cultos religiosos e usos mágicos, e toda pessoa devidamente autorizada pelos mensageiros divinos pode criar quantas chaves forem necessárias para abrir esses mistérios antigos, até então abertos com outras chaves interpretativas.

Isso pode parecer uma heresia ou uma afronta aos dogmáticos e aos tradicionalistas, mas é uma verdade e só não atinou com ela quem não quis. Se não, vejamos:

— O cristianismo renovou a dinâmica religiosa judaica e, fundamentado no velho testamento, criou um novo e adaptado à sua dinâmica religiosa.

E mesmo dentro do cristianismo, a divisão da Igreja entre Roma e Constantinopla gerou duas formas de cultuarem Jesus. Isto até o advento do protestantismo, que criou sua forma de cultuá-lo.

E veio o espiritismo de Kardec, fundamentado no senhor Jesus Cristo e nos seus evangelhos... e vieram muitas seitas cristãs fundamentadas no culto a Ele, mas com suas dinâmicas próprias e algumas até o reinterpretaram reaproximando-o das pessoas que creem nele e o têm como "O Salvador".

O senhor Jesus Cristo é um ser divino e tornou-se "religiosamente" um mistério em si mesmo e com isso pode ter seu culto aberto mediante muitas chaves interpretativas, desde que todas guardem o segredo comum a todas elas: a fé nele como o salvador e a crença de que é o "filho de Deus".

O segredo das chaves tem de ser preservado em todas elas, senão não abre os poderes ocultos dos mistérios de Deus que estão "por trás" de cada Divindade-Mistério ou de cada ser divino.

Bem, o fato é que os elementos são uma das melhores chaves interpretativas porque neles estão agrupados em famílias os fatores-funções das Divindades-Mistérios e por meio dos nomes simbólicos dos seres divinos nós conseguimos interpretá-los corretamente.

Nós, em nosso livro *Código de Umbanda,* criamos uma codificação das hierarquias divinas dos orixás Divindades-Mistérios recorrendo aos elementos, aos sentidos e aos fatores. Vejam a tabela:

Orixá	Elemento	Sentido	Fator Composto
Oxalá	Cristal	Fé	Magnetizador
Logunã	Cristal tempo	Fé	Magnetizador
Oxum	Mineral	Amor	Conceptivo
Oxumaré	Aquático Mineral	Amor	Conceptivo
Oxóssi	Vegetal	Conhecimento	Expansor
Obá	Telúrico	Conhecimento	Expansor
Xangô	Ígneo	Justiça	Equilibrador
Oro Iná	Ígneo	Justiça	Equilibrador
Ogum	Eólico	Lei	Ordenador
Iansã	Eólico	Lei	Direcionador
Obaluaiê	Telúrico-Aquático	Evolução	Evolutivo
Nanã	Aquático-Telúrico	Evolução	Evolutivo
Iemanjá	Aquático	Geração	Geracionista
Omolu	Telúrico	Geração	Geracionista

Eis aí uma tabela completa cujas chaves possuem e resguardam os segredos das Divindades-Mistérios, segredos estes que devem estar nos seres divinos, membros de suas hierarquias celestes, manifestadores de suas funções divinas e aplicadores dos seus poderes na criação e na vida dos seres espirituais, das criaturas e das espécies criadas por Deus.

A seguir, alguns exemplos de orixás e elementos:
— Iansã dos Raios
— Iansã dos Ventos
— Ogum do Fogo
— Ogum do Ar
— Ogum da Terra
— Ogum do Mar
— Xangô das Pedreiras
— Iansã das Pedreiras
— Oxum das Cachoeiras
— Oxum das Pedras
— Oxum dos Rios, etc.

Se atentarem para as associações orixá-elementos e souberem o campo e o que faz cada elemento como energia desencadeadora de ações, de pensamentos e de sentimentos, então verão com mais facilidade o campo de atuação dos orixás cultuados na Umbanda.

Assim, sabendo que uns atuam em um campo específico e outros atuam em vários campos ao mesmo tempo, com certeza os oferendarão nos seus campos vibratórios e se beneficiarão mais.

O Mistério Tronos de Deus: a Chave das Chaves Interpretativas

A chave das chaves é aquela que abre todos os mistérios da criação e o faz a partir do seu segredo (função e poder de realização).

A única classe já revelada de divindades que traz em si a chave mestra ou a chave das chaves é a dos Tronos de Deus e, ainda que isso nunca tenha sido revelado ao plano material, é dessa classe de divindades que tem se servido o plano superior para fundamentar e criar as religiões no decorrer dos tempos.

Todas as divindades já cultuadas são oriundas do Mistério Tronos de Deus. Inclusive os orixás!

Todos os orixás são divindades Tronos e cada um possui sua hierarquia com tantos seres divinos manifestando seus mistérios que eles se espalham por toda a criação de Deus.

Em qualquer quadrante do Universo, se escolhermos uma estrela, planeta ou satélite e projetarmo-nos ao seu lado etéreo, e a partir dele às suas muitas dimensões da vida, nelas encontraremos os Tronos de Deus.

Se aqui do plano material alguém com a faculdade de projetar-se espiritualmente entrar em uma pedra e alcançar o seu centro-neutro, nele encontrará um ser divino assentado em um trono energético majestoso, todo cheio de "detalhes" e altamente atrator, magneticamente falando, e altamente irradiante, energeticamente falando.

Estes tronos energéticos ocupados por seres divinos que também denominamos Tronos de Deus são os pontos de partida e de sustentação da criação (meios e seres).

As funções dos orixás e de todas as divindades cultuadas nas muitas religiões existentes ou que já se recolheram no tempo, são análogas às dos Tronos e foi neles que todas as religiões recolheram seus fundamentos religiosos e mágicos.

Tradicionalistas e dogmáticos até poderão não concordar com essa afirmação, mas não escaparão à lógica contida nos comentários que faremos a seguir.

O fato é que por meio dos elementos podemos entender melhor os campos de atuação dos orixás, e em cada uma das irradiações, vibrações, elementos, etc., estão presentes todos os orixás.

No elemento ígneo (fogo) estão presentes todos eles, só que o nome do orixá vem acompanhado de um sobrenome.

Ex.: Ogum, o orixá ordenador geral da criação.

Ogum do fogo — o orixá Ogum responsável pela ordenação na irradiação, vibração e elemento fogo.

Mas no elemento fogo estão todos os outros orixás por intermédio de sua hierarquia de manifestadores e aplicadores dos seus mistérios na vida dos seres.

Ex.: Oxum, orixá agregador geral da criação e responsável divina pela concepção de qualquer coisa.

Oxum do fogo — orixá agregador responsável por toda a concepção na irradiação, vibração e elemento fogo.

Com isso entendido, então é preciso que os umbandistas façam uma separação entre os orixás mistérios (os gerais) e os orixás aplicadores deles por meio das irradiações, vibrações e elementos da natureza.

Reinos e Domínios

Por reino entendam uma região astral vastíssima com um centro de equilíbrio onde vive uma divindade sustentadora dele e que rege tudo e todos que nele existem e vivem.

Todo reino é indissociável da sua divindade regente, pois ele se iniciou a partir dela e de suas vibrações mentais e tudo o que nele existe ou vive está dentro do campo mental dela, absorvendo continuamente sua frequência vibracional e sendo alimentado por sua carga fatoral, carga esta que se destina a abrir as faculdades mentais dos seres que vivem sob sua regência e seu amparo divino.

Todo reino tem na sua regência uma divindade feminina regida pelo mistério da geração e as funções dessas divindades regentes da vida são darem sustentação aos meios que elas geram a partir de si mesmas e serem atratoras naturais dos seres que precisam viver sob suas irradiações, pois só assim estes abrirão suas faculdades mentais, cujas chaves de abertura são justamente os fatores e as vibrações dessas divindades, também denominadas "mães da vida".

E todas elas têm uma divindade masculina como seu par horizontal, só que este está assentado em outro reino e do qual é apenas seu guardião divino.

Cada divindade feminina regente de um reino tem como guardiões dele e do seu mistério quantas divindades masculinas ela precisar ou conseguir atrair e assentá-los nele.

E seus pares masculinos tornam-se guardiões de tantas divindades femininas regentes quantas lhes forem possíveis ou estiverem em seus campos de atuação.

Na regência de um reino temos então:
— Uma divindade feminina regente.
— Uma divindade masculina sustentadora da regente.
— Muitas divindades guardiãs dele.

É desse modo de gerir os reinos naturais que se serviram os codificadores da teogonia dos orixás nigerianos.

O que seus idealizadores descreveram como relacionamentos ou envolvimento tipicamente terrenos ocultou um dos mais fechados segredos sobre o universo divino dos orixás.

— Nos relacionamentos amorosos estão ocultados os pares permanentes sustentadores dos meios e da evolução dos seres.

— Nos envolvimentos de uns com os outros estão os ocultamentos dos guardiões(ãs) dos mistérios regidos pelos orixás.

É claro que, tal como acontece com a interpretação teogônica do panteão grego, com o decorrer do tempo em solo nigeriano também aconteceu e o mistério do entrecruzamento das funções das divindades e da complementaridade deles acabou por ser visto e entendido como algo profano; prática de infidelidade; abandono do companheiro(a); a troca de um(a) por outro(a), etc., levando muitos pesquisadores do mistério orixá a se apegarem apenas nessa visão humana e terrena para descrevê-los.

Há todo um entrecruzamento, um entrelaçamento e uma complementaridade entre as divindades em geral (e não só entre os orixás).

Portanto, por trás dos relacionamentos e dos envolvimentos descritos pelas mitologias estão cruzamentos, entrelaçamentos e complementaridades funcionais ou sustentadoras dos reinos naturais e da evolução contínua dos seres regidos pelos sagrados orixás.

É considerado reino todo meio original e natural estável e permanente na criação.

Já os domínios, ainda que tudo se repita, inclusive nos entrecruzamentos, nos entrelaçamentos e nas complementaridades entre as suas divindades regentes, são classificados como escolas transitórias, pois os domínios, assim que alcançam seus limites em abrigar seres, fecham-se e permanecem isolados dos outros localizados em uma mesma faixa vibratória. E quando a divindade regente prepara os seres sob sua guarda e amparo no seu mistério, tornando-os seus manifestadores, envia-os a outros reinos onde desenvolverão novas faculdades, dons e mistérios, abrindo novos domínios.

E não reabrem seus domínios enquanto não o esvaziam totalmente. Mas, quando isso acontece, abrem-no integralmente e começam a receber novas levas de seres em evolução.

As divindades regentes de domínios são amorosas e rigorosas ao mesmo tempo, tal como são as professoras do plano material. Só que lá, são chamadas de pai e de mãe e retêm por séculos os seus "afilhados".

Os orixás individuais dos médiuns umbandistas são esses regentes ou guardiões de domínios e só estão amparando mais uma vez espíritos que há muito tempo já estagiaram em seus domínios e eram tidos como seres naturais.

Hoje, amparam seus filhos de outrora e esperam que evoluam rapidamente, desenvolvam o fator humano integralmente (o humanismo) e preparem-se bem para um dia, no futuro, retornarem até seu domínio para assentarem-nos neles, onde atuaremos como instrutores humanos.

É uma pena que poucos médiuns umbandistas conheçam essa possibilidade que as divindades naturais estão franqueando-lhes por meio da sua mediunidade e não valorizem esse dom como deviam.

Também é uma pena que a maioria, se não todos, desconheçam essa outra "finalidade" da Umbanda e não desenvolvam comentários que ressaltem o desenvolvimento do humanismo como fator acelerador da evolução espiritual e como preparatório de funções importantíssimas junto às divindades naturais regentes de vastos domínios na criação.

Saibam que um reino possui tantos domínios que não nos é possível estimar o número deles. Imaginem quantos domínios não existirão se até o número de reinos é incalculável.

Você, que é médium de Umbanda, saiba que seu orixá de frente é regente de uma faixa e que dentro dessa faixa vibratória existem muitos reinos regidos por ele e que é de um deles que vem o seu orixá pessoal ou individual que, em certas condições e ocasiões pode irradiá-lo (quando vamos ao seu ponto de forças na natureza).

Saiba também que, quando você abre seus trabalhos espirituais, a vibração mental dele envolve seu congá e lhe dá sustentação divina enquanto ele durar, assim como ele envia um ser natural seu manifestador que vigiará o comportamento dos médiuns e dos espíritos que incorporam.

E se esses seres naturais enviados pela sua divindade ou orixá pessoal observarem comportamentos profanos dentro do espaço religioso, recuam e deixam de dar amparo à corrente de trabalho, deixando cada um com seus vícios materialistas e suas posturas antirreligiosas.

Saibam também que, se os orixás forem cultuados e reverenciados, os médiuns umbandistas poderão tocar e cantar para uma linha de orixá que estes seres naturais manifestadores dele virão imediatamente e todos os médiuns bem preparados os incorporarão e eles girarão no terreiro, preparando-o vibracionalmente para que os trabalhos transcorram em total harmonia e amparo divino.

Mas em centros de Umbanda onde seus dirigentes desconhecem essa possibilidade, o amparo acontece em outro nível. E nos centros onde proliferam médiuns relapsos e desconcentrados ou onde acontecem atitudes profanas, desrespeitosas, chulas, etc., esses orixás naturais não só não se manifestam como não se aproximam porque não toleram esses comportamentos antirreligiosos e antinaturais em pessoas que deveriam esforçar-se ao máximo para se aperfeiçoarem e desenvolverem atitudes e posturas elevadas.

Divindades dos Vegetais

As divindades associadas à flora devem ser separadas umas das outras para que os umbandistas entendam parte dos fundamentos dos rituais que realizam nos pontos de forças da natureza ou santuários naturais dos senhores orixás.

— Os vegetais, no seu conjunto, formam o que chamamos de flora. Mas, tomados isoladamente, temos de subdividi-los em raiz, caule, folhas, flores, frutos e sementes porque, regidas pelos orixás, existem divindades da natureza cujas vibrações se fixam só em uma dessas partes deles e suas irradiações só conseguem chegar ao plano espiritual ou até nós por meio delas.

Assim, regidas pelos orixás, essas divindades da natureza são acessadas pelos umbandistas quando estes, necessitando de algum tipo de ajuda, vão até a natureza e fazem oferendas rituais compostas de várias partes dos vegetais, como:

— Flores, frutas, sementes, folhas, raízes e caules.

Estes "elementos mágicos" depositados nas oferendas rituais recomendadas pelos guias espirituais de Umbanda para que possam auxiliar seus médiuns ou os consulentes deles têm um fundamento profundo e extraordinário, porque eles são o meio sólido ou material que permite que as vibrações, fatores e energias irradiadas por divindades que regem outras realidades de Deus, e sustentam outros processos evolutivos, também atuem em nosso benefício pois vivemos na realidade espiritual da criação.

Estamos em uma dimensão ou plano e eles estão em outro, sendo que, ainda que todos os planos e dimensões da vida ocupem um mesmo espaço, todos são separados de todos e uma realidade não interfere com nenhuma das outras que coexistem no mesmo espaço mas fluem em frequências próprias.

Cada realidade é um meio completo em si mesmo e não há contato com outras realidades que abrigam outras formas de vida, próprias delas e que têm seus próprios processos evolutivos. E cada realidade atende a um desígnio exclusivo de Deus.

Então, se há uma realidade ou "meio de a vida fluir" fundamentado na parte vegetal da natureza terrestre (e há essa realidade vegetal da vida), então ela não é regida pelas divindades espirituais e sim por divindades naturais "vegetais" ou cujas vibrações mentais e irradiações energéticas fluem com intensidade por meio dos vegetais em geral e das partes deles individualizadas, fazendo surgir uma hierarquia de divindades associadas a natureza ou elemento mágico vegetal.

— Divindades gerais são aquelas cujas vibrações mentais e irradiações energéticas são complexas (formadas por muitos tipos de fatores) e trazem em si a capacidade de alcançarem ao mesmo tempo e com a mesma intensidade todos os seres sob suas regências e energizam todas as "partes" formadoras do meio onde eles vivem.

— Divindades individualizadas são aquelas que regem em um meio geral algum ou alguns dos seus aspectos (partes) e algum ou alguns aspectos dos seres (sentidos).

As divindades naturais individualizadas por aspectos ou sentidos são uma constante em todas as realidades de Deus e as próprias realidades se repetem em certos aspectos, tais como:

— Todas possuem um faixa vibratória neutra e que é o ponto de interação dos seres, não importando seu grau evolutivo, consciencial e vibracional porque nessa faixa neutra todos coexistem, com os mais evoluídos ensinando os menos evoluídos, ajudando-os a aperfeiçoarem suas consciências e a depurarem dos seus emocionais os sentimentos e as vivenciações paralisadoras de suas evoluções.

Toda faixa neutra é vista pelas divindades como uma escola multidisciplinar prática e aplicada.

É nelas que o "alto e o embaixo" se encontram e é nelas que o positivo ou passivo e o negativo ou ativo se complementam.

— Essas faixas neutras são regidas por divindades chamadas tripolares ou que se irradiam para os polos positivos e para os polos negativos da criação, porque são em si polos regentes neutros e tanto atuam nas faixas vibratórias positivas quanto nas negativas.

— Se existem faixas positivas, negativas e a faixa neutra dentro de uma realidade de Deus, isso se deve ao fato de que cada uma é um "meio da vida" e esta característica tem de ser geral e comum a todas as realidades D'Ele, que se repete, na qualidade de criador-gerador, em tudo o que gerou e criou a partir de si mesmo.

Aqui, a hierarquia mostra-se extremamente complexa e como as partes de um todo que funciona com uma perfeição divina.

— Divindades individualizadas regentes das faixas vibratórias positivas ou luminosas.

— Divindades individualizadas regentes das faixas vibratórias negativas ou escuras.

— Divindades neutras ou tripolares, regentes que tanto atuam nas faixas positivas quanto nas negativas e regem as faixas neutras, mantendo-as em equilíbrio.

E, dentro destas faixas (positivas-neutra-negativas) a hierarquia tem seus subgraus regentes, formados por divindades chamadas de divindades menores ou pequenas divindades (dessa graduação das hierarquias divinas é que foram tirados os graus de pai e mãe espiritual e pai e mãe pequeno(s) da Umbanda).

— As divindades menores são tratadas pelos seres sob suas regências por pais e mães.

— As divindades médias ou regentes de faixas vibratórias são tratadas pelos seres sob suas regências por senhores regentes.

— As divindades maiores ou regentes gerais das realidades de Deus são tratadas pelos seres sob suas regências como senhores de mistérios do divino Criador.

A Umbanda se serviu dessa hierarquia natural para hierarquizar os orixás cultuados pelos umbandistas. Tomemos um orixá como exemplo:

— Orixá maior: Ogum
— Orixás médios ou regentes de faixas vibratórias:

{ Oguns regentes de faixas positivas
Oguns regentes de faixas negativas
Oguns regentes de faixa-neutra

{ Há sete Oguns para as faixas positivas
Há sete Oguns para as faixas negativas
Há sete Oguns para a faixa neutra

— Os Oguns regentes dos graus positivos são irradiadores passivos.

— Os Oguns regentes dos graus negativos são irradiadores ativos.

— Os Oguns regentes da faixa neutra são tripolares.

— Orixás menores: Oguns regentes de domínios da natureza

{ Ogum das Pedras
Ogum das Matas
Ogum das Cachoeiras
Ogum das Pedreiras
Etc.

São dos domínios desses Oguns menores que saem os orixás Ogum que acompanham e regem a mediunidade e todos os trabalhos espirituais dos umbandistas "filhos de Ogum".

O orixá maior Ogum é uma divindade planetária e multidimensional, sendo em si mesmo a ordem existente em toda a criação aqui existente. Ele atua tanto sobre os seres naturais quanto sobre nós, os espíritos. Ele tanto ordena a natureza em geral quanto os seres que nela vivem e dela se servem.

Quanto aos Oguns médios, suas atuações são limitadas à faixa vibratória que regem, aos aspectos dessa faixa e só atuam sobre os seres que nela vivem.

Quanto aos Oguns menores, estes são limitados aos seus domínios, regem seus aspectos e atuam mental, vibracional e energeticamente sobre os seres que vivem em seus domínios e que têm estes Oguns na conta de seus pais divinos e como tal os tratam.

Bom, até aqui abrimos comentários adicionais dentro dos comentários sobre as divindades vegetais, certo?

Pois bem, dentro da realidade "vegetal" de Deus existe toda uma hierarquia divina que tanto rege essa realidade quanto os seres que nela vivem e evoluem, e as vibrações mentais e energéticas dessas divindades "vegetais", destinadas ao meio que regem e aos seres sob seus amparos divinos, só podem ser trazidas à dimensão espiritual se houver os elementos vegetais indispensáveis para a fixação de suas vibrações e para posterior irradiação às pessoas necessitadas do auxílio delas.

— Na Teogonia dos orixás, Ossain é tido como o "dono" das folhas e é ele quem concedeu o uso delas aos outros orixás.

— Na Umbanda, o orixá Oxóssi é tido como o orixá das matas e não temos um culto, cerimônias ou oferendas rituais ao orixá Ossain.

Todos os campos dos vegetais foram englobados sob a regência religiosa e magística do orixá Oxóssi e é a ele que os médiuns umbandistas dedicam seus cantos religiosos e suas oferendas, assim como a ele são consagrados os Ori ou regência da cabeça se os médiuns forem "filhos" de divindades vegetais.

— Oxóssi é, de fato, o orixá guardião de todos os mistérios vegetais e suas lendas e mitos o descrevem como irmão de Ogum e o aguerrido caçador do culto de nação Ketu, centrado nele. Na Umbanda essa sua idealização africana se manteve mas a ela foram acrescidos mais alguns aspectos e funções divinas.

Mas aqui, o que queremos ressaltar, porque é conhecimento oculto, é que na Umbanda a ativação de todas as hierarquias divinas associadas aos vegetais são confiadas ao orixá Oxóssi e seus ativadores são os guias espirituais que atuam nos médiuns e fazem parte das correntes espirituais regidas por ele, o orixá das matas.

— Há divindades naturais vegetais cujas vibrações e irradiações energéticas se condensam nas flores, outras nas folhas, outras nos caules, outras nas raízes, outras nos frutos e outras nas sementes.

Elas só conseguem "chegar" até nós, ou seja, suas vibrações e irradiações só nos alcançam por meio das partes dos vegetais, sendo que cada parte, as flores, por exemplo, é um condensador perfeito das vibrações e das irradiações energéticas de uma classe de divindades vegetais.

Então é algo "científico" o uso de flores nas oferendas ao orixá Oxóssi e aos guias espirituais que atuam religiosa e magisticamente sob a regência desse orixá "vegetal".

É preciso que todos os umbandistas tenham esse conhecimento oculto porque as oferendas não levam flores só para ornamentá-las e enfeitá-las, mas, sim, quanto mais espécies de flores forem colocadas nelas maior é o número de condensadores perfeitos das vibrações e irradiações dessas divindades vegetais, todas acessadas pelo orixá Oxóssi.

Os frutos colocados nas oferendas não são apenas uma retribuição aos seres da natureza, e sim os meios materiais que temos à nossa disposição para que eles, que vivem em uma dimensão isolada da nossa, possam atuar em nosso benefício.

É de conhecimento geral que nos vegetais encontram-se muitos princípios ativos fungicidas, bactericidas, terapêuticos, profiláticos, etc.

> *Para cada parte dos vegetais existem seres de natureza divina que os usam como concentradores de suas energias, e por isso mesmo todas as partes dos vegetais são usadas na magia religiosa da Umbanda, tanto pelos guias espirituais quanto pelos médiuns magistas que conhecem algo a respeito.*

Muitas pessoas seguidoras de religiões mentalistas desconhecem o porquê dos umbandistas precisarem de tantos "apetrechos" ou "fetiches". Com toda certeza desconhecem a existência das hierarquias formadas por seres divinos que existem na criação mas que só podem atuar em nosso benefício caso tenhamos junto de nós ou mesmo de nossos corpos, o carnal e o espiritual, os materiais condensadores e concentradores de suas vibrações e energias.

Todas as religiões naturistas recorrem aos elementos encontrados na natureza física ou terrestre; aos cultos e oferendas em determinados campos magnéticos altamente concentradores das vibrações energéticas das divindades elementais ou naturais.

— Mas nem todos os praticantes dessas religiões sabem os verdadeiros e ocultos significado e utilidade dos materiais que usam em seus rituais e oferendas.

A grande maioria usa-os porque é tradição usá-los.

Entre os vegetais, há aqueles cujas propriedades terapêuticas associadas aos seus usos mágicos tornaram-se consagrados pelo uso popular e ninguém mais questiona nada quando são recomendados a usá-los em defumações, banhos, oferendas, infusões ou chás.

> *O uso do cajado na magia, desde que corretamente consagrado, se justifica porque na sua consagração ele recebe das divindades uma poderosa vibração que o imanta de tal forma que dali em diante ele se torna um poderoso instrumento mágico nas mãos do seu possuidor e seu manipulador.*

Alguns guias espirituais usam "apetrechos" feitos de madeira (vistos pelos desconhecedores de tudo isso que aqui comentamos) como belos objetos ornamentais. Mas a verdade, ocultada de todos, é outro dos magníficos mistérios vegetais.

Portanto, irmãos umbandistas, está teologicamente justificado o uso de todos os elementos vegetais usados pelos guias espirituais de Umbanda Sagrada e por vocês em seus rituais, magias e oferendas.

Se estamos conduzindo nosso comentário para este campo teológico, é porque a Umbanda é uma religião que tanto se processa mediante os aspectos mentais e abstratos quanto pelos aspectos naturais (da natureza) e concretos (atos magísticos). Logo, são aspectos indissociáveis da própria religião, e é preciso que os umbandistas conheçam muito bem os "mecanismos" divinos existentes "por trás" de cada elemento mágico usado em seus cultos e trabalhos espirituais, assim como devem conhecer os poderes existentes em cada ponto de forças religiosas-magísticas localizadas na natureza e que formam os santuários naturais, onde tanto realizam seus trabalhos espirituais e magísticos quanto realizam seus atos exteriores de louvação e adoração das divindades cultuadas por eles.

Tudo precisa ser conhecido pois, só assim, conhecedores de fato "do que há por trás", justificarão todos os seus ritos, suas práticas e a própria dinâmica magística-religiosa da religião que professam.

Não é possível desenvolver uma teologia de Umbanda a partir dos fundamentos teológicos de outras religiões.

Temos nossos próprios fundamentos e a nossa forma de descrevê-los, formando nossa teologia.

A teologia católica recorreu à filosofia aristotélica para fundamentar parte dos seus conceitos e é uma teologia que se desenvolveu através dos séculos e que recebeu a contribuição intelectual de muitos pensadores cristãos, entre eles alguns dos maiores filósofos.

Ela tem uma dinâmica discursiva que, se em alguns tópicos nos auxiliam, em outros negam nossos fundamentos pois se baseia na descrição de Deus encontrada no velho testamento e na pessoa e nos atos de Jesus, encontrados no Novo Testamento.

Portanto, aqui desenvolveremos à exaustão comentários sobre princípios, mistérios, ancestralidades, etc., mas a partir da nossa dinâmica religiosa e dos seus contatos ou intercessões com o plano divino da criação, também denominada reino das "divindades".

Orixás do Fogo

As divindades elementais puras são regentes de vastíssimos domínios habitados por incontáveis seres ainda em estado consciencial pouco evoluído, mas também livres do dualismo que desabrocha nos seres mais evoluídos.

Classificamos assim as divindades elementais puras:

- Orixás do Fogo ou ígneos
- Orixás do Ar ou eólicos
- Orixás da Água ou aquáticos
- Orixás da Terra ou telúricos
- Orixás das Matas ou vegetais
- Orixás dos Minérios ou minerais
- Orixás das Pedras ou cristalinos

Orixá é mistério de Deus, é divindade regente da evolução dos seres, das criaturas e das espécies. Já a diferenciação entre eles existe em função dos campos de atuação por meio dos sentidos, dos reinos da natureza sob suas regências e da natureza íntima dos seres colocados por Deus sob seu amparo e direcionamento evolutivo.

— Orixás do Fogo: temos orixás masculinos e femininos associados ao elemento ígneo.

Todos os orixás masculinos do fogo são englobados no mistério "Xangô". Quanto aos orixás femininos do fogo, não encontramos em todo o panteão yorubano muitos orixás que podem ser associados a este elemento, ainda que muitos associem Iansã ao fogo e outros aos raios, aos ventos, às tempestades e ao próprio "tempo" como mistério em si mesmo.

Nós, escudados em explicações dadas pelo nosso mentor espiritual Pai Benedito de Aruanda e em revelações que foram comprovadas posteriormente pela manifestação de seres ígneos femininos de natureza divina (orixás femininos do fogo), aceitamos a existência desses orixás e passamos a cultuá-los e oferendá-los ritualmente, obtendo magníficos retornos, tanto no plano religioso quanto magístico.

— Em nível religioso, evocamos os orixás femininos do fogo (puros) por intermédio de cantos e orações, e suas manifestações acontecem imediatamente, tanto em nível vibratório e energético quanto pela incorporação nos médiuns de Umbanda preparados e predispostos a recebê-las durante as giras, sejam elas de trabalho ou de desenvolvimento.

Trabalhos confiados a essas divindades femininas do fogo têm um resultado quase instantâneo porque elas são aplicadoras da justiça divina na vida dos seres e suas ações são fulminantes e temidas pelos seres que atuam com magias negativas e seus processos destrutivos e desequilibradores das pessoas vítimas deles.

Como não havia um nome yorubano para esses seres ígneos de natureza divina e muito menos para o orixá elemental ígneo feminino, que é em si mesma a "parte feminina" desse elemento, Pai Benedito de Aruanda nos revelou seus nomes silábicos e cristalinos (mântricos) que são estes:

— Ia-Fer Niguê iim yê (senhora dos mistérios e do poder do fogo divino), e que é em si mesma a parte feminina do fogo como elemento purificador e transmutador indissociado da natureza de Deus.

— Ia-Fer Kali-iim yê (senhora do poder e da força da justiça divina), guardiã dos mistérios do fogo divino, aplicadora da justiça divina e equilibradora da evolução dos seres.

Niguê-iim yê é o mistério feminino do fogo em si mesmo e é a exteriorização de Deus pelo elemento fogo.

Kali-iim yê é o orixá feminino do fogo que, no elemento ígneo, faz par com o orixá Xangô, ambos guardiões dos mistérios do fogo, aplicadores da justiça divina e equilibradores tanto da criação quanto dos seres.

Mas, como não havia um nome yorubano nem a descrição detalhada de um orixá feminino puro do fogo, Pai Benedito de Aruanda, autorizado pelos espíritos mentores da Umbanda e atendendo a uma manifestação divina desse orixá feminino do fogo, codificou seu nome religioso para a Umbanda como <u>Orixá Oro Iná</u>.

Mesmo sabendo que o nome Oro Iná refere-se a uma das divindades intermediárias manifestadora do Mistério da Lei (Iansã na Umbanda e Oiá no Candomblé) é considerada como uma das qualidades desse orixá feminino, muito bem descrito na Teogonia Yorubana.

É certo que os questionamentos ao nome Oro Iná foram muitos e sempre haverá quem não aceite isso. Mas, caso você, amigo leitor, queira recorrer a este poderosíssimo orixá feminino do fogo e solicitar seu auxílio divino tanto na anulação de magias negativas quanto para reequilibrar sua vida, evoque-a religiosamente em seus trabalhos espirituais ou oferende-a como indicamos no livro de nossa autoria, *Código de Umbanda,* e temos certeza de que será atendido em seus clamores.

Evoque-a pelo seu nome mântrico Ia-fer Kali-iim-yê ou pelo nome "Oro Iná" que tanto o orixá feminino do fogo quanto os seres ígneos femininos de natureza divina que formam sua hierarquia atenderão imediatamente à sua evocação, seja ela religiosa e feita dentro do seu templo, seja magística e feita nas pedreiras com oferendas rituais nos domínios do orixá do fogo, que é Xangô.

A cor das velas desse orixá feminino do fogo é laranja; suas flores são alaranjadas ou vermelhas "vivas"; suas frutas são as cítricas mais ácidas (uvas, abacaxi, laranja, carambola, etc.) e sua bebida é o licor de menta ou o champanhe branco e seco.

Oferende-a ritualisticamente nas pedreiras ou evoque-a religiosamente em sua tenda e comprovará o que foi codificado como orixá feminino do fogo e que faz par elemental com o orixá Xangô.

Bem, retomando nosso comentário sobre os orixás do fogo, eis que um par vibratório elemental ígneo existe e rege a evolução dos seres associados a este elemento básico da criação.

Seria ilógico e uma contradição a não existência de uma divindade feminina do fogo. E se ela não está descrita no panteão yorubano, então que na Umbanda ela seja incorporada, cultuada e oferendada e todos serão beneficiados pelo seu poder de realização em nossa vida.

Com isso entendido e se for aceito a longo prazo pelos umbandistas, então a religião será enriquecida porque tanto existe este orixá feminino do fogo quanto existem os seres de natureza divina que formam sua hierarquia, assim como existem os seres elementais do fogo, que são espíritos em evolução e não são "salamandras", como têm sido descritos os seres elementais ígneos.

Salamandras são uma espécie de lagartixas e são classificadas por nós como "criaturas" ou seres inferiores dotados de instinto mas não do raciocínio. E os seres elementais ígneos são muito racionalistas.

Esses reinos ígneos regidos por esses orixás do fogo abrigam tantos seres elementais que a hierarquia de seres de natureza divina que os "governam" mostra-se infinita.

Na verdade, a dimensão elemental ígnea, regida pelos orixás do fogo Xangô e Oro Iná, é em si uma vibração de Deus cujo propósito é abrigar um número infinito de seres gerados por Ele e confiados a estes orixás.

Essa dimensão elemental da vida é vista como um meio energético ígneo que não tem um começo ou um fim. É um meio da vida infinito e por mais que nos desloquemos dentro dele parece que sempre estamos no mesmo lugar.

Essa dimensão elemental ígnea, em certos pontos, possui vórtices ou portais para outras dimensões ígneas duais, onde o elemento original fogo se mistura com outros elementos originais e fazem surgir os meios da vida bielementais regidos por orixás ígneos duais ou bienergéticos.

Esses meios, regidos por orixás mistos ou bielementais, já não se mostram só como labaredas. n'Eles a energia se concentra e faz surgir algumas formas, tais como:

— Caudalosos rios de lavas
— Solos pedregosos incandescidos
— Áreas vulcânicas assustadoras
— Solo arenoso mas abrasado
— Gigantescas cascatas de lavas
— Seres cujos corpos são como brasas vivas
— Grutas cujas paredes parecem feitas de blocos de pedras rubras
— Montanhas altíssimas de cujas encostas correm lavas, como se as nascentes estivessem dentro delas.

Tudo isso nos mostra a grandeza do divino Criador e a riqueza dos seus "meios da vida".

E nesses meios ou dimensões duais ígneas da vida reinam os orixás Xangô e Oro Iná bielementais.

Temos aí:
— os orixás ígneos-minerais
— os orixás ígneos-telúricos
— os orixás ígneos-eólicos
— os orixás ígneos-cristalinos
— os orixás ígneos-aquáticos
— os orixás ígneos-vegetais

Eles são regentes das dimensões mistas cujo primeiro e predominante elemento é o ígneo.

Esta hierarquia é formada por orixás que nomeamos desta forma:
— Xangô Mineral (equilibrador da concepção)
— Xangô Telúrico (equilibrador da evolução)
— Xangô Eólico (equilibrador da lei)
— Xangô Cristalino (equilibrador da fé)
— Xangô Aquático (equilibrador da geração)
— Xangô Vegetal (equilibrador do conhecimento)

E a mesma classificação damos aos orixás femininos do fogo, aqui identificados por nós com o nome de Oro Inás bielementais.

E desta forma, ou seja: a partir da dimensão elemental ígnea básica, vão surgindo as dimensões duais ou bielementais; e destas vão surgindo as dimensões trielementais; e destas vão surgindo as dimensões tetra-elementais; e destas vão surgindo as dimensões pentaelementais; e destas vão surgindo as dimensões hexa-elementais; e destas vão surgindo as dimensões heptaelementais ou naturais pois os meios da vida nelas se assemelham ao plano material da vida onde nós vivemos.

As combinações dos elementos fazem surgir meios cada vez mais complexos e com a natureza cada vez mais exuberante e dotada de tudo o que os seres que nelas vivem e evoluem precisam para se sustentarem.

Tudo isso existe e localiza-se dentro de uma vibração do divino Criador Olorum.

A hierarquia formada por divindades regidas pelos orixás do fogo Xangô e Oro Iná é completa em si mesma e trás em si a função equilibradora de toda a criação.

— Quem coloca o umbandista em contato com essa vibração de Deus que é um dos meios da vida (o meio ígneo)?

— São os senhores orixás naturais Xangô e Oro Iná cultuados por nós e oferendados em vários pontos de forças da natureza, tidos por nós como nossos santuários naturais.

Nesses santuários as incorporações são muito mais vibrantes e o magnetismo deles dilue naturalmente os acúmulos de energias negativas alojados em nossos campos vibratórios e em nosso espírito.

Por tudo o que aqui comentamos sobre um único elemento, os meios da vida fundamentados nele; os orixás regentes desses meios e os orixás regentes dessa vibração ígnea do divino Criador Olorum, só isso já fundamentaria a Umbanda e a tornaria uma das mais atraentes entre todas as religiões.

As Chaves Elementais dos Guias

Os orixás podem ser interpretados a partir dos elementos básicos formadores da matéria (fogo, ar, terra e água) e dos que a concretizaram e a tornam como é (vegetais, minerais, cristais, clima, tempo, etc).

— No elemento fogo está a chave interpretativa dos orixás cujos poderes e força são associados a ele e cujas hierarquias espirituais têm algo desse elemento em seus nomes simbólicos.

Eis alguns nomes alusivos a esse elemento:
- Caboclo(a) do Fogo (Xangô e Oro Iná)
- Exu do Fogo (Xangô)
- Pombagira do Fogo (Oro Iná)
- Exu Brasa (Xangô e Oxum)
- Exu Sete Fagulhas (Xangô e Iansã)
- Exu Pinga-fogo (Xangô e Iemanjá)
- Exu Pedra de Fogo (Xangô e Oxum)
- Pombagira Fogueteira (Oro Iná e Iansã)
- Exu Corta-fogo, etc. (Ogum e Xangô)

— No elemento ar está a chave interpretativa dos orixás cujos poderes e forças são associados a ele e cujas hierarquias espirituais têm algo desse elemento em seus nomes simbólicos.
- Caboclo(a) Ventania (de Iansã)
- Caboclo Sete Ventanias (de Iansã e Oxalá)
- Exu Ventania (de Iansã)
- Pombagira Ventania (de Iansã)
- Exu Gira-mundo (de Iansã e Oxalá)
- Caboclo Gira-mundo (de Iansã e Oxalá)
- Pombagira dos Ventos (de Iansã)
- Cabocla dos Ventos (de Iansã)

- Exu Sete-giras (de Oxalá e Iansã)
- Pombagira Sete-giras (de Oxalá e Iansã)
- Etc.

— No elemento terra está a chave interpretativa dos orixás cujos poderes e forças são associados a ele e cujas hierarquias espirituais têm algo desse elemento em seus nomes simbólicos:
- Exu da Terra (de Omolu)
- Caboclo Terra-roxa (de Omolu e Nanã)
- Exu Terra-preta (de Omolu)
- Exu do Pó (de Omolu)
- Exu Sete Poeiras (de Omolu e Iansã)
- Caboclo Rompe-terras (de Ogum e Omolu)
- Exu Treme-terra (de Obá e Omolu)
- Exu Sete Montanhas (de Xangô e Oxalá)
- Etc.

— No elemento água está a chave interpretativa dos orixás cujos poderes e forças são associados a ele e cujas hierarquias espirituais têm algo desse elemento em seus nomes simbólicos:
- Caboclo Beira-mar (Obaluaiê e Iemanjá)
- Caboclo Sete Lagoas (Oxalá e Nanã)
- Caboclo Sete Praias (Oxalá e Iemanjá)
- Caboclo Sete-cachoeiras (Oxalá e Oxum)
- Caboclo dos Rios (Oxum)
- Cabocla dos Lagos (Nanã)
- Cabocla das Cachoeiras (Oxum)
- Exu do Mar (Iemanjá)
- Exu dos Sete-mares (Oxalá e Iemanjá)
- Exu do Lodo (Obaluaiê, Iemanjá e Nanã)
- Exu Sete-quedas (Oxalá e Oxum)
- Caboclo Sete Ondas (Oxalá e Iemanjá)
- Etc.

— No elemento formador da flora terrestre está a chave interpretativa dos orixás cujos poderes e forças são associados a ele e cujas hierarquias espirituais têm algo desse elemento em seus nomes simbólicos.

- Caboclo das Matas (Oxóssi)
- Caboclo Rompe-matas (Ogum e Oxóssi)
- Caboclo Folha Verde (Ossain e Oxóssi)
- Caboclo Sete Folhas Verdes (Oxalá, Ossain e Oxóssi)
- Caboclo Folha-seca (Ossain e Omolu)
- Caboclo Cipó (Oxóssi)
- Caboclo Arranca-toco (Ogum e Omolu)
- Caboclo Quebra-toco (Ogum e Omolu)
- Exu do Toco (Omolu e Oxóssi)
- Pombagira das Matas (Oxóssi)
- Exu Galhada (Oxóssi)
- Exu Sete-galhos (Oxalá e Oxóssi)
- Pombagira Rameira (Oxóssi)
- Exu Pimenta (Oxóssi e Xangô)
- Pombagira das Rosas (Oxóssi e Oxum)
- Pombagira Sete Rosas (Oxalá, Oxóssi e Oxum)
- Pombagira Rosa Negra (Oxóssi, Oxum e Omolu)
- Exu Mangueira (Oxóssi e Iansã)
- Exu Sete Raízes (Oxalá, Oxóssi e Obá)
- Cabocla Sete Contas (Oxalá, Iemanjá e Oxóssi)
- Preta Velha Maria do Rosário (Nanã, Oxum e Oxóssi)
- Baiano Zé do Coco (Oxalá e Oxóssi)
- Etc.

— No elemento mineral está a chave interpretativa dos orixás cujos poderes e forças são associados a ele e cujas hierarquias espirituais têm algo dele em seus nomes simbólicos:

- Exu do Ferro (Ogum)
- Exu Corta-ferro (Iansã e Ogum)
- Exu Trinca-ferro (Omolu e Ogum)
- Exu do Ouro (Oxum)
- Exu Sete Correntes (Oxalá, Ogum e Oxum)
- Exu dos Minerais (Oxum)
- Exu Ferrolho (Ogum e Oxum)
- Exu Sete Ferraduras (Oxalá e Ogum)
- Caboclo Sete Espadas (Oxalá e Ogum)
- Caboclo Sete Lanças (Oxalá e Ogum)

- Caboclo Sete Escudos (Oxalá e Ogum)
- Caboclo Lagedo (Omolu, Ogum e Oxum)
- Etc.

— No elemento cristalino está a chave interpretativa dos orixás cujos poderes e forças são associados a ele e cujas hierarquias têm algo desse elemento em seus nomes simbólicos:
- Caboclo das Pedras (Oxum)
- Caboclo das Sete Pedras (Oxalá e Oxum)
- Caboclo Sete-pedreiras (Oxalá e Iansã)
- Caboclo Pedra Branca (Oxalá)
- Caboclo Pedra Preta (Oxalá e Omolu)
- Caboclo Pedra Roxa (Oxalá e Nanã)
- Caboclo Pedra Amarela (Oxalá e Iansã)
- Caboclo Pedra Dourada (Oxalá e Oxum)
- Caboclo Pedra Verde (Oxalá e Oxóssi)
- Caboclo Pedra Vermelha (Oxalá e Xangô)
- Caboclo Pedra Azul (Oxalá e Ogum)
- Exu Pedra Preta (Oxalá e Omolu)
- Exu Sete Pedreiras (Oxalá e Iansã)
- Exu Quebra Pedras (Ogum e Oxum)
- Exu das Sete Pedras (Oxalá e Oxum)
- Etc.

Mas também podemos recorrer às cores, a fatores climáticos, a partes de animais, etc., para interpretarmos os nomes simbólicos de Umbanda.
- Exu Sete Garras (Oxalá e Oxóssi)
- Caboclo Pena Branca (Oxóssi e Oxalá)
- Caboclo Pena Azul (Oxóssi e Ogum)
- Caboclo Pena Verde (Oxóssi)
- Caboclo Arco-íris (Todos os orixás)
- Exu Sete Chifres (Oxalá e Iansã)
- Caboclo Lua (Logunã)
- Caboclo Sete Luas (Oxalá e Logunã)

Nos seus nomes simbólicos os Guias de Lei de Umbanda Sagrada estão revelando seus regentes divinos e os mistérios aos quais estão ligados e dos quais são seus manifestadores religiosos ou mágicos, já que tanto podem trabalhar incorporados atendendo os consulentes como podem ser oferendados e invocados nos seus campos de ação associados à natureza terrestre, tais como: rios, lagos, pedreiras, cachoeiras, praias, matas, bosques, caminhos.

Obs.: há muitos outros nomes simbólicos de linhas ou correntes espirituais de Umbanda que aqui não foram nomeadas, mas são tão importantes quanto estas, certo?

E também há as linhas cujos nomes simbólicos alusivos são fundamentados nas línguas tupi-guarani e remanescentes do tronco linguístico das tribos espalhadas pelo vasto território brasileiro pré-descobrimento.

Nomes de tribos também são usados, tais como: Caboclo Tupinambá, Aimoré, Tapuia, Tamoio, etc.

Basta traduzir esses nomes e ver o que eles significam e associar seus significados aos elementos da natureza que descobrirão a qual ou quais orixás esses Caboclos são ligados e de que poderes e mistérios são manifestadores espirituais.

Os Fatores de Deus

Por favor, entendam os fatores como micropartículas, as menores da criação, cada uma com uma qualidade, uma característica e uma função única, original mesmo! E fundamental a tudo o que existe.

Temos acesso a todos os fatores de Deus e temos todos eles em nós através do nosso corpo plasmático ou espiritual e do nosso corpo carnal.

Todos "estão" em nós, alguns em mínimas quantidades e outros em grandes quantidades.

Já comentamos que os fatores só são "visíveis" a partir de determinado grau vibratório da criação, e que é o grau elemental ou do plano elemental da vida.

Aqui, no plano material, os cientistas desenham estruturas das proteínas, das enzimas, dos átomos, etc., para descreverem como se dão as "ligações" entre micropartículas que, ligadas entre si por mecanismos muito precisos, formam moléculas, que se agrupam formando substâncias ou "matéria".

Os fatores gerados no primeiro plano da vida e que formam o plasma fatoral que denominamos energia divina ou padrão energético fundamental da criação também seguem esse processo pois vão se ligando uns aos outros por meio de "ligações eletromagnéticas".

Se denominamos "ligações eletromagnéticas" é porque os fatores são partículas energéticas, cada um vibrando em uma frequência específica, e as ligações só acontecem se dois fatores pertencem a um mesmo grupo de frequências afins, criando com isso as duas "tabelas fatorais" (a cósmica e a universal).

Na tabela periódica, os átomos são classificados por "famílias". Já nas duas tabelas fatorais, os fatores são classificados por grupos de "partículas eletromagnéticas afins" ou complementares que, em verdade formam sequências ou "cadeias fatorais", cujo resultado são "formas fatorais compostas" ou símbolos sagrados da criação.

Os fatores "afins" originam cadeias cujas formas são símbolos vibrando em alta frequência e que vão se reproduzindo infinitamente após se formarem com a ligação deles.

A energia divina é um mistério de Deus pois nela são gerados os fatores, e estes, após se unirem e constituírem estruturas muito bem definidas e belíssimas, reproduzem-se continuamente.

Essas estruturas ou símbolos são tão vivos quanto uma célula; começam a se reproduzir e emanar cópias com o mesmo potencial energético, com o mesmo padrão vibratório, com o mesmo magnetismo e com as mesmas funções na criação.

As reproduções acontecem com os próprios fatores, pois cada uma dessas micropartículas eletromagnéticas absorve a "energia pura de Deus" e, após sobrecarregar-se, multiplica-se em um, em dois... em até outros setenta e sete fatores, iguais em tudo ao que os gerou.

O processo de multiplicação de um fator é um mistério magnífico pois não cresce de tamanho, mas vai aumentando a sua carga energética, que acelera a sua frequência até um ponto em que o campo à sua volta "explode" e ele emite para todos os lados as suas "cópias".

É fantástico o processo de multiplicação de um fator, processo esse que pode demorar alguns minutos ou alguns segundos, um milésimo ou um milionésimo de segundo.

Cada fator é uma "entidade" em si mesma e os classificamos como partículas vivas porque, tal como um micro-organismo, reproduz-se de si mesmo e depois emana essa multiplicação à sua volta, sendo que os novos fatores, assim que emanados, já iniciam seu processo de automultiplicação.

É um processo geométrico pois um fator gera, por exemplo, três novos fatores, iguais em tudo a ele. E, logo depois, esses três novos fatores geram três outros cada um, e com isso, seu número vai aumentando como em uma progressão geométrica: 1 : 3 : 9 : 27 : 81 : 243 : etc., e isso, sem contarmos que cada um dos três primeiros gera uma progressão só para eles, que continuarão a gerar novas progressões assim que concluírem seus ciclos de "carga eletromagnética" e reproduzirem-se.

Quando falamos em "Mistérios de Deus", muitos têm dificuldade para entender o real significado da palavra "<u>mistério</u>" e logo imaginam algo parecido com "os Mistérios Órficos" ou "os Mistérios de Elêusis", que eram iniciações secretas.

Iniciações são o que são: iniciação das pessoas e abertura de um conhecimento sagrado a elas, que evocarão certos poderes divinos e certas forças da natureza em benefício próprio ou de terceiros com rituais codificados para tais finalidades.

Já "o mistério" a que nos referimos, ele é outra coisa, ainda que não deixe de ter uma analogia, pois em uma iniciação, os iniciados reproduzirão as mesmas coisas que só o iniciador antes fazia.

Toda iniciação é chamada de "mistério" por causa disso.

Um professor pratica um mistério todos os dias porque ensina aos seus alunos algo que antes eles não sabiam.

Por isso a expressão "cada um no seu mister" é correta, já que um aluno, se quiser praticar o "mister" do seu professor, só precisará estudar ainda mais e alcançar o grau dele para reproduzi-lo (iniciar novos alunos).

A esse processo ou prática de um mistério (o ensino) nós o classificamos como "iniciação no meio".

A iniciação natural ou "iniciação na origem" é diferente e o iniciador reproduz a si a partir de si e é um "mistério original da criação" pois, ao reproduzir-se de si, está por inteiro na sua reprodução, que terá todas as suas qualidades originais.

Para que fique claro nosso comentário, tomemos um grão de feijão que, após ser plantado, germina, brota, cresce, floresce e gera muitos outros grãos de feijão, análogos ao grão original.

Isso é iniciação na origem e é um "mistério de Deus", um mistério original da criação.

— Reproduzir-se de si é um mistério original ou uma qualidade adquirida na sua origem.

— Reproduzir-se em outro é um mistério do meio ou uma faculdade adquirida no meio, tal como o mestre que se reproduz no seu discípulo, pois passa a ele as chaves do seu saber e este irá usá-las segundo sua própria capacidade, podendo remodelá-las ou não segundo seu próprio entendimento.

Um grão de feijão sempre estará nos novos grãos que gerará de si. Já um mestre nem sempre estará nos seus discípulos... e quase sempre estes só terão do mestre a chave que precisam para fazer brotar em si as suas próprias faculdades mentais.

Por isso, se dizemos que a energia divina é original é porque ela gera em si os fatores e estes, por serem gerados em uma energia original, geram a si mesmos e se reproduzem integralmente. E suas reproduções, tal como no exemplo do grão de feijão, também se reproduzirão integralmente.

No estudo das energias etéreas, e mesmo nas do plano material, há essa diferença entre as energias originais e as derivadas do amálgama de duas ou mais energias originais.

Cada fator é uma fonte energética com uma função específica na criação, e a união de vários fatores afins geram "concentrados energéticos", tal como os polivitamínicos ou poliminerais que atendem às várias necessidades energéticas das pessoas que recorrem a eles.

Assim, se cada fator é classificado como uma "energia" ou uma proteína, então eles têm a capacidade de realizar certos "trabalhos", tal como realizam as várias forças estudadas na física.

As tabelas cósmica e universal dos fatores de Deus são formadas cada uma delas por milhares de fatores com funções puras, mistas ou complexas.

— Por "funções puras", entendam os fatores que realizam um único "trabalho".

— Por "funções mistas", entendam a união de dois fatores afins unidos e que realizam dois "trabalhos" ao mesmo tempo.

— Por "funções complexas" entendam a união de vários fatores afins para a realização de múltiplos "trabalhos" ao mesmo tempo.

Os termos cósmico e universal têm a conotação de negativo e positivo e de ativo e passivo.

— Cósmico = negativo – ativo.
— Universal = positivo – passivo.

Obs.: cósmico, aqui, não é relacionado ao Cosmos, e universal não é relacionado ao Universo. Que isto fique entendido desde já pois usaremos essas palavras com significados que têm, para nós, outros sentidos daqueles ulitizados na astronomia. E o mesmo faremos com outras palavras, dando a elas outros significados.

As tabelas a seguir são parciais, formadas só por alguns fatores. Mas cremos que elas servirão para tornar compreensível a função dos fatores de Deus e o trabalho que eles realizam na criação e na vida dos seres.

Tabela Parcial de Fatores Cósmicos

1- Fator Paralisador
2- Fator Diluidor
3- Fator Repulsor
4- Fator Desmagnetizador
5- Fator Consumidor
6- Fator Decantador
7- Fator Destruidor
8- Fator Desequilibrador
9- Fator Devorador
10- Fator Quebrador
11- Fator Separador
12- Fator Revertedor
13- Fator Degenerador
14- Fator Iludidor
15- Fator Partidor
16- Fator Amarrador
17- Fator Fechador, etc.

Comentários sobre estes fatores de Deus:

1- Fator Paralisador: este fator tem por função paralisar a ação ou o trabalho dos outros fatores.

2- Fator Diluidor: este fator tem por função diluir as misturas ou amálgamas fatorais.

3- Fator Repulsor: este fator tem por função repelir a ação dos outros fatores ou mesmo repeli-los.

4- Fator Desmagnetizador: este fator tem por função desmagnetizar os outros fatores, anulando-os.

5- Fator Consumidor: este fator tem por função consumir os outros fatores.

6- Fator Decantador: este fator tem por função decantar as energias emitidas pelos outros fatores ou mesmo decantá-los de um lugar onde estão concentrados e recolhê-los em si mesmo, anulando-os.

7- Fator Destruidor: este fator tem por função destruir os outros fatores.

8- Fator Desequilibrador: este fator tem por função desequilibrar o meio onde os outros fatores realizam seus trabalhos e, com isto, impedi-los de continuarem as suas multiplicações.

9- Fator Devorador: este fator tem por função envolver (engolir) os outros fatores e acabar com eles.

10- Fator Quebrador: este fator tem por função quebrar as ligações simples ou complexas formadas por outros fatores.

11- Fator Separador: este fator tem por função separar fatores que se uniram aleatoriamente e começaram a realizar um trabalho nocivo aos seres.

12- Fator Revertedor: este fator tem por função a reversão do trabalho realizado pelos outros fatores.

13- Fator Degenerador: este fator tem por função degenerar os outros fatores.

14- Fator Inibidor: este fator tem por função inibir a ação dos outros fatores.

15- Fator Partidor: este fator tem por função partir os fatores compostos, formados pelas quatro partes deles: duas positivas e duas negativas.

16- Fator Amarrador: este fator tem por função reproduzir-se em uma cadeia que "amarra" os outros fatores e impede que eles continuem a se multiplicar.

17- Fator Fechador: este fator tem a função de fechar os outros fatores, paralisando suas multiplicações.

Muitos outros fatores negativos não são revelados aqui porque neles estão as chaves de acesso a mistérios que, se ativados por processos magísticos negativos, podem ser muito nocivos às pessoas.

Mas saibam que existem milhares de fatores cósmicos, cujas funções devem ser mantidas em segredo.

Agora, vamos a uma tabela parcial dos fatores universais ou positivos.

Tabela Parcial dos Fatores Universais

1- Fator Magnetizador
2- Fator Gerador
3- Fator Agregador
4- Fator Cristalizador
5- Fator Fixador
6- Fator Congregador
7- Fator Equilibrador
8- Fator Transmutador
9- Fator Gerador
10- Fator Energizador
11- Fator Expansor
12- Fator Ordenador
13- Fator Movimentador
14- Fator Criacionista
15- Fator Conservador
16- Fator Renovador
17- Fator Estimulador
18- Fator Vitalizador
19- Fator Regenerador
20- Fator Estruturador
21- Fator Potencializador
22- Fator Acelerador
23- Fator Multiplicador
24- Fator Mobilizador
25- Fator Concebedor
26- Fator Atrator
27- Fator Racionalizador
28- Fator Evolucionista
29- Fator Criativista
30- Fator Preservacionista

31- Fator Graduador
32- Fator Condensador
33- Fator Imantador

Comentários sobre esses fatores de Deus:

1- Fator Magnetizador: este fator tem por função magnetizar tudo, inclusive os outros fatores.

2- Fator Direcionador: este fator tem por função direcionar tudo, inclusive a ação dos outros fatores.

3- Fator Agregador: este fator tem por função agregar os outros fatores.

4- Fator Cristalizador: este fator tem por função dar forma final e permanente a tudo.

5- Fator Fixador: este fator tem por função fixar cada coisa no seu lugar na criação.

6- Fator Congregador: este fator tem por função reunir tudo e todos em uma mesma direção, inclusive fatores não afins mas cujas ações são complementares.

7- Fator Equilibrador: este fator tem por função equilibrar as ações dos outros fatores.

8- Fator Transmutador: este fator tem por função transmutar as ações dos outros fatores.

9- Fator Gerador: este fator tem por função gerar as condições para a multiplicação de tudo, inclusive dos outros fatores.

10- Fator Energizador: este fator tem por função energizar toda a criação de Deus, inclusive seus outros fatores.

11- Fator Expansor: este fator tem por função expandir a criação.

12- Fator Ordenador: este fator tem por função ordenar tudo e todos, inclusive a ação dos outros fatores.

13- Fator Movimentador: este fator tem por função dar movimento a toda a criação, inclusive aos outros fatores.

14- Fator Criacionista: este fator tem a função de criar novas "coisas".

15- Fator Conservador: este fator tem a função de conservar os meios por onde flui a criação.

16- Fator Renovador: este fator tem por função renovar tudo o que "envelheceu" na criação, inclusive os espíritos.

17- Fator Estimulador: este fator tem por função estimular tudo e todos os seres, inclusive a ação dos outros fatores.

18- Fator Vitalizador: este fator tem por função vitalizar tudo e todos, inclusive os outros fatores.

19- Fator Regenerador: este fator tem por função regenerar tudo, inclusive os outros fatores.

20- Fator Estruturador: este fator tem por função estruturar tudo o que Deus gera.

21- Fator Potencializador: este fator tem por função dar potência a tudo, inclusive aos outros fatores.

22- Fator Acelerador: este fator tem por função acelerar as ações dos outros fatores.

23- Fator Multiplicador: este fator tem por função multiplicar os outros fatores.

24- Fator Mobilizador: este fator tem por função dar mobilidade a tudo que Deus gerou, inclusive aos outros fatores.

25- Fator Concebedor ou Conceptivo: este fator tem por função conceber novas coisas, inclusive novos fatores.

26- Fator Atrator: este fator tem por função atrair tudo o que tiver afinidades, inclusive outros fatores.

27- Fator Racionalizador: este fator tem por função racionalizar tudo e todos, inclusive a ação dos outros fatores.

28- Fator Evolucionista ou Evolutivo: este fator tem por função criar as condições para a evolução dos seres.

29- Fator Criativista: este fator tem por função criar as condições para que expanda a criatividade dos seres.

30- Fator Preservacionista: este fator tem por função preservar tudo e todos, inclusive os outros fatores.

31- Fator Graduador: este fator tem por função graduar a ação dos outros fatores.

32- Fator Condensador: este fator tem por função condensar os outros fatores.

33- Fator Imantador: este fator tem por função imantar todos os outros fatores.

A lista dos fatores universais é interminável mas aqui só mostramos alguns e suas funções na criação.

Caso queiram entender com mais profundidade o que eles realizam, basta pegar um dicionário e ver o significado dos verbos aqui usados para defini-los.

— Por exemplo:

Fator condensador: que condensa.

Condensar: tornar denso ou mais denso; engrossar; tornar consistente.

Condensação: ato ou efeito de condensar; passagem de um corpo gasoso ao estado líquido.

Condensabilidade: propriedade de se condensar.

Mas também poderíamos chamá-lo de fator condensativo: que condensa; condensante.

E o mesmo se aplica a todos os outros fatores, cujos nomes, genéricos, guardam a essência dos significados que as palavras usadas têm no plano material, tal como acontece com o fator graduador:

— Fator Graduador: diz-se do que gradua
   Graduado: dividido em graus
   Graduação: ato ou efeito de graduar
   Gradual: em que há gradação
   Graduar: dividir em graus

E o mesmo sentido ou essência das palavras é usado aqui para darmos nome a algo que antes um nome não tinha, (pois era desconhecido no plano material) procuramos preservar para não criarmos novas palavras.

Sim, nominar é um neologismo relacionado à palavra nominação, cujo significado é este: figura que consiste em dar nome a uma coisa que não o tem (do latim nominatione).

Só recentemente abrimos os mistérios dos Fatores de Deus para o plano material e temos de usar certos neologismos para defini-los, tal como estamos fazendo com a energia, transformando-a em "energias"

Neologismo: doutrina muito recente (do grego neos + logos).

Este livro é um neologismo porque estamos criando uma nova teologia, agora de Umbanda Sagrada.

Retornando aos Fatores de Deus, eles são micropartículas energéticas, as menores existentes, e são em si como as proteínas porque, ao se aglomerarem, desencadeiam ações associadas aos seus nomes.

Aqui só explicamos alguns para que tenham noção do assunto que comentamos. Mas, mais adiante, daremos uma tabela genérica.

E se eles são micropartículas em estado de suspensão, há no entanto um meio de atraí-los, acumulá-los e transportá-los de um lugar para outro.

Em capítulo à parte saberão como isso acontece.

Fatores, as Chaves dos Mistérios da Criação

É-nos impossível entender a forma de os mistérios agirem sobre nós e tudo mais sem conhecermos os fatores e suas funções.

Agora, já com o entendimento sobre eles dado pelo que comentamos no capítulo anterior, esperamos conduzir nossos leitores ao universo das divindades- mistérios e dos seres divinos manifestadores dos poderes realizadores.

Uma divindade-mistério, o orixá Oxalá, por exemplo, por ser uma manifestação ou exteriorização do divino Criador Olorum, traz em si todas as funções necessárias à manutenção da Criação e das criaturas em sua faixa de atuação, como divindade-mistério.

— Ele, por ser uma divindade-mistério está em tudo o que Deus criou porque é em si um mistério da criação e sua faixa de atuação é completa, estando presente na Terra e em todo o Universo.

— Ele tanto está nos seus fatores quanto nas substâncias geradas pelas associações deles.

— Ele tanto está na natureza dos seus átomos quanto na dos planetas e estrelas.

— Ele tanto está na natureza dos micro-organismos quanto das maiores criaturas associadas aos seus fatores.

— Ele tanto está na natureza dos seres espirituais quanto dos seres divinos associados aos seus fatores.

— Os seres espirituais são portadores de qualidades associadas aos seus fatores.

— Os seres divinos são manifestadores naturais dos poderes realizadores dos seus fatores.

— Os seres espirituais estão em desenvolvimento evolucionista e podem manifestar em determinados estágios dons associados a ele, mas nunca poderão transmitir a outros espíritos os seus dons.

— Os seres divinos manifestadores dos seus poderes estes sim, quando os seres espirituais desenvolverem certas faculdades mentais, imantam-nas transformando-as em dons do espírito.

Há uma diferença entre os seres divinos e os seres espirituais: os seres divinos são o que são. Já os seres espirituais estão em contínua evolução e desenvolvimento de novas faculdades ou dons do espírito.

Os fatores podem ser agregados em grupos funcionais ou "famílias" e assim, associados a sentidos, a cores, a raios, a natureza, etc.

As Divindades-Mistérios, associadas aos sentidos fazem surgir hierarquias de seres divinos responsáveis pela aplicação de suas funções na criação e nas criaturas.

Mas os fatores, que são energias sutis, quando agregados em grupos afins por causa de suas funções, fazem surgir as essências e estas por serem a resultante dos agrupamentos fatorais, ao se agruparem em famílias de essências afins geram os elementos, já bem próximos de nós e possíveis de serem mais bem compreendidos.

Então, a partir dos elementos podemos vislumbrar melhor as formas de atuação das Divindades-Mistérios sobre os meios e os seres.

Por intermédio dos elementos iremos mostrar parte do universo dos orixás, que são seres divinos e objeto de intenso culto pelos umbandistas.

Mas as nossas descrições se darão de uma visão um pouco diferente das descrições tradicionais legadas a nós pelo culto a eles realizado no continente africano, e mesmo nos seus cultos tradicionais no Candomblé.

Se assim não for, então só estaríamos reproduzindo o que nos legaram os antigos sacerdotes africanos e que vários autores já codificaram em seus livros doutrinários. E a Umbanda é uma religião que se fundamentou no panteão Yorubano, porém deu-lhe sua própria interpretação e sua dinâmica de atuação sobre a vida dos umbandistas, dispensando muitos dos seus procedimentos já tradicionais, mas criando outros, espirituais, que supriram as nossas necessidades religiosas ou mágicas (ofertatórias, propiciatórias, purificadoras, curadoras, etc.).

— As necessidades religiosas (fé, orientações, doutrina, batismo, iniciação, casamentos, funerais, etc.), os guias espirituais regidos pelos orixás as realizam ou indicam aos seus médiuns como realizá-las, assim como a substituição dos processos divinatórios pelos processos oraculares.

Muitos confundem os processos divinatórios com os processos oraculares, chegando mesmo a considerar o jogo de búzios como um oráculo. Mas o que é certo neste campo é que a revelação pode ser processada de forma divinatória ou oracular.

Divinatória é a revelação que é interpretada a partir de sinais, traços e posições das coisas usadas para obtê-la.

Oracular é a revelação por meio da boca de alguém sem outro recurso que o uso de palavras.

Outras formas de revelação são a intuição, a audição, a clarividência, a percepção e a sensitividade.

A Umbanda revelou-se como religião pela boca de um médium incorporado pelo espírito do senhor Caboclo das Sete Encruzilhadas. E o seu recurso não é o uso de búzios ou cauris e sim o oracular.

Portanto, quando disserem que os búzios, a leitura do tarô, das linhas das mãos, etc., são revelações oraculares, corrijam quem isto disser porque são processos divinatórios, ou seja: quem os lê está adivinhando, e que oráculo é a emissão de uma revelação por meio do som ou da palavra.

As pitonisas, os profetas e os médiuns de incorporação da Umbanda emitem oráculos ou revelações orais e não precisam consultar uma virada de búzios para saberem o que está acontecendo na vida de um consulente.

É preciso que se coloque os pingos nos is; se não, a forma oracular usada pela Umbanda para suprir uma de suas práticas religiosas será confundida com o uso indevido das palavras oráculo e oracular por adeptos dos jogos de búzios, cauris, tarô, etc. Eles praticam jogos divinatórios. Nós não, porque já temos o procedimento oracular usado pelos médiuns umbandistas quando incorporados e que é análogo ao dos profetas e das pitonisas.

— Oráculos emitimos nós. Adivinhação emitem os que praticam leituras das formas ou imagens.

Que ninguém se engane, ou seja: Umbanda não é Candomblé, ainda que seja englobada no rol dos cultos afro-brasileiros.

Retornando ao nosso comentário, por meio dos fatores chega-se aos elementos e, por estes, chega-se aos seres divinos manifestadores das Divindades-Mistérios.

As Divindades-Mistérios ou manifestações de Deus são muitas e alguns intérpretes religiosos servem-se do ternário para codificarem as manifestações de poder em suas religiões.

Outros intérpretes usam o quaternário.

Nós recorreremos ao setenário para ordenarmos o panteão divino umbandistas porque, desde o seu início, ele se manifestou oracularmente, ou seja: com as revelações dos guias espirituais, que aludem as sete linhas de Umbanda tanto em seus pontos cantados quanto nos seus nomes simbólicos.

Na primeira manifestação genuinamente umbandista o setenário já estava visível no nome simbólico do espírito que se manifestou: Caboclo das Sete Encruzilhadas ou dos sete entrecruzamentos das sete irradiações divinas (verticais) com as sete faixas vibratórias ocupadas pelos espíritos (horizontais).

— Encruzilhadas são isto no simbolismo de Umbanda Sagrada: o cruzamento das irradiações com as faixas vibratórias.

Saibam que também existe o fator encruzador, ou seja: um fator que dá a forma de cruz à onda vibratória que o transporta.

Na cruz, a irradiação original flui até um ponto central e depois abre-se para a direita e a esquerda para em seguida seguir adiante até alcançar outro nível ou faixa vibratória.

E o setenário sagrado é o cruzamento ou o entrecruzamento de sete irradiações divinas, presentes na sua fundamentação divina onde sete Divindades-Mistérios são identificadas como as mantenedoras da Umbanda.

O sete está tão visível aos umbandistas que só não atinou com esse fundamento quem desconhece a dinâmica de formação das religiões.

— O cristianismo está fundamentado no ternário sagrado, interpretado pelos cristãos como Pai, Filho e Espírito Santo.

— O judaísmo está fundamentado no "dodecágono" ou nas doze tribos de Israel, que na verdade simbolizam doze Divindades-Mistérios com cada uma ocupando um vértice ou cruzamento do hexágono ou da estrela de seis pontas, a estrela da David.

E, não casualmente, os antigos intérpretes do judaísmo descreviam Iavé como o "Deus do Fogo" cuja espada flamejante ou raios incandescidos dizimavam os exércitos dos inimigos de Israel.

Se observarem bem certas passagens do velho testamento verão em Iavé uma grande analogia com o orixá Xangô, senhor da Justiça Divina e do fogo, dos raios e da ira com os inimigos do seu império.

No capítulo que explica os fundamentos dos símbolos da Umbanda verão com clareza como a estrela de David está dentro das irradiações do orixá Xangô.

O fato é que os fatores, quando chegam ao estado de elementos, tornam fácil a interpretação dos orixás, que são em si Divindades-Mistérios e dos Seres Divinos, que são manifestadores dos seus poderes e realizam suas funções divinas de maneira pura, combinada ou mista e complexa ou entrecruzada.

— Na forma pura estão as hierarquias formadas por seres divinos manifestadores dos poderes originais e realizadores das funções de uma só Divindade-Mistério.

— Na forma mista estão as hierarquias formadas por seres divinos manifestadores dos poderes e realizadores das funções de duas Divindades-Mistérios.

— Na forma complexa estão as hierarquias formadas por seres divinos manifestadores dos poderes e realizadores das funções das Divindades-Mistérios que formam o setenário sagrado da Umbanda ou seja, atuam nos sete campos vibratórios ainda que procedam uns de um mistério e outros de outros mistérios.

Na Umbanda existem orixás puros, mistos e complexos.

Assim temos, para exemplo, os orixás Ogum que é puro e temos um orixá Ogum das Matas, que é misto, pois atua tanto na irradiação da Divindade-Mistério Ordenadora da Criação (Ogum) quanto na da Divindade-Mistério Expansora da Criação (Oxóssi).

— O fator ordenador distingui-se em Ogum porque este orixá é a manifestação ordenadora do divino Criador que tudo o que cria é de maneira ordenada, e nunca caótica.

— O fator expansor distingue-se em Oxóssi porque este orixá é a manifestação expansora do divino Criador que tudo cria de modo centrífugo, ou seja, de si para o seu exterior e nunca do seu exterior para si.

— Estes orixás puros são denominados pelos seus elementos originais, pelos seus sentidos originais ou pelos seus fatores distinguidores.

— Já os orixás mistos são denominados pela combinação dos seus elementos com outros, etc.

Assim, existem Oguns e Oxóssis puros e existem os bielementais, trielementais, tetraelementais, pentaelementais, hexaelementais e os heptaelementais. Estes últimos são os que manifestam o setenário sagrado.

Observem que os orixás mistos ou bielementais manifestam o binário sagrado ou os opostos que se completam e que, na chave dos elementos temos orixás telúricos-aquáticos; eólicos-ígneos; aquáticos-vegetais, etc.

Já os orixás que atuam sob a irradiação do ternário sagrado, nós os identificamos pelos seus nomes simbólicos que mostram três elementos, e o exemplo mais visível está no orixá Ogum Beira-mar (ar – terra – água).

Para um melhor entendimento das associações orixás-elementos, abaixo temos uma tabela:

Oxalá	cristal
Oxumaré	mineral-aquático
Oxóssi	vegetal
Xangô	fogo
Ogum	ar
Obaluaiê	terra-água
Omolu	terra
Logunã	cristal-tempo
Oxum	mineral

Obá	terra
Oro Iná	fogo
Iansã	ar
Nanã	água-terra
Iemanjá	água

Através dos sentidos que formam o setenário sagrado temos esta classificação:

Oxalá	sentido da fé
Oxumaré	sentido do amor
Oxóssi	sentido do conhecimento
Xangô	sentido da justiça
Ogum	sentido da lei
Obaluaiê	sentido da evolução
Omolu	sentido da geração
Logunã	sentido da fé
Oxum	sentido do amor
Obá	sentido do conhecimento
Oro Iná	sentido da justiça
Iansã	sentido da lei
Nanã	sentido da evolução
Iemanjá	sentido da geração

Quatorze orixás, sete elementos, sete sentidos, sete cores, sete irradiações, sete faixas vibratórias, sete fatores complexos distinguidores de seus poderes e funções divinas aplicadas na criação e nas criaturas.

Se temos no panteão umbandista 14 orixás puros e manifestadores das sete Divindades-Mistérios, no entanto nas hierarquias mistas temos um panteão complexo, muito mais abrangente que o que serviu como modelo para a Umbanda, e que é o dos povos nigerianos.

O Setenário na Umbanda

O setenário está presente em muitas religiões ou doutrinas iniciáticas, servindo de modelo explicativo para alguns dos mistérios de Deus, manifestados por meio dos muitos meios que Ele, o nosso divino Criador, tem à disposição para atuar sobre toda a sua criação e principalmente sobre nós, a humanidade.

Muitos já foram os "usos" dados ao setenário e muitas são as suas interpretações, todas corretas porque estão decifrando um mistério, possível de ser interpretado segundo a visão pessoal de cada um dos que desejarem interpretá-lo.

Cada religião que já recorreu a ele o interpretou segundo seu interesse e sua necessidade, e o vemos em muitos símbolos ou ícones religiosos, tais como o candelabro de sete braços, os sete raios sagrados, as sete luzes, as sete cores, as sete cidades, as sete colinas, as sete linhas, os sete céus e os sete infernos, etc.

Na Umbanda, o setenário está tão visível que nele assenta o nome simbólico dos mistérios manifestados pelos guias espirituais, tais como:

— Sete Encruzilhadas
— Sete Espadas
— Sete Porteiras, etc.

E mais claramente nas Sete Linhas de Umbanda Sagrada.

Assim sendo e já que a influência do setenário é tão visível, temos que esmiuçar este mistério maior, entendê-lo e, após decodificá-lo, aplicá-lo como chave interpretativa dos mistérios sagrados.

Comecemos por esta linha decodificadora:

1) Deus é a unidade; o um; o princípio de tudo e o ponto central da criação; a fonte de onde tudo foi emanado e que a tudo dimanou.

2) Deus, ainda que unitário e indivisível, manifesta-se de maneira passiva e ativa, gerando o binário alto-embaixo; luz e treva; positivo e negativo; macho e fêmea; pai e mãe; irradiante-absorvedor; expansor-concentrador; agregador-diluidor, etc.

Na sua manifestação unitária tudo está junto e é impossível distinguir qualquer coisa porque, na unidade, nada se indiferencia e tudo é o um. Mas a partir do binário as coisas vão assumindo uma natureza e se agrupando por afinidade em dois planos opostos ou em duas posições, ora antagônica e ora complementar.

— Quando antagônicas, uma não subsiste na outra e o espaço é ocupado por uma ou por outra, pois na ausência de uma a outra se faz visível naturalmente.

No antagonismo do binário, se há luz não há treva e, se há treva, não há luz.

Se é positivo então não é negativo e se é negativo, não é positivo.

No binário, a individualidade ou a qualidade ou a natureza está muito bem definida.

— Positivo ou negativo
— Luz ou treva
— Alto ou embaixo
— Direita ou esquerda
— Macho ou fêmea
— Irradiante ou concentrador
— Expansor ou contrator
— Pai ou mãe
— Agregador ou diluidor, etc.

— Agora, quando complementares, aí as leituras do binário alteram-se e ambas as partes são vistas como complementares entre si e o antagonismo deixa de existir porque um todo é formado de muitas partes mas, no mínimo, precisa ser formado de duas partes:

— Um plano tem um lado (a sua superfície) visível (luz) e outro lado (a contrassuperfície) invisível (a treva) sobre o qual se apoia.

— Se há um polo positivo (o magnetismo radiante), ele só existe porque há um outro, o polo negativo (magnetismo absorvente ou gravidade) que tem a exata função oposta que o limita e o diferencia funcionalmente.

— Se há uma natureza masculina (o macho) ela só é vista assim porque também tem sua contraparte feminina (a fêmea) que a complementa e lhe confere a condição de polo masculino no aspecto gerador da criação.

Dessa forma, o binário existente em Deus é manifestado por Ele na bipolaridade, visível em sua criação e perceptível a todos.

Então já temos a unidade e a dualidade.

— A unidade está na origem de tudo e de todos.

— A dualidade (o binário antagonismo-complementaridade) está presente na manifestação da unidade, que é Deus.

Mas, além de unidade e do dualismo há a trindade, que também já teve muitas interpretações:

— Pai — mãe e filho
— Alto — embaixo e meio
— Deus — espírito e matéria
— Pai — filho e espírito santo
— Positivo — negativo e neutro
— Alto — direita e esquerda, etc.
— A unidade é representada pelo ponto.
— O binário é representado pela linha com duas pontas.
— A trindade ou o ternário é representado pelo triângulo.

Sabemos que a trindade está na origem da matéria pois sua unidade básica, o átomo, é formado de prótons, elétrons e nêutrons.

— Prótons = partículas positivas
— Elétrons = partículas negativas
— Nêutrons = partículas neutras

Se recorrermos ao átomo para interpretação, temos isto:

— Prótons = positivo, passivo, concentrador, atrator, agregador, etc.

— Elétrons = negativo, ativo, irradiante, expansor, diluidor, instável, etc.

— Nêutrons = separador, equilibrador, graduador, estabilizador, etc.

Enfim a trindade ou tripolaridade do ternário está visível em tudo o que existe e adiciona ao binário ou dualismo um ponto de equilíbrio entre o que parece antagônico mas que é complementar na criação.

— Se luz e treva são os dois lados de uma mesma coisa (planos visível e invisível, alto e embaixo, etc.) na trindade ou no ternário ambos os lados têm um ponto em comum que os equilibram e os separam para que coexistam em harmonia e que gradua a intensidade de um e do outro na criação, impedindo com essa sua ação neutra (pois nem é positivo nem é negativo) que luz e trevas coexistam como paralelas, impedindo assim que tudo se torne só luz ou só trevas; só macho ou só fêmea; só alto ou só embaixo; só positivo ou só negativo; só dia ou só noite, etc.

Temos no terceiro elemento da criação o separador, o equilibrador, o graduador, o oscilador, o balanceador, o mantenedor, etc. de tudo o que Deus criou. Mas poderíamos acrescentar-lhe essas funções: a de interador entre as coisas de naturezas opostas-complementares; a de mediador entre os lados opostos de uma mesma coisa.

Assim, no plano, o elemento neutro permite que o lado visível se apoie sobre o lado invisível e ambos coexistam em harmoniosa complementaridade, ainda que ocupem lados opostos nesse mesmo plano.

Até aqui, já comentamos a unidade, o binário e o ternário, justificando suas existências.

— Na unidade está Deus e tudo o que n'Ele existe.

— Na dualidade ou binário, já bipolarizados, estão os pares antagônicos e os complementares.

— Na trindade ou ternário estão os neutralizadores que, através de si, permitem que dois poderes com funções opostas tornem-se complementares, interagindo com ambos ao mesmo tempo sem que sejam influenciados por um ou por outro e percam suas funções equilibradoras dos opostos entre si mas complementares na sustentação da criação.

Prosseguindo nas manifestações da unidade, surge o quaternário, que é a interação coordenada de quatro poderes aparentemente antagônicos mas que são complementares, porque cada um é em si um dos aspectos da criação de Deus, dando-lhe estabilidade.

O quaternário ou cruzamento é tetrapolar e, a partir de si (o centro da cruz), interage com quatro aspectos diferentes.

Então, até aqui, temos isto:

A unidade — Deus, simbolizado pelo ● (o próton).

O binário — Divindades polarizadas entre si, simbolizadas pela linha ●━━━● (os elétrons).

O ternário — Divindades equilibradoras dos poderes antagônicos-complementares, simbolizadas pelo triângulo △ (os nêutrons).

O quaternário — Divindades tetrapolares que interagem a partir do ponto (Deus) coordenando a ação e estabilizando as funções dos pares antagônicos-complementares, simbolizado pela cruz ✝ (a matéria).

O quaternário ao coordenar a partir do centro a ação e a função de quatro fatores, forças, poderes ou elementos, permite que surjam todas as substâncias ou a matéria.

Ele também une o alto e o embaixo, a direita e a esquerda, criando duas irradiações que se cruzam no centro.

— No um, está tudo.

— No dois, tudo está bipolarizado, separado por funções.

— No três, tudo o que está separado pode interagir sem perder seus atributos.

— No quatro, tudo se une no centro ou no ponto de origem (Deus) e gera as substâncias, fazendo surgir a matéria ou o pentagrama, que é o quinquenário.

O quinquenário é a quintessenciação das funções de dois pares opostos-complementares (os quatro elementos básicos) e faz surgir as formas compostas a partir da combinação de coisas aparentemente antagônicas mas, a bem da verdade, complementares entre si.

Ele é simbolizado pelo pentagrama, a estrela da vida ☆ ou geradora das coisas.

E, porque todas as coisas geradas precisam ter um ponto de equilíbrio senão se deformam, eis que Deus manifesta seu hexagrama, graduador do estado de equilíbrio das coisas.

Análogo ao ternário, que gradua e equilibra duas coisas opostas entre si, mas na verdade complementares, o hexagrama gradua as coisas geradas a partir do quinquenário ou pentagrama e dá a cada coisa gerada o seu grau de equilíbrio, estabilizando-as e impedindo que cada parte que as formou volte a se separar e retorne à origem (o ponto) que é Deus.

A importância do hexagrama mostra-se em toda a sua grandeza e só ele existindo tudo adquire as condições ideais de existir por si mesmo e em si.

É a conscientização dos inconscientes!

E a conscientização é simbolizada pelo duplo triângulo entrelaçado ou pelo hexagrama ✡

Então, só por símbolos, temos isto:

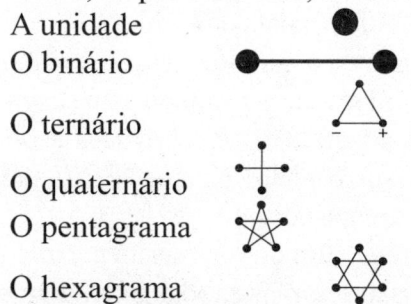

A unidade ●

O binário ●—●

O ternário △

O quaternário ✦

O pentagrama ☆

O hexagrama ✡

A partir desse ponto, onde as coisas geradas pelo quinquenário adquirem a plena consciência e o equilíbrio permanente, é que podem desenvolver a qualidade maior de Deus, que é a de assumirem a si próprias e passarem a gerar outras coisas a partir de si, sempre combinando-se com outras coisas opostas-complementares (macho-fêmea, positivo-negativo, etc.) fazendo surgir o setenário.

O setenário é, na verdade, o um multiplicado por sete, tornando tudo sétuplo, contendo em si mesmo a unidade, o binário, o ternário, o quaternário, o quinquenário e o sexenário, sendo em si mesmo um setenário, algo capaz de gerar de si novas coisas indispensáveis à ocupação equilibrada do meio onde vivem.

O setenário é o fechamento de um ciclo da criação que começa no 1º plano da vida onde tudo é puro, unitário, ainda não bipolarizado ou misturado.

No 1º plano é onde surgem os fatores, as divindades com uma só função na criação, as ondas vibratórias simples, os seres espirituais em estado puro ou original, etc.

Já no sétimo plano os fatores são compostos, as divindades têm múltiplas funções na criação, as ondas vibratórias são "multi-frequenciais", os espíritos são evoluidíssimos e hiperconscientes, etc.

Assim, se o setenário sagrado é formado por sete mistérios, também o é por sete planos, sete padrões vibratórios, sete estados de consciência, sete símbolos sagrados, sete luzes, sete cores, sete irradiações divinas (as sete linhas de Umbanda, etc.).

Todos os mistérios sétuplos da criação estão no setenário sagrado e cada um deles atua em seu campo de ação por meio de suas frequências ou faixas vibratórias particulares, porém alcançando tudo e todos dentro dos sete planos da vida.

O setenário fecha um ciclo evolucionista em si mesmo e tem em si tudo o que é preciso para ser os meios e a vida nesses sete planos.

Uma divindade sétupla tem em si tantos recursos para se realizar que nos é impossível imaginar o quão grandiosa é em si mesma, porque interage com tudo o que existe desde o 1º ao 7º planos e influencia a tudo e a todos que estão sob seu amparo divino.

Uma divindade sétupla interage com outras seis ao mesmo tempo, sendo que todas elas também são sétuplas e todas interagem entre si, com umas atuando com seus mistérios nos mistérios das outras.

Para ser setenária ou sétupla uma divindade tem de ter, a partir de si e do mistério original que é em si mesma, os meios e o poder de atuar no campo de outras seis, realizando no campo de atuação delas a sua função original.

Isto, para ficar compreensível e ser entendido facilmente precisa ser explicado detalhadamente por um modelo explicativo da criação desenvolvido por nós, senão fica vago e passível de contestação.

No nosso modelo temos isto:

— Na criação tudo existe em sete formas diferentes, gerando sete arquétipos puros, muito bem definidos e de fácil identificação para o bom observador.

Os Setenários Multiplicados

Deus, em sua manifestação sétupla, gera sete vibrações e sete mistérios, já comentados por nós, cada um com uma função muito bem definida.

Também já comentamos que, por serem uma resultante dessa manifestação, os sete mistérios se completam e um está nos outros e vice-versa.

Por isso, um mistério só adquire atividade se fluir através das outras seis vibrações.

Se não, vejamos: a fé é o que é: uma manifestação de Deus!

Mas, ao manifestá-la nos outros seis mistérios, torna-se a fé no amor; a fé no conhecimento; a fé na justiça; a fé na lei; a fé na evolução; a fé na geração.

Trazendo o mistério da fé para o campo dos fatores, fé é sinônimo de congregação, que significa reunião.

Então, trazendo o fator para o elemento, temos o elemento cristal como seu materializador. E trazendo-o para o campo das cores, ele reflete todas elas.

Como a cor branca é a que traz em si todas as outras cores, e o cristal reflete todas elas; e ainda que fé, fator congregador, cristal e cor branca são sinônimos ou qualificativos de uma mesma coisa, concluímos que Oxalá é o orixá da fé, sua cor é a branca, seu fator é o congregador, seu elemento é o cristal, e sua função é a de reunir.

Assim, temos as informações para avançar na sua interação com os outros seis mistérios que formam o Setenário Sagrado, já que cada um forma para si um novo setenário, ou seja: cada mistério flui na faixa de atuação dos outros seis.

Esses sete arquétipos podem ser interpretados como:

As sete âncoras
As sete cachoeiras
As sete capas
As sete catacumbas
As sete caveiras
As sete cobras
As sete cores
As sete coroas
As sete covas
As sete cruzes
As sete encruzilhadas
As sete esferas
As sete espadas
As sete espécies
As sete facas
As sete faixas vibratórias

As sete fitas
As sete flechas
As sete flores
As sete folhas
As sete fontes
As sete forcas
As sete garras
As sete giras
As sete horas mágicas
As sete irradiações
As sete lagoas
As sete lanças
As sete linhas
As sete luas
As sete luzes
As sete montanhas

As sete ondas energizadoras
As sete ondas vivas
As sete ossadas
As sete pedras
As sete pedreiras
As sete portas
As sete porteiras
As sete praias
As sete quedas
As sete rendas
As sete rosas
As sete saias
As sete sombras
As sete tronqueiras
As sete virtudes
Os sete anéis
Os sete arcos
Os sete caminhos
Os sete campos vibratórios
Os sete caráteres
Os sete chifres
Os sete ciclos
Os sete círculos
Os sete cruzeiros
Os sete dias da criação
Os sete escudos
Os sete galhos
Os sete garfos
Os sete laços
Os sete lenços
Os sete mares
Os sete mantos
Os sete nós
Os sete planetas
Os sete planos da vida
Os sete potes
Os sete pós
Os sete punhais
Os sete raios
Os sete reinos
Os sete rios
Os sete sentidos
Os sete símbolos
Os sete sóis
Os sete triângulos
Os sete túmulos

Esses "sete", na verdade, são o mesmo Setenário Sagrado mostrando-se por meios e formas diferentes, meios e formas estes que são partes de um todo que chamamos de unidade ou Deus.

E aqui não estão todos os "sete" existentes porque cada coisa criada por Deus e que faz o todo é única e multiplica-se por outras sete, formando assim para cada uma um setenário.

Se tomamos os sentidos para desenvolver um modelo, ele tem sido ótimo e tem atendido às nossas necessidades didáticas pois os associamos aos sete mistérios originais e nele conseguimos vir do macro (Deus) até o micro (os espíritos) sem que a linha de raciocínio seja quebrada.

Os sete sentidos são estes:
— Sentido da fé
— Sentido do amor
— Sentido do conhecimento

— Sentido da justiça
— Sentido da lei
— Sentido da evolução
— Sentido da geração

Os sete mistérios são estes:
— Mistério da fé
— Mistério do amor
— Mistério do conhecimento
— Mistério da justiça
— Mistério da lei
— Mistério da evolução
— Mistério da geração

Os sete orixás são estes:
— Orixá da fé
— Orixá do amor
— Orixá do conhecimento
— Orixá da justiça
— Orixá da lei
— Orixá da evolução
— Orixá da geração

Como tudo em Deus é unitário, mas ao ser manifestado por ele adquire bipolaridade (os antagônicos ou opostos complementares), então, assim que algo é manifestado o é de duas formas: passiva-ativa, positiva-negativa, irradiante-concentradora, expansora-contratora, macho-fêmea, alto-embaixo, etc.

— Na forma passiva-ativa, temos divindades cuja atuação são imperceptíveis (os passivos) e outras que são muito sensíveis quando atuam (as ativas).

— Na forma positiva-negativa, temos divindades cujas vibrações estimulam nossa evolução (as positivas) e temos aquelas cujas vibrações paralisam nossa evolução quando o rumo dela está nos prejudicando.

— Na forma irradiante-concentradora, temos divindades cujas vibrações mentais fluem para tudo e todos ao mesmo tempo (as irradiantes) e temos aquelas cujas vibrações atuam sobre tudo e todos que entrarem em desequilíbrio (as concentradoras).

— Na forma expansora-contratora, temos divindades cujas vibrações mentais expandem tudo e todos (meios e seres) e temos as que contraem tudo e todos que entram em desequilíbrio.

— Na forma macho-fêmea, temos divindades de natureza e aspectos masculinos e temos as de natureza e aspectos femininos.

— Na forma alto-embaixo, temos divindades que atuam sobre as faixas vibratórias positivas (divindades do alto) e as que atuam sobre as faixas vibratórias negativas (divindades do embaixo).

E isto, na forma bipolarizada, pois em sua forma ternária ou triangular, temos as divindades tripolares, que atuam sobre o alto e o embaixo ao mesmo tempo; atuam tanto passiva quanto ativamente; tanto são irradiantes quanto concentradoras; tanto são expansoras quanto contratoras, etc.

E no quaternário temos divindades que atuam tanto sobre o alto-embaixo, quanto sobre a direita-esquerda; tanto irradiam-concentram como expandem-contraem, etc.

E assim sucessivamente, mas com cada uma delas conservando sua qualificação original, seja uma divindade original (na unidade) ou setenária (na criação).

Então, por causa dessa manutenção de suas qualificações, as divindades podem ser classificadas em classes distintas, ainda que sejam setenárias.

Daí, temos divindades setenárias da fé, do amor, do conhecimento, da justiça, da lei, da evolução e da geração.

Portanto, entendam que uma divindade sétupla do amor só é setenária porque atua nos campos das outras seis como manifestadora de sua função na criação, que é a de irradiadora dos mistérios do seu mistério original do amor.

Como a divindade original do amor na unidade era indiferenciada (nem macho nem fêmea, nem positiva nem negativa, etc.) na sua exteriorização bipolarizada fez surgir uma divindade masculina e outra feminina do amor; uma passiva e outra ativa; uma irradiante e outra concentradora; uma expansora e outra contratora, etc.

Então, na verdade, para cada setenário passivo há outro ativo; para cada masculino há outro feminino; para cada irradiante há outro concentrador; para cada expansor há um contrator; para cada positivo há outro negativo; para cada...etc.

Se são antagônicos ou opostos na aparência, no entanto são complementares, tal como os dois lados de um plano geométrico onde o lado visível ou de cima reflete as cores e o invisível ou de baixo não as reflete (luz-treva) (alto-embaixo) (positivo-negativo), etc.

Com isso entendido, fica claro que o duplo aspecto está presente em tudo o que Deus criou e gerou e podemos interpretá-los como um aspecto positivo e outro negativo.

Trazendo para os nossos comentários esse duplo aspecto (o dualismo) então está provado que em tudo e em todos há o duplo aspecto e mesmo no campo das divindades ele está presente, assim como existe em nós também.

— Ensinamos que nas suas irradiações um orixá-bipolar realiza as suas duas funções ou dois aspectos de uma forma imperceptível aos olhos desavisados, ainda que esta ação dual já tenha sido explicada de modo metafórico na interpretação teogônica yorubana e está presente na fala do velho Babalaô quando ele diz ao seu filho de santo: "meu filho, você está com quizila de tal orixá".

Esta quizila refere-se à reação do mistério manifestado pelo orixá, mas que foi infringido pelo filho de santo.

Toda ação negativa e contrária às funções originais dos orixás desencadeia uma reação imediata do próprio mistério manifestado por ele.

Assim, se Omolu é o orixá curador, no entanto ele, no seu duplo aspecto, tem sua ação reativa, é ativado negativamente por quem afrontar à vida. E este alguém que afrontou a vida (Omolu) chama para si a reatividade (ação reativa ou fundamentada numa ação anterior) desse orixá, chamando para si seus aspectos negativos (as doenças).

Há, de fato, os aspectos negativos em todos os orixás ou divindades, assim como os há em tudo e todos.

Trazemos em nós desde nossa geração em Deus o duplo aspecto e reagimos naturalmente a todas as coisas que impressionam nossos sentidos.

— O que é bom desperta satisfação.

— O que é ruim desperta insatisfação.

Oxum é concebedora da vida. Mas, se alguém afrontar seu mistério concebedor e começar a praticar abortos inconsequentes, despertará imediatamente uma reação do mistério manifestado por ela que ativa seus aspectos negativos (sua reatividade), e o afrontador, ao invés de receber de Oxum uma vibração concebedora, começa a receber do seu duplo, ou do seu lado oposto, ou do seu antagônico, ou do "embaixo de Oxum" uma vibração esterilizadora que alcançará justamente o sentido onde o ser em questão afrontou esse mistério concebedor da vida, que em Deus é a própria concepção dela, mas quando saiu da unidade e se individualizou adquiriu duplo aspecto (a bipolaridade) e tanto tornou-se mantenedor das concepções no exterior d'Ele, como tornou-se punidora de todos os que afrontarem os princípios da vida (que é Deus).

Esta reatividade ou duplo aspecto das divindades é inerente ao nosso próprio Criador pois, se afrontamos suas leis, somos castigados por elas.

E isto, todas as religiões pregam, corretamente, diga-se a bem da verdade.

"Deus é amparador, mas não deixa de punir todo aquele que afrontar suas leis."

Esse duplo aspecto ou reatividade está em Deus e está nos orixás, e só não percebe isto quem não é bom observador dos "mecanismos" protetores e defensivos de tudo e de todos.

"Ao se exaurir uma terra antes fértil, ela reage não produzindo novos cereais ao seu explorador."

Ao afrontarem Ogum (a lei) ele reage contra o afrontador.

E assim o é com todos os orixás, e isto nos legaram os velhos Babalaôs africanos há séculos, certo?

Todo orixá tem, sim, em si mesmo os aspectos amparadores e os reativos.

— Os aspectos amparadores são o próprio mistério que um orixá é em si e o manifesta de si.

— Os aspectos reativos são os mecanismos protetores das funções do seu mistério mantenedor da criação.

Uma divindade não poderia ser classificada como tal se não possuísse em si mesma os mecanismos protetores (reativos ou punidores) de sua função na criação.

Para as mentes limitadas que só vêm um dos lados dos mistérios (no caso, os orixás), deve parecer que Oxum (a concepção), ao ver atentarem contra a vida, começa a chorar, impotente diante dos semeadores da morte.

Acreditamos que quem não crê na existência dos aspectos reativos ou negativos dos orixás ainda tem uma mente muito limitada para o entendimento das coisas divinas ou é infantil, néscio e incapacitado para discutir assuntos tão sérios e importantes quanto os mistérios de Deus. E o melhor a fazer é calarem-se e não discutir o que desconhecem. Lamentamos que na Umbanda ainda existam pessoas tão ignorantes!

— O que tem esse nosso comentário que ver com o Setenário Sagrado, com as divindades sétuplas e com os mistérios "sete" da Umbanda Sagrada?

— Tem tudo que ver! Respondemos, pois como mistérios tão poderosos não teriam em si mecanismo protetores de suas funções?

Sim, todo mistério, sétuplo ou não, tem sua reatividade que é seu recurso para recolocar cada coisa no seu lugar e reconduzir cada um à sua senda evolucionista.

Como aqui estamos comentando o setenário na Umbanda, então nos centraremos apenas nos mistérios sétuplos que nela se manifestam por meio de nomes simbólicos... e que não são poucos ainda que, tendo a chave interpretativa deles, todos assumam funções bem claras e explicáveis, suprindo uma das várias lacunas teológicas da religião umbandista.

No capítulo seguinte, usaremos a nossa chave para comentá-los.

Chave Interpretativa do Setenário

Se uma divindade é sétupla, é porque ela tem por função manifestar seu mistério no campo de ação ou nos domínios de outras seis divindades.

No capítulo anterior comentamos que sentidos, mistérios e orixás se correspondem e, a partir daí, o setenário assume uma condição de ser visto e compreendido.

Mas, como no simbolismo de Umbanda recorrem-se às cores, aos elementos puros e mistos, às coisas que encontramos na natureza, aos animais, etc., para esquematizar as manifestações espirituais e para nomear as linhas de trabalhos, então temos de ter um quadro de correspondências mais amplo.

Quadro de correspondência

Orixá	Cor	Sentido	Elemento	Fator Puro	Fator Misto
Oxalá	Branco	Fé	Cristal	Magnetizador	Congregador
Logunã	Azul-escuro	Fé	Cristal	Condutor	Congregador
Oxum	Rosa	Amor	Mineral	Concebedor	Agregador
Oxumaré	Azul	Amor	Mineral	Renovador	Agregador
Oxóssi	Verde	Conhecimento	Vegetal	Direcionador	Expansor
Obá	Magenta	Conhecimento	Terra	Concentrador	Expansor
Xangô	Vermelho	Fogo	Graduador	Graduador	Equilibrador
Oro Iná	Laranja	Justiça	Fogo	Purificador	Equilibrador
Ogum	Azul-escuro	Lei	Ar	Potencializador	Ordenador
Iansã	Amarelo	Lei	Ar	Movimentador	Ordenador
Obaluaiê	Violeta	Evolução	Terra e Água	Transmutador	Evolucionista
Nanã	Lilás	Evolução	Água e Terra	Decantador	Evolucionista
Iemanjá	Azul	Geração	Água	Criativo	Geracionista
Omolu	Roxo	Geração	Terra	Estabilizador	Geracionista

É bom lembrar que tudo o que há na natureza terrestre é resultante da ação criadora de Deus mediante seus mistérios sétuplos.

Portanto, se os vegetais (as matas) na Umbanda são associados a Oxóssi (no Candomblé Nagô são associados a Ossain), no entanto todos os outros mistérios existentes contribuíram para o surgimento desse elemento da natureza.

"Por isso o mito de Ossain nos revela que ele é o dono do axé vegetal (das folhas), mas que deu a um orixá umas e a outro deu outras folhas. Mas o mesmo pode, e foi feito, com as sementes, os troncos, as raízes, os galhos, as flores, os frutos e todas as espécies vegetais, e até as seivas foram distribuídas entre eles."

— Também o mesmo foi feito com os minérios (Oxum) = cobre, ouro, manganês, ferro, prata, chumbo, pirita, molibdênio, etc.

— E o mesmo foi feito com as cristais (Oxalá) = quartzo, citrino, rubi, diamante, jaspe, esmeralda, turmalina, ágata, etc.

— Assim como foi feito com os animais = aves, mamíferos, peixes, répteis, aracnídeos, anfíbios, etc.

Enfim, este exercício de interpretação é exaustivo e identificar o peixe de um orixá é difícil, ainda que Oxum seja descrita também como a mãe dos peixes porque os rios são seus santuários. Mas e os peixes do mar, que não sobrevivem na água doce, e vice-versa?

— O que podemos dizer sobre isto?

Há peixes que se alimentam do que há no fundo dos leitos dos rios, assim como há outros que se alimentam dos insetos que se reproduzem na água ou dos que voam sobre ela, assim como há outros que se alimentam de sementes, folhas ou frutinhas à beira dos rios, não?

É um campo extenso, complicado e exaustivo e nem sempre se tem acertado em todas as interpretações, não é mesmo?

Mas isto não é problema porque, se a maçã não fosse a fruta de Oxum, no entanto alguns dos minerais (de Oxum) estão nela e a classificação não estaria totalmente errada.

Se ressaltamos algumas das dificuldades interpretativas e identificatórias do que é sétuplo, é porque os mistérios puros e os binários são fáceis de ser interpretados e explicados, mas o mesmo não acontece com os ternários, quaternários, ... e setenários.

Atentem para isso:

— No setenário os sete mistérios estão presentes e, em cada elemento ou "coisas" que o formam, os sete estão nesse elemento ou "coisas" tornando tudo sétuplo na sua constituição.

Assim, nas folhas estão a setuplicidade
nas flores estão a setuplicidade
nos frutos estão a setuplicidade
nas sementes estão a setuplicidade
nas raízes estão a setuplicidade
nas rochas estão a setuplicidade
nos minérios estão a setuplicidade
nas cores estão a setuplicidade
nos raios estão a setuplicidade
nas flechas estão a setuplicidade
nas estrelas estão a setuplicidade
nas coroas estão a setuplicidade
nos escudos estão a setuplicidade
nas porteiras estão a setuplicidade
nas chaves estão a setuplicidade

Tomemos dois elementos para exemplificar o que estamos comentando:

— Todos conhecem as linhas dos Exus Sete Chaves e dos Sete Porteiras, certo?

E muitos umbandistas aprenderam que só há uma linha de Exus Sete Chaves ou de Exu Sete Porteiras.

— Entendam chave como símbolo de abrir ou fechar as portas (as passagens individuais de um lado para o outro; de um meio para o outro; de um plano para o outro, etc.)

— Entendam porteiras como as próprias passagens coletivas de um lado para o outro, etc.

Mas, a irradiação de uma divindade, para entrar nos campos das outras, precisa de uma "chave" que ligue a sua irradiação com a deles e de uma passagem, comum às duas ligações, pois tudo tem de ter duas mãos ou vias (ir e vir).

A chave tanto abre a porteira (a passagem coletiva) quanto a fecha (Exu Chave e Exu Porteira), já as sete chaves abrem as sete porteiras ou as fecham (Exu Sete Chaves e Exu Sete Porteiras).

— Portanto, se há Exu Chave, a sua chave abre a passagem para que campo?

— E, se há Exu Porteira, sua porteira é a passagem para que campos, já que são dois (o ir e vir)?

Aqui a coisa começa a tornar-se complexa pois, se admitimos que cada campo vibratório da natureza é regido por um orixá, e de fato o é, então deve haver uma chave e uma porteira para cada campo, certo?

É aqui que o simbolismo nos auxilia, diferenciando as sete chaves ou ligações e as sete porteiras ou passagens. E assim entendido, então temos isto:

— Chave e porteira para o mar = Exus Chave e Porteira para os campos de Iemanjá.

Como o campo de ação de Iemanjá é a do sentido da geração e o seu elemento é a água, então esses dois Exus atuam no sentido de abrirem ou fecharem o campo de Iemanjá, que é o da geração, e o fazem aqui por meio da vibração aquática, que é a dela.

— Agora, com Xangô, o seu campo é o da justiça e o seu elemento é o fogo.

— Com Ogum, o seu campo é o da lei e o seu elemento é o ar.

— Com Omolu, o seu campo é a geração e o seu elemento é a terra.

— Com Oxóssi, o seu campo é o do conhecimento e o seu elemento é o vegetal.

— Com Oxalá, o seu campo é o da fé e o seu elemento é o cristal.

— Com Logunã, o seu campo é o da religiosidade e o seu elemento é o cristal e o tempo.

— Com Oxum, o seu campo é o da concepção e o seu elemento é o mineral.

— Com Iansã, o seu campo é o da lei e o seu elemento é o ar.

— Com Obá, o seu campo é o do conhecimento e o seu elemento é a terra.

— Com Oxumaré, o seu campo é o da concepção e o seu elemento é a água mineral.

— Com Obaluaiê, o seu campo é o da evolução e os seus elementos são a terra e a água.

— Com Nanã, o seu campo é o da evolução e os seus elementos são a água e a terra.

Observem que, só até aqui, já temos quatorze Exus Chave e Exus Porteira atuando nos campos dos quatorze orixás planetários que formam as Sete Linhas de Umbanda Sagrada.

E, porque cada um desses orixás irradiam-se em sete padrões ou frequências diferentes (a sua original e as outras seis das outras sete linhas) fechando em si um setenário de intercomunicação, no total de Exus Chave e Porteira, temos noventa e oito chaves e noventa e oito porteiras.

Isto com Exus Chave e Porteira (no singular mesmo) com uma única função: abrir passagens ou fechá-las para os campos de cada um dos quatorze orixás planetários.

Portanto, Exu no singular abre a passagem para um campo geral (o da fé, o da geração, etc.), mas Exu no plural (chaves, porteiras) abre os subcampos dos campos maiores e aí surgem os Exus que abrem o interior dos campos dos orixás fazendo surgir as sete chaves e as sete passagens desta forma:

— Exu Sete Chaves da Fé e da Religiosidade
— Exu Sete Chaves da Concepção e da Renovação
— Exu Sete Chaves do Conhecimento e do Raciocínio
— Exu Sete Chaves da Justiça e do Equilíbrio
— Exu Sete Chaves da Lei e das Direções
— Exu Sete Chaves da Evolução e da Estabilidade
— Exu Sete Chaves da Geração e do Criacionismo
— Exu das Porteiras da Fé e da Religiosidade
— Exu das Porteiras, etc...
— ...., etc.
— Temos Exu Chave da Fé, de Oxalá-cristal
— Temos Exu Chave da Religiosidade, de Logunã
— Temos Exu Sete Chaves da Fé (dos sete campos da fé)
— Temos Exu Sete Chaves da Religiosidade (dos sete campos da religiosidade).
— Temos Exu Porteira da Fé, de Oxalá-cristal
— Temos Exu Porteira da Religiosidade, de Logunã
— Temos Exu Sete Porteiras da Fé (passagens para os sete campos da Fé ou Setenários da Fé)
— Temos Exu Sete Porteiras da Religiosidade (passagens para os Sete Campos da Religiosidade ou Setenário da Religiosidade).

Observem aí que, quando Exus se apresentam como Exu Chave ou Exu Porteira, eles não dizem em que campo atuam porque esta é a forma de preservarem-se, já que, não se sabendo que chave ou que porteira eles são, não poderão ser incomodados por quem desejar usá-los a seu bel-prazer e ativá-los de forma inconsequente.

E o mesmo se aplica aos Exus Sete Chaves e Exus Setes Porteiras.

— É chave ou porteira de que campo?

— É sete chaves ou sete porteiras dos campos de que orixá?

Aí começa a dificuldade dos médiuns em saberem mais sobre seus Exus, não é mesmo?

Mas isto é um bem, porque assim seu Exu preserva-se no caso de quererem usá-lo sem a permissão dele ou, o que é pior: desejarem amarrá-lo, amarrando a esquerda do seu médium!

E o mesmo se aplica às sete encruzilhadas, às sete flechas, às sete coroas, aos sete escudos, às sete lanças, das sete pedras, aos sete raios, etc.

Será que já atinaram com a grandeza e a complexidade das linhas de Umbanda Sagrada?

Sim, se há um setenário planetário formado por sete orixás masculinos e sete femininos, (o um manifestado que, se é uno no seu íntimo é bipolarizado na sua primeira manifestação), no entanto cada um desses quatorze orixás manifestam-se através de suas sete vibrações ou frequências (uma só sua e outras seis para as outras seis vibrações, tornando extremamente complexa a multiplicação de setenários derivados dos originais).

No capítulo seguinte vamos decodificar uma parte dos setenários, derivados a partir do maior para que possam entender melhor a ciência divina do simbolismo de Umbanda Sagrada.

Os Fatores e Verbo Divino

Saibam que cada fator tem o nome de um verbo e cada verbo é uma ação.

Assim, se um fator desencadeia um trabalho em benefício da criação (meios e seres) então ele tem uma função específica se puro, ou é multifuncional se misto e é polifuncional se complexo.

Existem tantos fatores quanto verbos regulares e para cada fator há uma divindade pura, um trono de Deus ou "Trono Fatoral".

— O verbo inverter significa fazer algo agir em sentido contrário ao que tem.

— O verbo reverter significa fazer com que algo que está seguindo um rumo indesejado reverta sua ação e retorne à sua origem.

— O verbo amontoar significa juntar uma porção de coisas de maneira desordenada num monte, difícil de ser mudado de lugar.

— O verbo empilhar significa juntar uma porção de coisas de modo organizado, fazendo uma pilha, fácil de ser mudada de lugar.

— O verbo agilizar significa acelerar o movimento de algo ou alguém.

— O verbo paralisar significa tirar os movimentos de algo ou alguém.

— O verbo cortar significa partir algo em duas ou mais partes.

— O verbo picotar significa partir algo em muitas partes ou pedaços pequenos.

— O verbo retalhar significa cortar algo em retalhos ou pedaços grandes.

Então, pelos verbos tomados como exemplo, já temos a noção de que eles são ações. E, como existem fatores com estes mesmos nomes: invertedor (que invertem), revertedor (que reverte), amontoador (que amontoa), juntador (que junta), empilhador (que empilha), agilizador (que agiliza), paralisador (que paralisa), cortador (que corta), picotador (que picota), retalhador (que retalha), também existem Tronos Fatorais que tanto geram esses fatores como realizam essas funções na criação.

— O Trono Invertedor tem a função de inverter os rumos das coisas, seja o da evolução de alguém como o de toda uma coletividade ou de um meio por onde a vida flui. Ele é em si um mistério de Deus e atua em total sintonia com todos os outros Tronos Fatorais, só entrando em ação quando é necessário inverter as funções de alguma coisa na criação. E até mesmo, ele pode ser acionado automaticamente para inverter a função de outros Tronos, que deixam de irradiar e começam a consumir os fatores gerados por eles quando têm seus domínios negativados pelos seres sob suas regências.

Este Trono fatoral puro é um dos muitos mistérios da Divindade-Mistério da Lei e que na Umbanda é conhecido como orixá Ogum.

Portanto, a iniciativa de inverter uma ação é exclusiva da Lei Maior e o Trono Invertedor é um dos mistérios do orixá Ogum.

Assim, caso queiramos inverter uma situação que está ruim devemos solicitar isso ao orixá Ogum, que tem entre as suas múltiplas funções a de inverter o que está desordenado na criação (nos meios e nos seres).

Alguns verbos que parecem sinônimos mas não são, tais como: virar, reverter, retroceder, retornar, refluir, revirar, etc., são outros fatores puros e têm divindades Tronos de Deus que os geram e os irradiam e são seus aplicadores na criação.

Logo, fatores com funções diferentes podem pertencer a Divindades-Mistérios diferentes e fica difícil a um não iniciado no mistério Fatores de Deus saber a qual orixá recorrer para auxiliá-lo em certas ações ou problemas.

Exemplos:

Verbo: virar — fator virador — Trono fatoral virador.

Alguém sabe qual é o orixá que é uma Divindade-Mistério e que tem nesse fator uma de suas funções divinas e que tem uma hierarquia de seres divinos que são Tronos Fatorais e estão espalhados por toda a criação?

— É Logunã, orixá da Fé e que atua sobre a religiosidade dos seres! Respondemos nós, iniciados no mistério Fatores de Deus.

Agora, tanto o fator invertedor quanto o virador são classificados como fatores cósmicos, e como esses dois Tronos (um de Ogum e outros de Logunã) não são cultuados na Umbanda, então esses orixás confiam essas funções aos Guias Espirituais de Lei de Umbanda Sagrada.

— E eis que temos duas linhas de Exus que manifestam essas funções.

— Para o fator invertedor temos a linha de Exus invertedores (linha não aberta pois só os Caboclos de Ogum a acionam em seus trabalhos).

— Para o fator virador temos a linha de Exus viradores. Esta linha foi parcialmente aberta na figura dos Exus Vira-Mundo e Vira-Tudo.

Esta é a magnífica ciência divina aludida por nós e por outros autores iniciados nos mistérios.

— Os fatores geram as funções.
— As ondas vibratórias geram as formas.
— O verbo gera os sons que desencadeiam as ações.
— O fator invertedor de Ogum pode inverter o rumo (= caminho) de tudo na criação (meios e seres).
— O fator virador de Logunã pode virar o modo de ser (natureza) de tudo na criação (meios e seres).

Será que os amigos leitores já estão vislumbrando o magnífico mistério religioso que a Umbanda é, ou ainda têm dúvidas quanto a isso?

Bem, o fato é que será preciso uma enorme tabela de Fatores de Deus e a quais orixás eles pertencem e quais os guias espirituais que os manifestam, não é mesmo?

Em um capítulo à parte daremos uma tabela parcial que enriquecerá o seu conhecimento, amigo leitor!

Ondas Vibratórias

A Base da Criação

Os fatores, os descrevemos como micropartículas energéticas que se reproduzem e se multiplicam indefinidamente, sendo que cada novo fator multiplicado, imediatamente começa a multiplicar-se.

Nós identificamos como os Fatores de Deus se multiplicam: eles absorvem uma emanação D'Ele, incorporam-na e energizam-se até uma carga tal que emitem cópias de si com as mesmas propriedades (função e capacidade de reproduzir-se indefinidamente).

Os fatores, quando se energizam, se "acendem", tornando-se brilhantes por uma fração de tempo, emitem cópias de si e tornam a apagar, só tornando a "acender" quanto se sobrecarregarem novamente.

Este é um processo que não tem fim e acreditamos que um "primeiro" fator ou uma primeira leva de fatores gerados por Deus desencadeou a formação de todo o universo material e os espirituais, paralelos e invisíveis à nossa visão humana porque pertencem a outras realidades D'Ele, o nosso divino Criador, assim como "construíram" todos os "corpos" usados pelos seres e pelas criaturas para poderem viver no seu corpo exterior e evoluírem segundo sua vontade divina para cada tipo de consciência criada por Ele, o único capaz de gerar "vidas".

Assim, se os fatores reproduzem-se e ficam em "estado de suspensão", no entanto há um meio de atraí-los, concentrá-los e conduzi-los de um lugar para outro.

Este meio, nós o identificamos como ondas finíssimas, as de menor calibre na criação divina, ondas estas que têm por função atrair os fatores e conduzi-los de um lugar para outro; de um plano da vida para outro; de uma faixa vibratória para outra; de uma dimensão para outra.

Observação: plano, neste contexto, refere-se a um grau-magnético da escala divina da criação, ou a uma "faixa de ondas", na qual todas as ondas fluem dentro de um "espectro frequencial" específico da criação.

A espectrologia (que estuda os fenômenos espectrais), a espectrometria (que procura conhecer a natureza dos elementos de um foco luminoso e determina a constituição dos corpos) e a espectroscopia (que estuda a luz por meio do espectro fornecido pelo prisma) ainda alcançarão uma evolução tal que, unidas em uma só direção, conseguirão detectar o espírito das pessoas ou os espíritos já desencarnados, tal como fazem os clarividentes que conseguem vê-los e descrever suas colorações, suas auras luminosas e até se comunicam com eles.

Mas as ondas fatorais e mesmo os fatores ainda são mais sutis que os "corpos" dos espíritos. Na verdade, os espíritos, tal como os clarividentes os descrevem, se servem de corpos plasmáticos formados por energias elementares geradas a partir da fusão ou mistura de essências; e estas surgem a partir da fusão ou amalgamento de fatores.

Logo, numa escala, o corpo plasmático ou fluídico dos espíritos é o quarto estágio de "condensação" dos fatores.

Senão, vejamos:

1º estado: fatores

2º estado: essências

3º estado: elementos

4º estado: corpos fluídicos ou sutis dos espíritos.

Para cada um desses estados há um plano específico em que a sua realidade ou seu meio difere dos planos posteriores onde a energia assume outros estados ou padrões.

Então, se há planos diferentes, ondas com calibres diferentes também existem.

Vamos a elas?

1º *Ondas vibratórias fatorais*: as ondas mais finas ou de menor calibre na criação, e que constituem a base primária da gênese divina.

2º *Ondas vibratórias essenciais*: ondas que surgem a partir da fusão ou junção de várias ondas fatorais. As fusões acontecem a partir de duas ondas fatorais e o número máximo que identificamos até agora foi de setenta e sete ondas fatorais e afins entre si, e que formam como que eixos eletromagnéticos que atravessam o nosso planeta em várias direções.

Estes "eixos eletromagnéticos essenciais" são magníficos de serem vistos pois são formados a partir do entrelaçamento de muitas ondas vibratórias resultantes da fusão ou junção de setenta e sete ondas fatorais afins entre si.

A ciência divina descreve estes "eixos essenciais" como fontes de alimentação planetária a partir do segundo estado da energia: o seu estado essencial!

3º *Ondas vibratórias elementais*: ondas formadas a partir da junção de ondas essenciais. Elas têm por função transportar a energia em seu terceiro estado, e alimentam o terceiro plano da vida energizando-o e mantendo em equilíbrio energético o meio onde vivem os seres elementais, plano este onde as "consciências" se revestem de sutilíssimos corpos fluídicos.

Se compararmos os corpos sutis dos seres elementais com os corpos fluídicos dos espíritos, os destes parecem lonas e os deles parecem véus finíssimos.

Só por estas diferenças de condensações esperamos que entendam o que classificamos como "estados da energia".

4º *Ondas vibratórias duais*: ondas que transportam as energias geradas a partir da fusão de dois elementos afins entre si ou complementares, tais como:

— Elementos aquático-telúrico
— Elementos ígneo-eólico
— Elementos ígneo-mineral
— Elementos aquático-eólico, etc.

5º *Ondas vibratórias compostas*: ondas que transportam as energias geradas a partir da fusão das energias duais.

6º *Ondas vibratórias complexas*: ondas que transportam as energias geradas a partir fusão das energias compostas.

Estas energias são análogas às geradas pela matéria, a partir dos muitos estados dela, tais como o estado sólido, o líquido e o gasoso.

7º *Ondas vibratórias celestiais*: ondas que nos chegam do sétimo plano da vida, que é posterior ao que atualmente vivemos e evoluímos.

Deste plano posterior ao nosso nos chegam energias de "qualidade" superior às que formam o "oceano de energia etérea que alimenta nosso espírito" e que os hindus chamam de "prana".

Esta energia celestial, ou a energia em seu sétimo estado, nos chega em um padrão vibratório tal que só conseguimos absorvê-la através dos nossos chacras, se estivermos vibrando em nosso íntimo sentimentos elevados ou virtuosos.

As Formas das Ondas Vibratórias

As ondas vibratórias transportam a energia, desde seu estado fatoral até o celestial.

Para cada fator, há uma forma de onda e um modelo de fluir através da criação.

Cada forma é única e não interfere no fluir das outras ondas, já que cada uma vibra em uma frequência específica, só sua.

A forma das ondas vibratórias tem que ver com a função a ser realizada pela energia que ela transporta, ou gera de si e irradia para todo o meio por onde ela passa.

Há ondas de baixa frequência, de média, de alta e de altíssimas frequências, lembrando ao leitor que, se frequência significa o número de vibrações por segundo, então podemos dizer que há ondas de baixa, média, alta e altíssima ou baixíssima vibração, e por isso as denominamos "ondas vibratórias".

Com isso esclarecido, alternaremos o uso destas palavras ora usando uma, ora usando outra.

Obs.: os modelos de ondas descritos no estudo da radiodifusão são o de ondas transportadoras de vibrações sonoras e existe um amplo estudo de fácil acesso a quem se interessar por esse assunto, estudo esse que recomendamos aos nossos leitores.

Então que fiquem claras as diferenças funcionais existentes entre os modelos de ondas descritas na radiodifusão, cujas funções são as de irradiar o som, e as funções das ondas vibratórias que descreveremos aqui e que realizam outras coisas, todas voltadas para o lado espiritual da vida, ainda que estas estejam fluindo pelo mesmo espaço que aquelas.

O "calibre" de uma onda de rádio, se comparado aos das ondas que descreveremos, seria o mesmo de um cabo de dois metros de diâmetro para as ondas de rádio e o de um fio de cabelo para as ondas fatorais.

Em espessura ou calibre, há uma ordem crescente de medidas:
Ondas fatorais
Ondas essenciais
Ondas elementais
Ondas duais
Ondas compostas
Ondas complexas
Ondas celestiais

Obs.: as ondas celestiais, que são um mistério em si mesmas, como o são todas as ondas, elas se mostram da espessura dos canos de quatro polegadas mas, na verdade, são feixes de ondas complexas entrelaçadas entre si que, por serem muito irradiantes, se parecem com os feixes de luz projetados pelos holofotes de alta potência.

Quando evocamos uma divindade celestial, ela projeta mentalmente uma ou várias dessas ondas em nossa direção e somos totalmente envolvidos por elas, que permanecem atuando sobre nosso espírito até que tenham realizado seus "trabalhos", desligando-se logo após realizá-lo.

Bom, com isto esclarecido, vamos aos modelos ou às formas que algumas ondas vibratórias assumem ao transportarem as energias (fatorais, essenciais, elementais, etc.), que realizam trabalhos diferentes na criação.

A energia primária fatoral ou divina está na origem de todas as outras e a descreveremos em um capítulo específico.

Ondas Vibratórias Fatorais

Aqui, só mostraremos alguns modelos para que adquiram uma noção do que são as ondas vibratórias e onde elas "entram" em nossa vida e o quanto elas são indispensáveis à manutenção do meio por onde evoluímos.

— Onda vibratória fatoral direcionadora eólica: esta onda tem por função transportar o fator direcionador eólico cuja função divina é direcionar tudo e todos no sentido que Deus determinou.

Ela tem duas formas, uma temporal ou reta e outra atemporal ou curva.

Na sua forma reta ela faz este desenho:

Seu signo identificador é este:

Seu grau de abertura e de retorno angular é de 5°, ainda que aqui no seu desenho não nos ateremos à exata abertura do ângulo. Se citamos o grau do seu ângulo é porque há outras ondas com modelos parecidos mas com outros graus de abertura e que realizam outras funções na criação.

Esta onda direcionadora é chamada de reta ou temporal porque ela parte do 1º plano da vida e que é o plano fatoral e avança para os planos posteriores da criação.

Ela nunca começa em um plano posterior.

Se no plano fatoral ela tem 5° de abertura angular e as suas duas multiplicações nunca se tocam ou se cruzam, há outras ondas com outras funções que têm uma forma parecida mas com algumas variantes: ou as duas se entrecruzam, ou têm os retornos mais curtos ou longos; ou têm os avanços mais curtos ou mais longos, etc.

Exemplos:

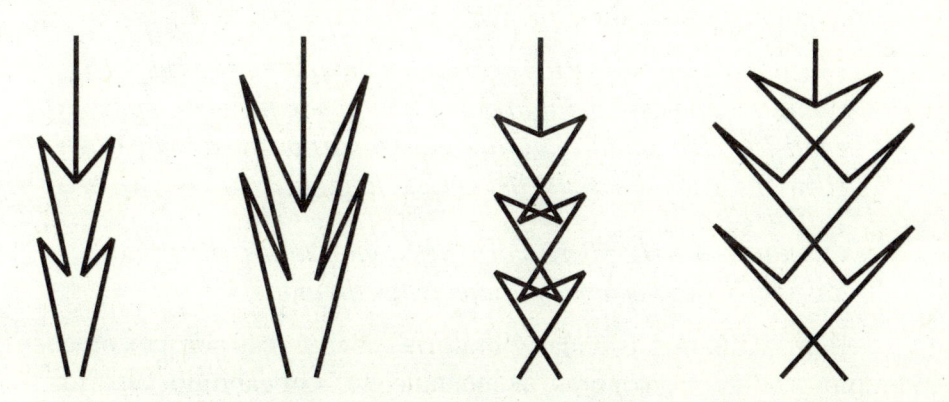

Enfim, existem tantas variações nos modelos das outras ondas que têm semelhanças entre si, mas não nos é permitido descrever todas elas aqui. Apenas nos limitamos a levantar a ponta do véu do mistério da "escrita mágica energética divina", a fonte de todos os símbolos e signos usados desde tempos imemoriais pelas pessoas que praticam a magia riscada simbólica. Na Umbanda, essa magia é conhecida como magia dos pontos riscados.

Saibam que existe a "escrita mágica sonora divina", toda ela fundamentada no "verbo criador" e, até onde sabemos, os seus fundamentos sagrados são desconhecidos no plano material, sendo que o que vemos são teorias ou especulações sem um poder real de realização, ainda que seus propagadores creditem a elas grandes poderes mágicos.

Saibam que a energia sonora criadora, a energia mental criadora ou a energia mental movimentadora são de uso exclusivo das divindades de Deus e só elas têm poder mental para ativar estes mistérios energéticos da criação.

Os mantras são reproduções limitadas do poder realizador destes mistérios da criação e, ao contrário da emissão deles pelas divindades, os emitidos pelas pessoas tem a exata duração de suas sonorizações. Já um mantra sagrado, quando emitido por uma divindade, após ser emitido torna-se um poder realizador com vida própria daí em diante e que se perpetua no tempo e vai se espalhando por toda a criação como mais um mistério em si mesmo.

Este poder Deus só confiou às Suas divindades e não adianta alguém imaginar que irá adquiri-lo e desenvolvê-lo em si, porque estarão enganando-se ou a quem crer que isto é possível.

Um mantra sagrado é um decreto divino que se realiza por si mesmo após ser emitido pela divindade e nem ela, após emiti-lo, pode anulá-lo porque ele é incorporado à criação como mais um dos seus "mistérios do meio.

Os mantras terrenos são orações sonorizadas, diferentes das vibrações verbais emitidas pelas divindades.

Bem, voltemos às ondas vibratórias energéticas porque comentaremos as energias sonoras, as mentais, etc., em capítulos à parte.

O fato é que existem ondas com um mesmo modelo-padrão mas com pequenos e fundamentais diferenciadores, dando a impressão de que todas são iguais ou que realizam o mesmo trabalho na criação. Mas não são iguais e sim pertencem à mesma "família". E não realizam o mesmo trabalho, certo?

Se as ondas temporais ou ondas retas fatorais direcionadoras tem esse modelo, também há uma onda atemporal ou curva direcionadora, cujo modo de fluir difere totalmente da onda temporal ainda que realize o mesmo trabalho.

Só que, se a onda reta direcionadora só nasce e é emitida a partir do 1º plano da vida, sempre avançando para os planos posteriores da criação, a onda curva ou atemporal direcionadora é emitida ou nasce em todos os planos da vida e a partir de qualquer um deles ela avança para todos os outros.

Assim explicado, saibam que as ondas atemporais fatorais direcionadoras nascem em todos os planos e avançam para todos os outros planos ao mesmo tempo, e o mesmo acontece com uma onda atemporal elemental direciona-

dora que, por exemplo, nasce a partir do 3º plano da vida, irradia-se para todos os outros, inclusive os planos fatoral e o celestial.

As ondas temporais ou retas avançam pelos planos posteriores e não retrocedem nunca, indicando o sentido da criação, sentido este que foi impresso em toda a criação pelo nosso divino Criador.

Já as ondas atemporais, estas têm liberdade de direção e tanto avançam quanto retrocedem. E essa versatilidade visa justamente energizar os outros planos com "energias" neles não existentes ou neles não geradas, mas que visam acelerar a evolução dos meios, das criaturas e das espécies criadas por Deus.

Obs.: se servir para comparação, associem a função das ondas atemporais à do Sol em relação ao planeta Terra: este tem uma poderosa fonte de "calor" em seu interior e que é o magma. Mas a terra só é o que é por causa da energia solar que lhe chega o tempo todo. E tanto o calor interno quanto a energia solar são indispensáveis às formas de vida existentes nesse nosso abençoado planeta.

Com isso entendido, então vamos dar um modelo de onda fatoral direcionadora atemporal!

— Onda fatoral atemporal direcionadora eólica:

Esta onda curva faz seu entrelaçamento voltado para o lado direito e sua função é a de transportar o fator direcionador, cuja função é "dar" direção a tudo e a todos.

Já a mesma onda, quando gerada no 2º plano da vida ou plano essencial, tem dois entrelaçamentos, as ondas elementais têm três entrelaçamentos, e assim sucessivamente com todas as outras ondas vibratórias atemporais eólicas direcionadoras.

Exemplos:

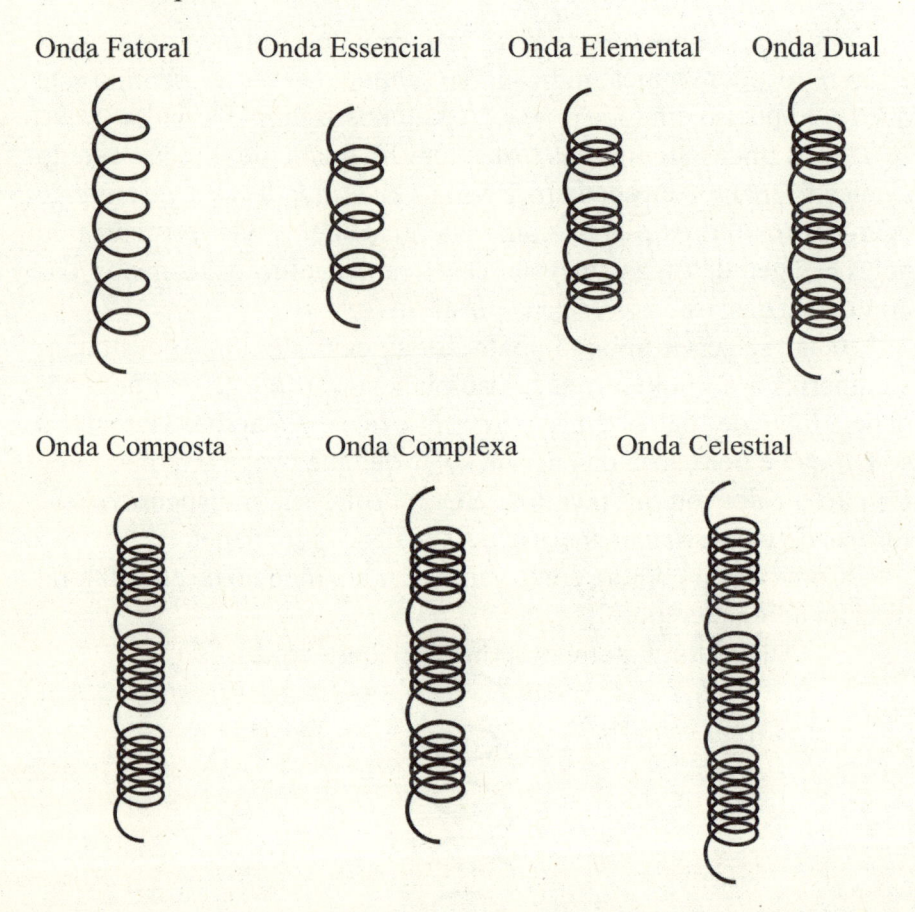

Onda Fatoral   Onda Essencial   Onda Elemental   Onda Dual

Onda Composta   Onda Complexa   Onda Celestial

Observem que a forma original permanece, porém os entrelaçamentos vão aumentando de plano para plano.

Mas estas ondas atemporais "nascem" em um plano e a partir dele irradiam-se para todos os outros. Já o mesmo não acontece com as ondas temporais que, sem exceção, "nascem" no 1º plano da vida e avançam para o 2º, depois para o 3º, depois para o 4º, etc., nunca saindo do 1º e indo direto para o 5º, por exemplo, como fazem as ondas fatorais atemporais.

Isto acontece assim porque as ondas temporais graduam os planos da vida e não é possível a elas passar do 1º para o 3º, 4º, 5º, 6º ou 7º planos aleatoriamente.

Não! As ondas temporais avançam de plano para plano ou de grau para grau, sucessivamente, porque cabe a elas a construção da escala vibratória divina e a manutenção dos seus graus ou planos. Já as ondas atemporais, a função delas é a de transportar de um plano para os outros a energia existente no plano onde ela "nasce", energizando-os com outros padrões energéticos.

Essa dupla forma de transporte de uma energia com a mesma função atende às necessidades dos seres e dos meios onde eles vivem. Tal como alguém, que vive e trabalha no campo, precisa adquirir na cidade certos insumos para a terra senão sua produção cai, os meios onde os seres vivem também precisam receber "insumos energéticos" de outros planos da vida, senão os seres deixarão de absorver através dos seus chacras as energias indispensáveis às suas atividades.

Também podemos dizer, a título de comparação, que assim como a terra trabalhada precisa dos fertilizantes para continuar a produzir, os trabalhadores dela também precisam ir à cidade mais próxima para adquirir roupas, calçados, alimentos que não produzem, medicamentos, etc.

Os meios (planos da vida) e os seres que os habitam seguem um plano evolutivo muito preciso: quanto mais avançam na escala da criação, mais complexas são as energias necessárias a ambos e mais fontes energéticas exteriores são necessárias para suprir suas necessidades.

E, se as ondas temporais seguem sempre em frente, não retornando de um plano posterior para suprir necessidades extras dos planos anteriores, então as ondas atemporais fazem isto, e muito bem, pois uma mesma fonte irradiadora delas alimenta o meio onde "nasceu" e alcança todos os outros seis planos da vida simultaneamente.

Esperamos que tenha ficado clara a função das ondas vibratórias temporais e atemporais, assim como as da energia em seus muitos "estados".

Agora, vamos dar as formas da onda temporal direcionadora "eólica". Já que ondas direcionadoras associadas a outros elementos também existem.

Onda temporal direcionadora eólica

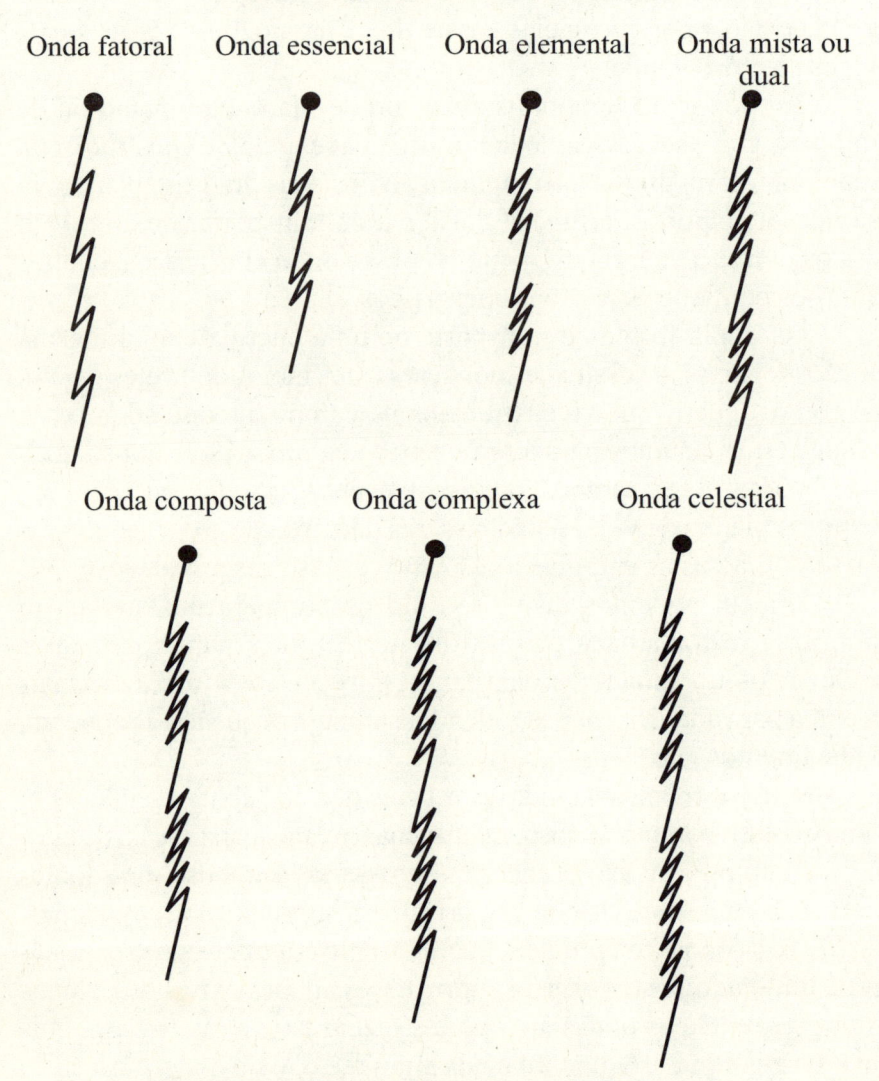

Onda fatoral   Onda essencial   Onda elemental   Onda mista ou dual

Onda composta   Onda complexa   Onda celestial

Os signos identificadores dessa onda são estes:

Fatoral   Essencial   Elemental   Dual   Composto   Complexo   Celestial

Já os da sua forma atemporal são estes:

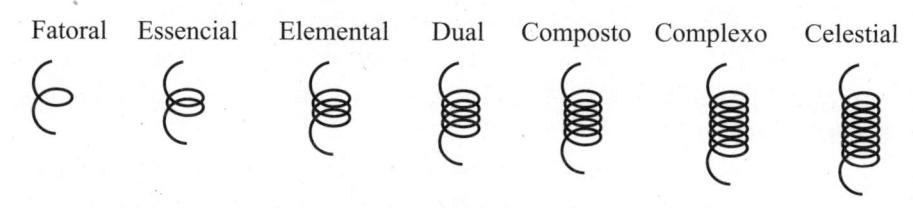

Fatoral Essencial Elemental Dual Composto Complexo Celestial

Eis aí, para os adeptos da simbologia magística ou da escrita mágica simbólica, uma das chaves da interpretação dos signos mágicos usados para inscrever funções em seus espaços mágicos ou pontos riscados.

Nota do autor: em todos os livros de magia, simbologia, hermetismo, ocultismo e magia riscada consultados por mim não vi nada igual já escrito e que revelasse este mistério.

Quando psicografei este e muitos outros livros e tive em primeira mão estas revelações, comecei a procurar tanto nos livros de Umbanda e Candomblé quanto em livros de magia e ocultismo de autores estrangeiros algo nesse sentido... e nada achei.

Eu, então de posse de milhares de signos, símbolos e ondas, estes do livro *O Código da Escrita Mágica Sagrada*, lia e relia livros de magia e ocultismo para ver se encontrava ao menos um pequeno indício de que alguém havia tido acesso a algum nível superior do conhecimento sobre o mistério da escrita mágica sagrada, que nada mais é que a reprodução de signos e símbolos formados pelas ondas vibratórias no seu fluir, mas não encontrei nenhum indício.

As ondas vibratórias, vivas e divinas são projetadas mentalmente pelas divindades de Deus e cada divindade tem múltiplas funções na criação.

Assim sendo, elas irradiam-se e suas funções são emitidas mentalmente, alcançando todo o universo.

Como cada função é emitida mentalmente, essas emissões espalham-se através do universo criando telas "universais", às quais denominamos telas vibratórias multidimensionais.

Cada função cria uma tela, um emaranhado de "fios", através dos quais flui um "fator" capaz de realizar a função da divindade.

Para que tenham uma ideia aproximada desse mistério da criação, imaginem uma circunferência com seus trezentos e sessenta graus, e com cada grau representando uma função divina, um trabalho sendo realizado permanentemente pelo poderoso mental divino originador da tela funcional!

Em uma tela plana só vemos uma circunferência, mas o mental de uma divindade irradia em todas as direções, logo, é esférico e, ao contrário da circunferência, projeta incontáveis ondas, gerando uma infinidade de telas vibratórias, cada uma com uma "frequência e comprimento" de onda diferente das outras.

Como uma divindade é universal e também é multidimensional, ela tanto atua sobre o plano material, quanto sobre o espiritual, assim como atua sobre "outras realidades de Deus", ainda desconhecidas por nós.

Cada função flui através de um tipo de onda, e cada onda forma uma tela vibratória eletromagnética.

Assim, temos muitos "modelos" de ondas vibratórias. E seu fluir na criação é permanente e eterno.

A escrita mágica sagrada vem se servindo a milênios da reprodução dos desenhos (signos, símbolos, etc.) formados por essas "telas funcionais" das divindades de Deus, ainda que todos desconhecessem isto até agora.

É certo que muitos riscam signos e símbolos mágicos tidos como poderosos, mas muitos desconhecem quase tudo sobre eles, desde o que realmente realizam até a que divindades pertencem.

Uns dão uma interpretação, outros dão outra, e assim tem sido desde a Antiguidade.

Alguns pesquisadores das muitas escritas sagradas existentes compilaram livros de suma importância para a magia, livros estes que são verdadeiras preciosidades para quem quer praticar a magia riscada ou simbólica.

Lamentavelmente, poucas são as explicações sobre os signos e símbolos reunidos nesses livros, e com isso ficávamos sem saber para que realmente eles serviam, o que realizavam, e se estavam ligados a algo maior, superior e anterior a tudo o que conhecemos.

Mas agora a ciência divina, por intermédio de alguns dos seus mestres-magos, começa a nos revelar o significado ou função dos signos e símbolos mágicos, onde eles se inserem (nas telas) e a que divindades eles pertencem.

Essas revelações, e por isso são revelações, só começaram a ser feitas por meio da minha psicografia e têm como responsável o espírito que se apresenta como mestre Seiman Hamiser Yê.

Ele é o responsável por essas revelações e tem por missão desfazer conceitos errados, interpretações distantes do verdadeiro significado da escrita mágica sagrada, assim como tem a missão de torná-la amplamente conhecida no plano material da vida já que, no lado espiritual ela é uma "ciência divina".

As Funções dos Fatores Divinos

Fatores Universais

— Funções positivas ou universais

Um fator é uma função divina, tanto na criação quanto na vida dos seres.

Cada fator, como já comentamos, é uma micropartícula e o acúmulo delas realiza um trabalho, seja gerando algo que beneficie os seres, seja desencadeando nos seres a geração de sentimentos íntimos que os direcionam numa ou noutra direção.

Os meios onde os seres vivem é energizado continuamente pelos fatores transportados e irradiados pelas ondas vibratórias, mantendo-se sempre em equilíbrio e atendendo às suas funções de sustentadores de todas as formas de vida que neles vivem e evoluem.

Quanto aos seres, a absorção dos fatores divinos se dá de duas formas:

1ª) Por absorção natural e em quantidades predeterminadas por mecanismos divinos que regulam suas absorções naturalmente e sempre em acordo com as necessidades específicas de cada forma (espíritos, criaturas e espécies) por onde a vida flui.

A vida, assim como a energia, não tem plural, mas se usamos do plural na vida é para indicar as várias formas de ela existir e se mostrar para nós assim como, se usamos a palavra energia no plural, é só para indicarmos seus vários estados ou os meios usados por ela para realizar seus trabalhos.

Logo, "vidas" ou "energias" é uma simplificação, um recurso literário para indicarmos os meios por onde a vida flui e de que forma a energia realiza seus trabalhos, certo?

Voltemos às funções dos fatores divinos.

2ª) Por alteração do padrão eletromagnético e vibracional do mental dos seres.

Para que entendam essa alteração, tomemos como exemplo uma pessoa que levava sua vida normalmente mas que, de um momento para outro começa a vibrar intensamente um forte sentimento de fé ou de amor, ou de esperança, etc., enfim, um sentimento virtuoso.

— Pois bem: esta pessoa absorvia naturalmente uma carga de fatores relacionados com algum desses sentimentos e, de uma carga de 0 a 10, ela, como a maioria das pessoas, absorvia uma carga entre 3 e 4 ciclos de ondas vibratórias fatorais por um milionésimo de segundo.

Mas, ao desencadear em seu íntimo a vibração intensa de sentimentos de fé, este sentimento precisa ser suprido por uma carga extra dos fatores alimentadores da sua fé, e a carga necessária para suprir seu mental aumenta automaticamente para cerca de 6 ou 7 ciclos de ondas vibratórias fatorais (o aumento dos ciclos absorvidos por 1 milionésimo de segundos) aumenta a quantidade de fatores descarregados dentro do mental dessa pessoa em questão. Assim ela não sofre nenhum esgotamento energético mental.

> *Saibam que, assim como o cérebro precisa ser alimentado por nutrientes (vitaminas, proteínas, etc.), o mental precisa ser suprido por fatores, senão o ser não consegue usar todas as suas faculdades espirituais. E, assim como o cérebro, se não for oxigenado pela corrente sanguínea, pode sofrer lesões, o mental, se não receber sua carga fatoral necessária, também sofre lesões que incapacitam o ser de raciocinar ordenadamente.*
>
> *O corpo físico é o meio que o espírito tem à sua disposição para viver no plano material. Mas, se ocorrerem danos no cérebro, ele ficará bloqueado, assim como se ocorrer danos no mental, não importa se o cérebro está em perfeitas condições, porque faltarão os fatores necessários à*

boa atividade das suas faculdades espirituais, tais como: estímulo, coordenação de ideias, vitalidade, criatividade, perseverança, fé, esperança, amor, tolerância, resignação, tenacidade, etc.

— Os meios de transporte dos fatores divinos já sabemos que são as ondas vibratórias.

— Os fatores, também já sabemos que têm funções. Cada fator tem a sua.

— As ondas, já sabemos que a cada plano elas densificam-se e aumentam a carga fatoral que transportam, aumentando a energização dos seres e dos meios onde eles vivem.

— Sabemos que as ondas formadas por raios retos são temporais e sempre avançam para frente ou para os planos posteriores.

— Sabemos que as ondas formadas por raios curvos são atemporais e "nascem" nos muitos planos da vida e que a partir daquele em que nasce, ela se projeta para todos os outros simultaneamente.

— Sabemos que existem milhares de fatores divinos e que cada um deles realiza algo inerente à sua carga energética.

— Sabemos que fatores afins podem se associar, fundir ou misturar e formar cargas energéticas mistas, compostas ou complexas, realizando trabalhos mais amplos ou sustentando "estruturas" mais abrangentes.

— Sabemos que são "alimentadores" do nosso mental e sustentadores das faculdades mentais do espírito.

— Sabemos que os sentimentos são, cada um deles, alimentados por um ou vários fatores divinos.

— Sabemos que, assim como o cérebro, o mental também pode sofrer danos.

— E, finalmente, sabemos que, se existem fatores universais ou positivos, também existem os fatores cósmicos ou negativos; os fatores afins e os opostos; os complementares e os antagônicos; os que se unem ou fundem e os que se repelem ou se auto-anulam, etc.

Os Fatores de Deus são a chave da gênese divina e a chave da natureza íntima dos seres. Para entenderem como eles influenciam a nossa natureza e personalidade recomendamos o livro *Orixás Ancestrais — A Hereditariedade Divina dos Seres* (Madras Editora), em que mostramos como os fatores divinos determinam a nossa evolução, ou *O Código da Escrita Mágica* (Madras Editora).

Os fatores divinos universais ou positivos têm por função alimentarem os seres e os meios onde vivem e são transportados por ondas temporais, formadas por raios retos e por ondas atemporais formadas por raios curvos.

Os fatores cósmicos ou negativos também têm por funções alimentarem os seres e os meios onde vivem e são transportados por ondas atemporais formadas por raios curvos ou por ondas temporais formadas por raios retos.

Nota do autor: aqui, neste livro nunca ou só raramente as palavras positivo e negativo são sinônimos de bom e mau.

Geralmente, nas ondas vibratórias, positivo é sinônimo de universal ou passivo e negativo é sinônimo de cósmico ou ativo.

Alertamos para este fato porque, se afirmarmos que há fatores positivos e negativos, ora estaremos nos referindo à forma como eles nos influenciam se absorvidos em demasia e ora estaremos nos referindo à composição energética que eles desprendem através dos seus microcampos eletromagnéticos.

Estes microcampos são absorvedores de vários fatores, combinando-os, e são irradiadores da energia já mista, composta ou complexa. Uns são benéficos para os seres e outros não são. Logo, pedimos atenção para as conotações de positivo e negativo em nossos comentários.

Nós comentamos energias fatorais divinas, não princípios físicos e químicos acadêmicos. Portanto, não admitiremos que críticos desqualificados do nosso livro entrem em searas que desconhecem.

Continuando, dizemos que os fatores universais são aquele que são absorvidos de forma natural pelos seres.

Por "absorção natural", entendam a captação dos fatores que são absorvidos passivamente e em quantidades de cargas dentro de um limite.

Acima do limite "coletivo" o ser começa a absorver fatores transportados em grandes quantidades pelas ondas atemporais.

— Logo, os fatores transportados pelas ondas temporais ou retas também são chamados de "fatores temporais" e os transportados pelas ondas atemporais são chamados de "fatores atemporais".

— Fatores positivos, passivos, universais ou temporais só são absorvidos pelos seres cujos mentais vibram dentro de uma faixa.

— Fatores negativos, ativos, cósmicos ou atemporais só são absorvidos pelos seres cujos mentais vibram fora da sua faixa coletiva.

Nota: observem como as palavras vão assumindo significados análogos no contexto em que as empregamos nos nossos comentários.

Não creiam que amálgama signifique só "uma liga metálica feita..." pois só na cabeça de um maluco(a) ocorreria negar-lhe outros significados, tais como: mistura de cores, mistura de raças, de pessoas e, por que não?, mistura de energias, já que, para nós a palavra "energia" é usada no plural para indicar "forças" diferentes e realizando trabalhos diferentes.

E, se estamos comentando os fatores divinos, "amálgama energético" é perfeitamente cabível, já que aqui o significado da palavra "energia" difere do que ela possa ter para as ciências terrenas.

Aqui, discutimos fatores, essências, elementos, compostos e complexos energizantes dos planos da vida e dos seres que vivem neles.

Então, que fique entendido que os fatores formam "cargas energéticas" que podem se amalgamar ou se misturar e formar nova carga ou nova tenção energética.

Afinal, se falarmos energia telúrica para um esoterista, ocultista ou alquimista ele entenderá imediatamente que estamos nos referindo à energia do elemento terra. Já para um químico não versado nestes campos, telúrico irá referir-se a um ácido que participa da natureza do telúrico, que é um corpo simples, sólido, de cor metálica brilhante, semelhante ao selênio.

Portanto, se alguém quiser saber o que é uma nova "tenção energética", não vá atrás de um físico ou de um químico porque eles dirão isto: "Tenção energética?!! Isto não existe e só um maluco desvairado escreveria algo desse tipo. Com certeza essa pessoa é doida e os espíritos que psicografaram através dela são kiumbas ou espíritos do baixo astral!"

Mas nós esclarecemos que "tenção energética" aqui no contexto desse livro significa "o propósito energético" dos fatores divinos e "nova tenção energética" significa novos propósitos ou novas funções, propósitos estes que só serão alcançados se acontecer um amalgamento dos fatores divinos, a unidade básica da criação.

Também estaríamos certos se tivéssemos escrito "tensão energética" porque aí nos referiríamos ao estado em que a energia fluiria.

Fatores Cósmicos

Os fatores cósmicos negativos ou ativos, tal como já comentamos parcialmente na abordagem dos fatores universais, destinam-se a suprir necessidades adicionais dos meios e dos seres que aumentaram a absorção deles por causa da alteração das suas vibrações mentais.

As tenções dos fatores vão mudando segundo a alteração vibracional dos seres e, em alguém que tem fé em Deus e a vivencia com "naturalidade", a carga de fatores alimentadores é normal e flui dentro da "faixa vibratória geral" onde ele vive e evolui.

Mas, se este mesmo ser altera a "tenção da sua fé", a carga fatoral terá que ser alterada para alimentar seu mental ou sofrerá um rápido esgotamento energético, porque todo estado alterado de religiosidade implica um maior ou menor consumo dos fatores sustentadores da religiosidade dos seres.

Assim, se alguém deixa de vibrar em seu íntimo qualquer sentimento de fé, a carga fatoral deverá diminuir, senão o ser em questão irá sobrecarregar-se desses fatores e ficará como que perdido ou desnorteado nesse sentido de sua vida.

Estes novos fatores absorvidos não faziam parte da carga anterior e natural para os seres determinada por Deus.

Esses novos fatores opostos ou antagônicos aos naturais, nós os englobamos nos "fatores cósmicos" ou atemporais, pois são necessidades extras das pessoas que os vibram e têm de ser alimentados.

— Há fatores cósmicos complementadores dos universais.

— Há fatores cósmicos opostos aos universais.

— Há fatores cósmicos que só "trabalham" (realizam suas funções) se forem associados aos universais (e vice-versa).

— Há os fatores cósmicos anuladores dos universais (e vice-versa).

— Há os fatores cósmicos destruidores dos universais (e vice-versa).

Enfim, dependendo do sentimento que o ser estiver vibrando, ele atrairá via magnetismo mental as ondas vibratórias alimentadoras do seu sentimento e a ligação acontece a partir da alteração do padrão vibratório mental.

Há casos de pessoas que tendo vivenciado um momento tormentoso em outra encarnação, e porque guardam muito vivas na memória espiritual as "emoções" daquela vida, são perturbadas ou incomodadas por causa da queda ou alteração vibratória que ainda ressonam devido a intensa carga fatoral absorvida naquela época.

Estas pessoas procuram analistas, psicólogos, psiquiatras, neurologistas, sacerdotes, orientadores, etc., para serem ajudadas. E alguns procuram terapeutas holísticos que trabalham com regressões espirituais e têm sido muito auxiliadas, pois o retorno consciente ao evento passado desliga as ondas vibratórias fatorais alimentadoras de tais sentimentos, inexplicáveis à luz da psiquiatria, que trabalha com os "distúrbios de personalidade" desta vida (palavras minhas que sintetizam as neuroses, psicoses e demais patologias comportamentais tratadas cientificamente e à luz da razão).

Os Fundamentos Divinos das Linhas de Umbanda Sagrada

A Umbanda, ainda que não evidencie isto à primeira vista, é uma religião muito rica em fundamentos divinos. E, se isso acontece, é porque é nova, não foi codificada totalmente e não tínhamos um indicador seguro que nos auxiliasse na decodificação dos seus mistérios.

Atualmente, quase um século após sua fundação por Zelio Fernandino de Moraes e o senhor Caboclo das Sete Encruzilhadas, espíritos mensageiros têm-nos transmitido algumas chaves mestras que têm aberto vastos campos para decodificarmos seus mistérios e iniciarmos sua verdadeira codificação, tornando-a tão bem fundamentada que talvez, no futuro, outras religiões recorram a estas chaves para interpretar seus próprios mistérios.

Se não, vejamos:

1º) Na Umbanda, as linhas de trabalhos espirituais, formadas por espíritos incorporadores, têm nomes simbólicos ou alegóricos.

2º) Os guias incorporadores não se apresentam com seus nomes terrenos, e só se identificam por nomes simbólicos.

3º) Todos eles são magos e têm na magia um poderoso recurso, ao qual recorrem para auxiliarem as pessoas que vão aos templos de Umbanda em busca de auxílio.

4º) Um médium umbandista recebe em seus trabalhos vários guias espirituais cujas manifestações ou incorporações são tão características que, só por elas, já sabemos a qual linha pertence o espírito incorporado.

5º) As linhas são muito bem definidas e os espíritos pertencentes a uma linha falam com o mesmo sotaque, dançam e gesticulam mais ou menos iguais e realizam trabalhos mágicos com elementos definidos como deles e mais ou menos da mesma forma.

6º) Cada linha está ligada a alguns orixás e podemos identificar nos seus nomes simbólicos a qual ou a quais os espíritos de uma mesma linha são ligados.

7º) Isso acontece tanto com as linhas da direita quanto com as da esquerda, todas regidas pelos sagrados orixás.

Com isso, temos chaves importantes para avançar no estudo dos fundamentos da Umbanda Sagrada até chegarmos ao âmago do mistério dos seus nomes simbólicos.

Mas para isso, antes temos de saber qual é o meio ou a diretriz que nos guiará nessa busca, já que possuímos linhas de Caboclos, Pretos-Velhos, Crianças, Baianos, Boiadeiros, Marinheiros, Exus, Pombagiras, etc.

E esta chave mestra chama-se "Fatores de Deus".

Antes de falarmos sobre fatores ou sobre o que eles significam, precisamos abrir um pouco mais o leque de assuntos desse nosso comentário para fundamentarmos os mistérios da Umbanda Sagrada.

Voltemo-nos para a Bíblia Sagrada e nela vamos ler algo semelhante a isso:

— E no princípio havia o caos.

— E Deus ordenou que do caos nascesse a luz, e a luz se fez.

— E Deus ordenou tudo e tudo foi feito segundo suas determinações verbais e o "Verbo Divino", realizador por sua excelência sagrada, identificou nas determinações dadas a essência de suas funções ordenadoras e criacionistas.

Assim explicado, o "Verbo Divino" é um conjunto de funções e cada função é uma ação realizadora.

Mas, se assim é, deve haver um meio pelo qual o Verbo realize sua função criadora. E esse meio não pode ser algo comum mas sim extraordinário, divino mesmo, já que é por meio dele que Deus realiza.

E, como cada verbo é uma função criadora em si mesma, e muitos são os verbos, então esse meio usado por Deus precisa ter em si o que cada verbo precisa para se realizar como função divina, criadora de ações e concretizadoras do seu significado.

Nós sabemos que a alusão ao Verbo Divino na Bíblia Sagrada não teve até agora uma explicação satisfatória pelos estudiosos dela, relegando-o apenas às falas ou pronunciamentos de Deus.

Isto também se deve ao fato de alguns dos seus intérpretes não terem atinado com a chave mestra que abre o mistério do "Verbo Divino". Mas agora, de posse desta chave que se aplica a tudo, desde o caos bíblico ao big-bang dos astrônomos, e desde o surgimento da matéria até o estado primordial da criação, tão buscado atualmente pela ciência, a gênese torna-se compreensível.

Sim, o Verbo Divino e seu meio de realizar suas ações tanto está na concretização da matéria quanto no âmago da física quântica. E está desde a reprodução celular quanto na geração dos corpos celestes.

- O Verbo Divino é a ação!
- E o meio que Ele usa para realizar-se como ação denominamos fatores de Deus.
- Por fatores, entendam as menores coisas ou partículas criadas por Deus e elas são vivas e são o meio do verbo divino realizar-se como ação, já que cada fator é uma ação realizadora em si mesma e faz o que representa o verbo que o identifica.
- Assim, se o verbo acelerar, significa agilizar o movimento de algo; o fator acelerador é o meio usado por Deus para acelerar o movimento ou o deslocamento do que criou e deve evoluir.
- E o mesmo acontece, ainda que em sentido contrário, com o verbo desacelerar e com o seu fator identificador que é o fator desacelerador.
- Já o verbo movimentar, cujo significado é dar movimento a algo, tem como meio de realizar-se como ação o fator movimentador.
- O mesmo acontece com o verbo paralisar, cuja função é oposta e que tem como meio de se realizar como ação o fator paralisador.
- E o verbo abrir tem como meio de se realizar como ação o fator abridor.
- Já o verbo fechar, cuja função é oposta ao verbo abrir, tem como meio de se realizar como ação o fator fechador.
- E o verbo trancar, cujo significado é o de prender, tem como meio de se realizar como ação o fator trancador.
- E o verbo soltar cujo significado é o de liberar, tem como meio de se realizar como ação o fator soltador.
- E o verbo direcionar, cujo significado é dar rumo a algo, tem como meio de se realizar como ação o fator direcionador.
- Já o verbo desviar, cujo significado é o de desviar de algo, tem como meio de se realizar como ação o fator desviador.

- E o verbo gerar, cujo significado é fazer nascer algo, tem como meio de se realizar como ação realizadora o fator gerador.
- E o verbo esterilizar, cuja função é oposta, tem como meio para se realizar como ação o fator esterilizador.
- E o verbo magnetizar, cujo significado e função é dar magnetismo a algo, tem como meio para se realizar como ação o fator magnetizador.
- Já o verbo desmagnetizar, cuja função e significado são opostos, tem como meio para se realizar como ação o fator desmagnetizador.
- E o verbo cortar, cujo significado e função é partir algo, tem como meio para se realizar como ação o fator cortador.
- Já o verbo unir, cujo significado e função é juntar algo, tem como meio para se realizar como ação o fator unidor.
- Já o verbo romper, cujo significado e função é romper algo, tem como meio para realizar-se como ação o fator rompedor.

Muitos são os verbos e cada um é em si a ação que significa, e muitos são os meios existentes no que denominamos por fatores de Deus.

Aqui, neste comentário, já citamos os verbos:
— Acelerar e Desacelerar;
— Movimentar e Paralisar;
— Abrir e Fechar
— Trancar e Abrir
— Direcionar e Desviar;
— Gerar e Esterilizar;
— Magnetizar e Desmagnetizar;
— Cortar e Unir.
— Romper.

São poucos verbos se comparados aos muitos que existem, mas são suficientes para os nossos propósitos.

Tomemos como exemplo o verbo trancar e o fator trancador e vamos transportá-los para uma linha de trabalhos espirituais e mágicos de Umbanda, a dos Exus trancadores, onde temos estes nomes simbólicos:

— Exu Tranca-ruas, ligado a Ogum.
— Exu Tranca-tudo, ligado a Oxalá.

— Exu Tranca-giras, ligado a Logunã.
— Exu Sete Trancas, ligado a Obaluaiê.
— Exu Tranca jogo, ligado a Xangô.
— Exu Tranca rios, ligado a Oxum.
— Exu Tranca raios, ligado a Iansã.
— Exu Tranca matas, ligado a Oxóssi.

Se o verbo trancar significa prender, e se o fator trancador é o meio pelo qual ele se realiza como ação, então todo Exu que tenha em seu nome simbólico o verbo trancar é um gerador desse fator e que, ao irradiar, tranca algo, certo?

E se tomarmos o verbo abrir e o fator abridor, temos uma linha de trabalhos espirituais e mágicos de Umbanda, a dos Exus abridores, onde temos estes nomes simbólicos:

— Exu Abre tudo — ligado a Oxalá.
— Exu Abre caminhos — ligado a Ogum.
— Exu Abre portas — ligado a Obaluaiê.
— Exu Abre matas — ligado a Oxóssi.
— Exu Abre tempo — ligado a Logunã.

E se tomarmos o verbo romper e o fator através do qual sua ação se realiza, temos estas linhas de trabalhos espirituais e mágicos:

— Ogum Rompe-tudo — ligado a Oxalá.
— Ogum Rompe-matas — ligado a Oxóssi.
— Ogum Rompe-nuvens — ligado a Iansã.
— Ogum Rompe-solo — ligado a Omolu.
— Ogum Rompe-águas — ligado a Iemanjá.
— Ogum Rompe-ferro — ligado a Ogum.

E temos linhas de Caboclos e de Exus com estes mesmos nomes:
— Caboclos e Exus Rompe-tudo.
— Caboclos e Exus Rompe-matas.
— Caboclos e Exus Rompe-nuvens.
— Caboclos e Exus Rompe-solo.
— Caboclos e Exus Rompe-águas.
— Caboclos e Exus Rompe-ferro.

Muitos são os verbos e cada um tem um meio ou fator pelo qual se realiza como ação.

Por isso, afirmamos que a Umbanda é riquíssima em fundamentos e não precisa recorrer aos fundamentos de outras religiões para explicar suas práticas ou os nomes simbólicos dados aos Orixás, que são as divindades realizadoras do verbo divino, ou às suas linhas de trabalhos espirituais e mágicos, que são manifestadores espirituais dos mistérios do Verbo Divino. Se atinarem bem para a riqueza contida no simbolismo da Umbanda Sagrada, poderão dispensar até as interpretações antigas, herdadas do culto ancestral aos Orixás praticado em solo africano, porque Deus, ao criar uma religião, dota-a de seus próprios fundamentos divinos e espera que seus adeptos os descubram e os apliquem à sua Doutrina e práticas, aperfeiçoando sua concepção do divino existente nos seus mistérios.

Podemos recorrer aos fatores e às suas funções:
— Congregar é função de Oxalá
— Conduzir é função de Logunã
— Agregar é função de Oxum
— Renovar é função de Oxumaré
— Expandir é função de Oxóssi
— Amadurecer é função de Obá
— Equilibrar é função de Xangô
— Purificar é função de Oro Iná
— Ordenar é função de Ogum
— Direcionar é função de Iansã
— Transmutar é função de Obaluaiê
— Decantar é função de Nanã
— Gerar é função de Iemanjá
— Estabilizar é função de Omolu
— Transformar é função de Exu
— Estimular é função de Pombagira

Mas achamos melhor colocar em uma tabela o verbo, sua ação e o orixá que o rege.

Assim, que cada um vá descobrindo as funções dos fatores e associando-os ao que realizam os senhores orixás (inclusive os orixás Exu e Pombagira).

Agora, peguem o verbo, seu fator, seu orixá e sua ação e comecem a decifrar os nomes simbólicos ou alegóricos das linhas de Umbanda Sagrada.

Tabela Parcial dos Verbos, dos Fatores, dos Orixás e das suas Funções

VERBO	FATOR	ORIXÁ	AÇÃO
Abacinar	Abacinador	Exu	Tirar a claridade, escurecer
Abafar	Abafador	Exu	Sufocar
Abagoar	Abagoador	Oxumaré	Criar bago, ex.: A videira abagoava rapidamente
Abalar	Abalador	Xangô	Sacudir, fazer tremer
Abaloar	Abaloador	Nanã	Dar forma de balão
Abarcador	Abarcoador	Ogum	Abranger
Abarrancador	Abarrancoador	Ogum	Armar barrancas em
Abarreirar	Abarreiroador	Ogum	Cercar, entrincheirar
Abastecer	Abastecedor	Oxalá	Prover do necessário
Abaular	Abauloador	Oxum	Dar forma convexa
Abirritar	Abirritoador	Exu	Diminuir a sensibilidade de
Abobadar	Abobadoador	Logunã	Dar forma de abóbada; curvar; recurvar
Abodocar	Abodocador	Oxóssi	Arquear; fazer em forma de bodoque
Abolar	Abolador	Omolu	Dar forma de bola
Abolir	Abolidor	Oxumaré	Por fora de uso; anular; suprimir
Abraçar	Abraçador	Pombagira	Envolver com os braços
Abrandar	Abrandador	Oxum	Tornar brando; amolecer
Abrasar	Abrasador	Xangô	Tornar em brasas; queimar
Abrejar	Abrejador	Nanã	Converter em brejo
Abrir	Abridor	Ogum	Desunir; descerrar
Abronzar	Abronzador	Xangô	Abronzar o cobre; fundir o cobre com o estanho para produzir o bronze
Abrumar	Abrumador	Omolu	Cobrir de bruma
Absorver	Absorvedor	Omolu	Embeber; sorver; concentrar
Acachoeirar-se	Acachoeirador	Oxum	Formar cachoeira
Acalmar	Acalmador	Oxalá	Serenar; pacificar
Acasalar	Acasalador	Oxum	Reunir (macho e fêmea) para criação
Acelerar	Acelerador	Iansã	Aumentar a velocidade de
Acender	Acendedor	Xangô	Pôr fogo; fazer arder
Acolchetar	Acolchetador	Oxum	Prender com colchetes
Aconchear	Aconchedor	Oxum	Dar forma de concha
Acornar	Acornador	Exu	Dar forma de corno
Acorrentar	Acorrentador	Ogum	Prender com corrente; encadear
Acrescentar	Acrescentador	Oxalá	Tornar maior; aumentar
Açudar	Açudador	Nanã	Represar por açude

VERBO	FATOR	ORIXÁ	AÇÃO
Acumular	Acumulador	Omolu	Amontoar; pôr em cúmulo
Acunhear	Acunheador	Exu	Dar forma de cunha
Adaptar	Adaptador	Oxalá	Acomodar; apropriar; amoldar
Adensar	Adensador	Obá	Tornar denso, condensar
Adequar	Adequador	Oxum	Acomodar
Aderir	Aderidor	Oxum	Estar ou ficar intimamente ligado
Adiamantar	Adiamantador	Iemanjá	Ornar com diamante
Adormecer	Adormecedor	Omolu	Fazer dormir; causar sono
Adsorver	Adsorvedor	Oxum	Atrair, aderir a si
Adstringir	Adistringidor	Iansã	Apertar; cerrar; ligar
Aerificar	Aerificador	Iansã	Reduzir a estado gasoso
Afiar	Afiador	Ogum	Dar fio a
Afinar	Afinador	Oxóssi	Tornar fino, delgado
Afoguear	Afogueador	Oro Iná	Pegar fogo a; queimar
Afolhar	Afolheador	Oxóssi	Dividir (o terreno) em folhas
Afundar	Afundador	Omolu	Meter no fundo; meter a pique
Afunilar	Afunilador	Logunã	Dar forma de funil
Agarrar	Agarrador	Exu	Prender com garra; segurar; apanhar
Agitar	Agitador	Iansã	Mover com frequência; mexer em diversos sentidos
Aglomerar	Aglomerador	Omolu	Reunir em massa; ajuntar
Aglutinar	Aglutinador	Oxum	Unir; reunir; justapor
Agomar	Agomador	Oxum	Lançar gomos; germinar; abrolhar
Agoniar	Agoniador	Pombagira	Causar agonia; aflição a
Agonizar	Agonizador	Omolu	Afligir; penalizar
Agostar	Agostador	Exu	Agostar a planta; murchar
Agregar	Agregador	Oxum	Ajuntar; anexar; reunir
Agrilhoar	Agrilhoador	Ogum	Prender com grilhões; encadear
Agrupar	Agrupador	Ogum	Reunir em grupos
Aguar	Aguador	Iemanjá	Regar; borrifar com água
Aguçar	Aguçador	Ogum	Tornar agudo; adelgaçar na ponta
Ajular	Ajulador	Iansã	Sotaventar; lançar para trás; abater
Ajuntar	Ajuntador	Ogum	Convocar; reunir
Ajustar	Ajustador	Oxum	Tornar exato; justo; amoldar; adaptar
Alabirintar	Alabirintador	Exu	Dar forma de labirintos; tornar complicado ou confuso
Alagar	Alagador	Iemanjá	Encher ou cobrir com água; inundar
Alambrar	Alambrador	Iansã	Cercar com fios
Alargar	Alargador	Ogum	Tornar largo ou mais largo
Alastrar	Alastrador	Iemanjá	Cobrir com lastro; cobrir espalhando; cobrir encher

VERBO	FATOR	ORIXÁ	AÇÃO
Alinhar	Alinhador	Oxalá	Pôr em linha reta
Almejar	Almejador	Pombagira	Desejar com ânsia
Alojar	Alojador	Oxalá	Dar alojamento; receber; admitir; conter
Alongar	Alongador	Ogum	Fazer longo ou mais longo; estender-se
Alterar	Alterador	Obaluaiê	Modificar; mudar
Alternar	Alternador	Ogum	Fazer suceder repetida e regularmente
Aluir	Aluidor	Exu	Abalar; arruinar; prejudicar; ameaçar ruína; cair; desmoronar-se
Amalgamar	Amalgamador	Oxum	Combinar mercúrio com outro metal; reunir; misturar; ligar-se; fundir-se; combinar-se
Amarrar	Amarrador	Ogum	Segurar com amarras; atar; ligar fortemente
Amoldar	Amoldador	Oxalá	Ajustar ao molde; moldar
Amontanhar	Amontanhador	Xangô	Elevar-se como montanha; avolumar-se
Amontoar	Amontoador	Omolu	Dar forma de monte
Amontoar	Amontoador	Exu	Pôr em montão; juntar em grande quantidade e sem ordem
Ampliar	Ampliador	Ogum	Tornar amplo; alargar; dilatar
Amputar	Amputador	Ogum	Cortar; restringir; eliminar
Anavalhar	Anavalhador	Exu	Dar forma de navalha; ferir com navalha
Ancorar	Ancorador	Iemanjá	Lançar âncora; fundear; basear; estribar
Anegar	Anegador	Nanã	Cobrir de água, submergir; afogar; mergulhar
Anelar	Anelador	Oxum	Dar forma de anel a; encaracolar
Angular	Angulador	Oxalá	Formar ângulo; enviesar
Anular	Anulador	Ogum	Tornar nulo, invadir. Destruir; aniquilar
Anzolar	Anzolador	Iansã	Dar forma de anzol
Apagar	Apagador	Exu	Extinguir; fazer desaparecer; escurecer; deslustrar
Apaixonar	Apaixonador	(Mahor Yê) Pombagira	Causar paixão a; contristar; penalizar; afligir-se; magoar-se
Aparar atira);	Aparador	Ogum	Tomar; receber; segurar (objeto que se desbastar; alisar; aguçar; adelgaçar-se
Apartar	Apartador	Exu	Desunir; separar
Apassivar	Apassivador	Oxalá	Empregar na voz passiva; apassivar um verbo
Apatizar	Apatizador	(Mehor Yê) Pombagira	Tornar apático
Apaziguar	Apaziguador	Oxalá	Pôr em paz, aquieta, sossegar
Aperfeiçoar	Aperfeiçoador	Oxum	Acabar com perfeição
Apertar	Apertador	Iansã	Comprimir; estreitar; resumir; abreviar
Apimentar	Apimentador	Exu	Temperar com pimenta; tornar picante; estimular

VERBO	FATOR	ORIXÁ	AÇÃO
Aplainar	Aplainador	Oxalá	Alisar com plaina, aplanar, remover
Aplicar	Aplicador	Iansã	Adaptar, sobrepor, empregar, encaminhar, destinar
Apontar	Apontador	Oxóssi	Aguçar, fazer ponta a; indicar, marcar
Aprazer	Aprazedor	Pombagira	Causar prazer, ser agradável, agradar, contentar-se, deliciar-se
Apresar	Apresador	Exu	Capturar, apreender, tomar com presa
Aproximar	Aproximador	Oxum	Pôr ao pé de; chegar para perto, tornar
Aprumar	Aprumador	Ogum	Pôr a prumo; endireitar
Apurar	Apurador	Oro Iná	Tornar puro, purificar, escolher, selecionar
Aquecer	Aquecedor	Oro Iná	Tornar quente, entusiasmar, excitar
Aquietar	Aquietador	Nanã	Tornar quieto, tranquilizar, apaziguar
Argolar	Argolador	Exu	Prender com argolas
Arpoar	Arpoador	Exu	Ferir, riscar com arpão
Arquear	Arqueador	Oxóssi	Curvar em forma de arco
Arrancar	Arrancador	Ogum	Desapegar com força; desarraigar; destruir, extirpar
Arrastar	Arrastador	Iansã	Levar de rastos, levar à força, puxar, conduzir
Arrebatar	Arrebatador	Iansã	Tirar com violência; arrastar; impelir
Arredondar	Arredondador	Oxum	Dar forma redonda a; dispor em forma esférica ou circular; dar relevo a; modelar; acentuar; embelezar, completa, inteirar
Arrefecer	Arrefecedor	Logunã	Esfriar, tornar-se frio
Arregimentar	Arregimentador	Ogum	Organizar em regimento; enfileirar, associar
Arrolar	Arrolador	Logunan	Dar forma de rolo; enrolar; formar rolo; rolar
Atar	Atador	Oxum	Prender, cingir, unir, estreitar, ligar
Atrofiar	Atrofiador	Exu	Causar atrofia a; tolher, acanhar, não deixar desenvolver, mirrar
Aveludar	Aveludador	Oxum	Dar o aspecto de veludo a; tornar semelhante ao veludo
Avigorar	Avigorador	Ogum	Dar vigor a; robustecer, fortalecer, consolidar
Baldear	Baldeador	Iemanjá	Passar de um para outro lado, atirar, arremessar, molhar, aguar
Bifurcar	Bifurcador	Exu	Separar, abrir em dois ramos; dividir-se em dias partes
Bloquear	Bloqueador	Exu	Pôr bloqueio a; cercar, sitiar
Cachoar	Cachoador	Oxum	Formar cachão ou cachoeira; borbotar, tumultuar
Caldear	Caldeador	Oxum	Soldar, ligar. Amalgamar, misturar, confundir
Calibrar	Calibrador	Oxalá	Dar o conveniente calibre a

VERBO	FATOR	ORIXÁ	AÇÃO
Calorificar	Calorificador	Xangô	Transmitir calor a; aquecer
Canalizar	Canalizador	Oxóssi	Abrir canais em; encaminhar, dirigir
Capacitar	Capacitador	Ogum	Fazer capaz, habilitar, convencer, persuadir
Capear	Capeador	Exu	Esconder com capa; encobrir, ocultar
Ceifar	Ceifador	Omolu	Cortar, segar
Chavear	Chaveador	Omolu	Fechar à chave
Cingir	Cingidor	Oxum	Pôr a cinta; ligar, unir, tornear, cercar, rodear
Cipoar	Cipoador	Oxóssi	Cipoar alguém, bater-lhe com cipó
Circular	Circulador	Iansã	Percorrer à roda; rodear, cercar, girar
Circunvalar	Circunvalador	Ogum	Cingir com fossos, valados ou barreiras
Clivar	Clivador	Ogum	Cortar de acordo com a clivagem
Concavar	Concavador	Oxum	Tornar côncavo; escavar
Conceber	Concebedor	Oxum	Gerar; imaginar
Concentrar	Concentrador	Oxalá	Centralizar; reunir em um mesmo ponto
Conchar	Conchador	Oxum	Conchear; dar a forma de concha
Condensar	Condensador	Obá	Tornar denso ou mais denso; resumir, engrossar
Conduzir	Conduzidor	Logunã	Levar ou trazer, transportar, transmitir
Confinar	Confinador	Ogum	Limitar, circunscrever, demarcar, encerrar, clausurar
Confundir	Confundidor	Exu	Fundir juntamente ou de mistura; pôr em desordem, confusão, humilhar, envergonhar
Congelar	Congelador	Logunã	Gelar; solidificar; coagular, resfriar
Congregar	Congregador	Oxalá	Convocar, ajuntar, reunir
Consolidar	Consolidador	Omolu	Tornar sólido, firme, estável, tornar permanente
Construir	Construidor	Oxalá	Edificar, fabricar, explicar, interpretar
Consumir	Consumidor	Oro Iná	Gastar, destruir, extinguir, absorver
Contrair	Contraidor	Oxum	Apertar, estreitar, encolher
Controlar	Controlador	Ogum	Exercer o controle de
Convergir	Convergedor	Ogum	Tender, concorrer, afluir ao mesmo ponto
Coordenar	Coordenador	Ogum	Dispor em certa ordem; organizar, arranjar, ligar, ajuntar por coordenação
Copiar	Copiador	Exu	Fazer a cópia de; reproduzir, imitado
Cristalizar	Cristalizador	Oxalá	Transformar em cristal; permanecer, estacionar (num mesmo estado)
Cruzar	Cruzador	Oxalá	Dispor em forma de cruz; atravessar
Curvar	Curvador	Logunã	Tornar curvo; encurvar, dobrar
Danificar	Danificador	Exu	Causar dano a; deteriorar, estragar
Debilitar	Debilitador	Exu	Tornar débil; enfraquecer
Decantar	Decantador	Nanã	Passar cautelosamente um líquido de um vaso para outro; purificar

VERBO	FATOR	ORIXÁ	AÇÃO
Decompor	Decompotador	Omolu	Separar os elementos componentes de; analisar, corromper, estragar, alterar, modificar
Definhar	Definhador	Omolu	Tornar magro; murchar; secar; consumir-se aos poucos
Deformar	Deformador	Exu	Alterar a forma de; alterar
Degenerar	Degenerador	Exu	Perder mais ou menos o tipo e as qualidades de sua geração; abastardar-se, corromper-se; modificar-se para
Delinear	Delineador	Oxalá	Traçar, esboçar; projetar, planear
Demarcar	Demarcador	Ogum	Traçar, extremar, delimitar
Demolir	Demolidor	Ogum	Destruir, deitar por terra, arrasar, arruinar, aniquilar
Derivar	Derivador	Iansã	Desviar do seu curso; fazer provir, originar-se, manar, correr, decorrer, passar
Derreter	Derretedor	Xangô	Tornar líquido; fundir; amolecer
Derrocar	Derrocador	Ogum	Derribar, destruir, arrasar
Desabrolhar	Desabrolhador	Oxum	Desabrochar; germinar; desenvolver-se
Desaglomerar	Desaglomerador	Pombagira	Separar (o que estava aglomerado)
Desagregar	Desagregador	Pombagira	Desunir, separar, arrancar
Desalagar	Desalagador	Omolu	Livrar, esgotar da água, evacuar, desobstruir, desembaraçar
Descarregar	Descarregador	Oxalá	Tirar a carga de; aliviar, desonerar
Desdobrar	Desdobrador	Iansã	Estender, abrir (o que estava dobrado), fracionar ou dividir
Desembaraçardar	Desembaraçador	Ogum	Livrar de embaraço; desimpedir, desenredar
Desencadear	Desencadeador	Exu	Soltar, desatar, desunir, excitar, irritar, sublevar
Desmanchar	Desmanchador	Exu	Desfazer, descompor, desarranjar
Desnotear	Desnorteador	Exu	Desviar do norte, do rumo, desorientar
Desobstruir	Desobstruidor	Ogum	Desimpedir, destravancar, desembaraçar
Devastar	Devastador	Ogum	Assolar, arruinar, destruir, despovoar (Trono da devastação)
Diluir	Diluidor	Oxumaré	Misturar com água ou outro líquido para desfazer, dissolver
Dissipar	Dissipador	Iansã	Fazer desaparecer, dispersar, desfazer
Dissolver	Dissolvedor	Oxumaré	Desfazer a agregação das partes de um corpo sólido; derreter, anular
Distanciar	Distanciador	Exu	Pôr distante, afastar, apartar
Distribuir	Distribuidor	Iansã	Dar, levar, dirigir, espalhar
Dobrar	Dobrador	Ogum	Multiplicar por dois, duplicar, fazer dobras, vergar

VERBO	FATOR	ORIXÁ	AÇÃO
Dominar	Dominador	Ogum	Ter autoridade ou poder sobre; conter, reprimir, abranger, ocupar, tomar
Dosear	Doseador	Oxalá	Misturar, combinar nas proporções devidas
Drenar	Drenador	Obaluaiê	Enxugar (um terreno) por meio de drenagem, drainar
Duplicar	Duplicador	Ogum	Dobrar
Edificar	Edificador	Oxalá	Construir, levantar
Efervescer	Efervescedor	Iansã	Entrar em efervescência
Eflorescer	Eflorescedor	Oxum	Começar a florescer; apresentar florescência
Eivar	Eivador	Omolu	Contaminar, infetar, decair, rachar-se
Eixar	Eixador	Ogum	Pôr eixo em
Elaborar	Elaborador	Obaluaiê	Modificar, convertendo em diversas substâncias, fazer
Elar	Elarador	Oxum	Ligar, unir
Eletrizar	Eletrizador	Iansã	Excitar a propriedade elétrica de
Eliciar	Eliciador	Oxum	Fazer sair; expulsar
Elidir	Elididor	Oxum	Fazer elisão de; eliminar, suprimir
Emalhar	Emalhador	Iansã	Prender ou colher em malhas de rede
Emanar	Emanador	Oxalá	Nascer, provir, originar-se
Emascular	Emasculador	Ogum	Tirar a virilidade; perder o vigor
Embaraçar	Embaraçador	Exu	Causar embaraço a; obstruir, estorvar
Embargar	Embargador	Ogum	Pôr embargo a; reprimir, conter, impedir, perturbar, enlear
Embarreirar	Embarreirador	Ogum	Meter em barreira
Embastecer	Embastecedor	Obaluaiê	Tornar grosso, espesso, fazer-se denso
Embater	Embatedor	Ogum	Produzir embate, choque
Embaular	Embaulador	Oxum	Guardar, meter em baú
Embelezar	Embelezador	Oxum	Tornar belo, aformosear
Embevecer	Embevecedor	Oxum	Causar enlevo, êxtase em
Emblemar	Emblemador	Ogum	Indicar, designar
Embolar	Embolador	Ogum	Guarnecer de bolas as hastes
Embrandecer	Embrandecedor	Oxum	Tornar brando, flexível, amolecer
Empanar	Empanador	Pombagira	Cobrir de panos; embaciar, tirar o brilho a; impedir, encobrir, esconder
Empantanar	Empantanador	Nanã	Tornar pantanoso; alagar, encharcar
Empapar	Empapador	Iemanjá	Embeber, mergulhar; tornar mole; ensopar, encharcar
Emparedar	Emparedador	Ogum	Encerrar entre paredes; clausurar
Emparelhar	Emparelhador	Iansã	Pôr de par a par; jungir; tornar igual; rivalizar
Empecer	Empecedor	Exu	Prejudicar, impedir, estorvar, obscurecer, ofuscar

VERBO	FATOR	ORIXÁ	AÇÃO
Empedernir	Empedernidor	Oxalá	Converter em pedra; tornar duro como pedra
Empedrar	Empedrador	Oxum	Calçar com pedras; tapar
Empenar	Empenador	Exu	Torcer-se; deformar-se; fazer torcer, entortar
Emperlar	Emperlador	Iemanjá	Pôr pérola em; dar forma de pérola
Encadear	Encadeador	Ogum	Prender com cadeia; agriolhar, ligar
Encaminhar	Encaminhador	Ogum	Mostrar o caminho a; guiar, conduzir, dirigir
Encadear	Encadeador	Pombagira	Deslumbrar, ofuscar, fascinar, alucinar
Encanoar	Encanoador	Iemanjá	Fazer-se côncava, imitando a forma de uma canoa
Encantar	Encantador	Oxum	Seduzir, cativar, arrebatar
Encapar	Encapador	Exu	Meter ou envolver em capas
Encaracolar	Encaracolador	Logunã	Dar a forma de caracol; envolver-se em espiral; torcer-se, enrolar-se
Encavar	Encavador	Omolu	Abrir cava em; escavar
Encharcar	Encharcador	Nanã	Converter em charco; alagar
Enconchar	Enconchador	Oxum	Cobrir com uma concha; prover de concha
Encovar	Encovador	Omolu	Meter em cova; enterrar; tornar encovado
Encrespar	Encrespador	Iansã	Tornar crespo; frisar; encaracolar, levantar-se, agitar-se
Encruzar	Encruzador	Oxalá	Cruzar; pôr em forma de cruz
Encurtar	Encurtador	Omolu	Tornar curto, diminuir; abreviar, resumir
Encurvar	Encurvador	Obaluaiê	Tornar curvo, emborcar, dobrar-se
Endireitar	Endireitador	Ogum	Pôr direito; retificar, corrigir
Endurecer	Endurecedor	Xangô	Tornar duro, rijo, forte
Enfaixar	Enfaixador	Oxum	Ligar, envolver em faixa
Enfeixar	Enfeixador	Ogum	Atar em feixe; ajuntar, reunir
Enfileirar	Enfileirador	Ogum	Dispor ou ordenar em renques ou fileiras, alinhar
Enfolhar	Enfolhador	Oxóssi	Criar folhas, revestir-se de folhas
Engalhar	Engalhador	Oxóssi	Criar ramos ou galhos; ligar-se, prender-se
Enganar	Enganador	Pombagira	Fazer cair em erro; seduzir; induzir a erro
Enlabirintar	Emlabirintador	Exu	O mesmo que alabirintar
Enlaçar	Enlaçador	Oxum	Prender com laços; atar, enlear
Enlodaçar	Enlodaçador	Exu	Converter em lodo
Enodar	Enodador	Oxóssi	Enodar uma corda, dar-lhe nós, enchê-la de nós
Enovelar	Enovelador	Pombagira	Dobar, fazer em novelo; enroscar, enrolar, emaranhar
Enraiar	Enraiador	Iansã	Pôr os raios a
Enraizar	Enraizador	Obá	O mesmo que arraigar
Enredar	Enredador	Iansã	Prender, colher em rede

VERBO	FATOR	ORIXÁ	AÇÃO
Enrijecer	Enrijecedor	Ogum	Tornar rijo, duro, forte, robusto
Entortar	Entortador	Exu	Tornar torto; dobrar, recurvar
Entranqueirar	Entranqueirador	Ogum	Fortificar com tranqueiras; fortificar-se
Entravar	Entravador	Exu	Travar, embaraçar, obstruir
Entrelaçar	Entrelaçador	Oxum	Enlaçar, entretecer; elear-se
Entrevar	Entrevador	Exu	Tornar paralítico; meter em trevas, escurecer, entenebrecer
Entroncar	Entroncador	Ogum	Criar ou adquirir troco; engrossar; robustecer-se
Entupir	Entupidor	Exu	Obstruir, tapar; entulhar
Enturvar	Enturvador	Exu	Tornar turvo; turvar
Envaginar	Envaginador	Oxum	Meter ou envolver como em bainha
Envasar	Envasador	Oxum	Envasilhar; dar forma de vaso a, atolar
Envelhecer	Envelhecedor	Oxalá	Tornar velho, fazer parecer velho
Envergar	Envergador	Oxalá	Atar, enrolar, vergar
Envolver	Envolvedor	Exu	Cobrir enrolando, enrolar, embrulhar, abranger, implicar
Enxertar	Enxertador	Oxóssi	Fazer enxerto; inserir; introduzir
Enxugar	Enxugador	Omolu	Secar a umidade de; secar-se
Equilibrar	Equilibrador	Xangô	Pôr em equilíbrio; proporcionar, compensar, contrabalançar
Eroder	Erodedor	Oxum	Corroer (pelas águas)
Esporoar	Esporoador	Omolu	Reduzir a pó; esterroar
Esburacar	Esburacador	Omolu	Fazer buracos em;
Escachar	Escachador	Exu	Fender, separar, abrir à força; escancarar, alargar
Escandescer	Escandescedor	Oro Iná	Fazer em brasa; excitar, inflamar
Escaveirar	Escaveirador	Omolu	Descarnar a (caveira); tornar em caveira
Escoar	Escoador	Omolu	Deixar escorrer; coar; sumir-se
Esconder	Escondedor	Exu	Ocultar; encobrir; tapar; encobrir
Escudar	Escudador	Ogum	Cobrir, defender com escudo; cobrir-se
Esfacelar	Esfacelador	Exu	Causar esfacelo a; arruinar-se, desfazer-se
Esgotar	Esgotador	Omolu	Tirar até a última gota; secar; haurir; consumir, gastar
Esmaecer	Esmaecedor	Pombagira	Desmaiar; perder a cor; esmorecer; perder o vigor
Espalhar	Espalhador	Iansã	Separar a palha de; dispersar, esparzir
Espiralar	Espiralador	Iansã	Subir em espiral; tomar a forma de espiral
Esquadrar	Esquadrador	Oxalá	Cortar, riscar, dispor em esquadrias, em ângulos retos
Estabilizar	Estabilizador	Omolu	Estabelecer; tornar estável, inalterável

VERBO	FATOR	ORIXÁ	AÇÃO
Estagnar	Estagnador	Omolu	Impedir que corra (um líquido); paralisar, tornar inerte
Estancar	Estancador	Omolu	Impedir que corra (um líquido); vedar, deter; pôr fim a; exaurir, esgotar
Estandartizar	Estandartizador	Ogum	Reduzir a um só tipo, modelo, norma
Esterilizar	Esterilizador	Omolu	Tornar estéril; tornar inútil
Estiar	Estiador	Logunã	Serenar ou tornar-se seco; parar, cessar
Estimular	Estimulador	Pombagira	Excitar, incitar, animar, encorajar
Estrangular	Estrangulador	Exu	Enforcar, afogar, esganar, apertar muito, comprimir, abafar, reprimir
Estreitar	Estreitador	Oxum	Tornar estreito, apertado, reduzir, diminuir, restringir
Estrelejar	Estrelejador	Oxalá e Iemanjá	Estrelar-se, começar a encher-se de estrelas
Estremecer	Estremecedor	Xangô	Causar tremor a; sacudir, abalar
Estruturar	Estruturador	Oxalá	Fazer a estrutura de;
Esvaecer	Esvaecedor	Pombagira	Desvanecer, desfazer, dissiparEvaporar
Evaporador	Oxumaré	Converter em vapor	
Evazar	Evazador	Omolu	Tornar oco; vazar; brocar
Evoluir	Evoluidor	Obaluaiê - Nanã	Envolver-se, evolucionar
Excitar	Excitador	Pombagira	Ativar a ação de; estimular, animar; despertar, avivar
Expedir	Expedidor	Xangô	Remeter ao seu destino; despacho; promulgar; proferir
Explodir	Explodidor	Xangô	Rebentar com estrondo; fazer explosão
Extasiar	Extasiador	Pombagira	Causar êxtase, enlevo a; encantar
Extenuar	Extenuador	Omolu	Esgotar as forças a; debilitar, enfraquecer, exaurir
Extinguir	Extinguidor	Ogum	Apagar; amortecer; gastar, dissipar
Extirpar	Extirpador	Ogum	Arrancar pela raiz; extinguir, destruir
Exumar	Exumador	Obaluaiê	Desterrar; tirar da sepultura
Facetar	Facetador	Oxalá	Lapidar; fazer facetas em; aprimorar
Faiscar	Faiscador	Xangô	Lançar faíscas; cintilar
Fascinar	Facinador	Pombagira	Subjugar, atrair com o olhar; atrair irresistivelmente, seduzir
Fazer	Fazedor	Oxalá	Dar existência ou forma a; criar; construir, edificar
Fechar	Fechador	Ogum	Cerrar, unir ou ajuntar; tornar fixo por meio de chave; aldrava ou tranca; tapar, cercar, encerrar, rematar, acabar
Fecundar	Fecundador	Oxum	Comunicar a (um germe) o princípio, a causa imediata do seu desenvolvimento; fomentar, fazer prosperar

VERBO	FATOR	ORIXÁ	AÇÃO
Ferrar	Ferrador	Ogum	Ornar ou guarnecer de ferro; marcar com ferro; atracar; cravar, enterrar
Filtrar	Filtrador	Omolu	Coar; fazer passar por filtro; inocular ou instilar
Finalizar	Finalizador	Oxalá	Rematar, ultimar, concluir, acabar
Firmar	Firmador	Ogum	Fazer firme, seguro, fixo
Fisgar	Fisgador	Exu	Agarrar com fisga; apanhar, prender
Fixar	Fixador	Obá	Pregar, cravar; estabelecer, firmar
Flagelar	Flagelador	Omolu	Açoitar; bater com disciplina; atormentar, afligir (Trono da aflição)
Flamejar	Flamejador	Xangô	Lançar chamas, arder; brilhar, lançar raios luminosos
Flexibilizar	Flexibilizador	Obaluaiê	Tornar flexível
Florescer	Florescedor	Oxum	Fazer brotar flores a; medrar, frutificar, prosperar
Fluidificar	Fluidificador	Iemanjá	Tornar fluido; diluir-se
Foicear	Foiceador	Omolu	Meter a foice; ceifar; foiçar
Forjar	Forjador	Ogum	Trabalhar com forja; fabricar, invejar, engendrar
Fortalecer	Fortalecedor	Ogum	Tornar forte, guarnecer
Fracionar	Fracionador	Ogum	Partir, dividir em frações, fragmentos
Fragmentar	Fragmentador	Ogum	Dividir, fazer em fragmentos, quebrar
Fraturar de;	Fraturador	Omolu	Provocam fratura em; partir qualquer osso
Fremir	Fremidor	Ogum	Bramir, gemer, bramar, rugir; vibrar, tremer
Fulminar	Fulminador	Iansã	Ferir com o raio
Fundar	Fundador	Oxalá	Construir, assentar os alicerces de; edificar, levantar
Fundir	Fundidor	Oro Iná	Derreter, liquefazer; organizar, incorporar em volume
Furar	Furador	Ogum	Fazer furo, buraco ou rombo em; romper, abrir caminho, penetrar
Fusionar	Fusionador	Iansã, Oro Iná, Oxum	Fazer a fusão de; fundir, amalgamar
Ganchar	Ganchador	Exu	Agarrar com ganchos
Garfar	Garfador	Exu	Revolver ou rasgar com garfo
Gerar	Gerador	Iemanjá	Criar, procriar, dar origem ou existência a, produzir, desenvolver, causar, lançar de si
Germinar	Germinador	Oxum	Nascer, tomar incremento ou vulto; desenvolver-se
Girar	Girador	Iansã	Andar à roda ou em giro; mover-se circularmente; circular; vaguelar em

VERBO	FATOR	ORIXÁ	AÇÃO
Graduar	Graduador	Xangô	Dividir em graus; ordenar em categorias; regular
Granular nos grãos	Granulador	Oxum	Dar forma de grânulos a; reduzir a peque-
Gravitar	Gravitador	Oxalá	Andar em volta de um ponto fixo, atraído por ele. tender
Habilitar	Habilitador	Oxóssi	Tornar hábil, apto, capaz
Harmonizar	Harmonizador	Oxum	Pôr em harmonia; congraçar, conciliar
Hierarquizar	Hierarquizador	Ogum	Organizar, segundo uma ordem hierárquica
Homogenizar	Homogenizador	Oxalá	Tornar homogêneo
Iludir	Iludidor	Exu	Causar a ilusão a; enganar, lograr, frustrar
Imanar	Imanador	Oxalá	Magnetizar
Impelir	Impelidor	Iansã	Empurrar, arremessar, dirigir com força para algum lugar
Incandescer	Incandescedor	Oro Iná	Tornar candente; pôr em brasa
Incender	Incendedor	Oro Iná	Acender, inflamar, fazer arder; afoguear, ruborizar
Incendiar	Incendiador	Xangô	Inflamar-se, excitar-se
Incinerar	Incinerador	Omolu	Reduzir a cinzas; perder o ardor, o fogo
Incitar	Incitador	Pombagira	Instigar, mover, impelir; provocar, desafiar; estimular
Inclinar	Inclinador	Exu	Desviar da verticalidade; dar obliquidade a: desviar da linha reta
Incluir	Incluidor	Oxalá	Encerrar, fechar (dentro de alguma coisa); inserir, introduzir
Incompatibilizar	Incompatibilizador	Exu	Tornar incompatível, indispor, inimizar
Incorporar	Incorporador	Oxum	Juntar num só corpo; unir, reunir, ligar
Indicar	Indicador	Ogum	Apontar, designar, mencionar
Inibir	Inibidor	Ogum	Proibir, impedir, embaraçar
Iniciar	Iniciador	Oxalá	Começar, principiar, admitir
Inovar	Inovador	Oxum	Introduzir novidades
Insensibilizar	Insensibilizador	Omolu	Tornar insensível
Integralizar	Integralizador	Ogum	Integrar, completar
Intensificar	Intensificador	Obá	Tornar intenso, intensar
Intercalar	Intercalador	Ogum	Interpor; pôr de permeio
Interromper	Interrompedor	Ogum	Romper a continuidade
Inverter	Invertedor	Exu	Voltar, virar em sentido oposto
Irizar	Irizador	Oxumaré	Matizar com as cores do arco-íris abrilhantar, matizar
Isolar	Isolador	Exu	Separar dos objetos circunvizinhos
Laçar	Laçador	Iansã	Prender com laço; atar; enlaçar

VERBO	FATOR	ORIXÁ	AÇÃO
Lacrar	Lacrador	Oxum	Fechar com lacre; aplicar lacre em;
Laminar	Laminador	Ogum	Reduzir a lâminas; chapelar
Lançar	Lançador	Iansã	Atirar com força; arremessar
Ligar	Ligador	Iansã	Atar, prender com laço
Liquefazer	Liquefazedor	Iemanjá	Reduzir a líquido; derreter
Liquescer	Liquescedor	Iemanjá	Tornar-se líquido
Magnetizar	Magnetizador	Oxalá	Comunicar o fluido magnético a;
Matinar	Matinador	Ogum	Despertar, conservar desperto; adestrar
Mensurar	Mensurador	Ogum	Determinar a medida de; medir
Mineralizar	Mineralizador	Oxum	Transformar em mineral
Mobilizar	Mobilizador	Iansã	Dar movimento a; pôr em movimento, circulação
Modelar	Modelador	Oxalá	Fazer o modelo ou o molde de; dar forma a:
Moderar	Moderador	Xangô	Regular, regrar, refrear, reger
Movimentar	Movimentador	Iansã	Dar movimento; agitar, mover
Navalhar	Navalhador	Exu	O mesmo que anavalhar
Negativar	Negativador	Exu	Tornar negativo
Neutralizar	Neutralizador	Omolu	Declarar neutro, anular, inutilizar, destruir, tornar inertes
Nivelar	Nivelador	Oxalá	Medir com o nível; aplainar
Obstruir	Obstruidor	Exu	Tapar, fechar, entupir
Ocultar	Ocultador	Exu	Não deixar ver; encobrir; esconder
Ondear	Ondeador	Oxumaré	Mover-se em ondulações; fazer ondas; serpear, ondular
Opor	Opositor	Exu	Pôr defronte de; objetar; ser contrário a;
Ordenar	Ordenador	Ogum	Pôr por ordem; regular. Dispor; determinar; conferir
Organizar	Organizador	Oxalá	Constituir, formar, arranjar, estabelecer as bases de
Orientar	Orientador	Ogum	Determinar; dirigir; encaminhar; nortear
Oscilar	Oscilador	Pombagira	Balançar-se, mover-se alternadamente em sentidos opostos; vacinar, hesitar
Pacificar	Pacificador	Oxalá	Restituir à paz, pôr em paz; tranquilizar-se
Padronizar	Padronizador	Oxalá	Servir de padrão, de modela a
Paralisar	Paralisador	Omolu	Tornar paralítico; entorpecer; suspender, neutralizar
Potencializar	Potencializador	Ogum	Tornar potente; reforçar
Purificar	Purificador	Xangô	Tornar puro; limpar, isentar
Quebrar	Quebrador	Ogum	Reduzir a pedaços; fragmentar
Racionalizar	Racionalizador	Obá	Tornar racional; tornar reflexível
Rarear	Rareador	Iansã	Tornar raro, menos denso;

VERBO	FATOR	ORIXÁ	AÇÃO
Rebaixar	Rebaixador	Omolu	Tornar mais baixo; aviltar, abater
Reduzir	Reduzidor	Oxum	Tornar menor; subjugar, submeter
Refazer	Refazedor	Oxumaré	Fazer novamente; corrigir; restaurar
Refinar	Refinador	Oxalá	Tornar mais fino
Reforçar	Reforçador	Xangô	Tornar mais forte
Reformar	Reformador	Ogum	Formar novamente; reconstruir, reorganizar
Reger	Regedor	Ogum	Governar, administrar, dirigir
Regular	Regulador	Ogum	Sujeitar a regrar; regrar; dirigir; moderar, reprimir; regularizar
Remover	Removedor	Iansã	Mover novamente; afastar; transferir, demitir
Rendar	Rendador	Pombagira	Guarnecer de renda
Rendilhar	Rendilhador	Pombagira	Ornar de rendilhas
Renovar	Renovador	Oxumaré	Tornar novo; mudar ou modificar para melhor
Reparar	Reparador	Oxalá	Notar, observar; remediar, refazer, restaurar
Repor	Repositor	Oxalá	Pôr de novo; restituir
Reprimir	Reprimidor	Omolu	Suster, conter a ação ou o movimento de; sujeitar, reter
Reproduzir	Reprodutor	Ogum	Tornar a produzir; imitar, copiar, renovar-se
Repulsar	Repulsador	Oxum	Repelir; afastar, recusar, rejeitar
Restaurar	Restaurador	Oxalá	Recuperar, reconquistar; reparar, concertar, recomeçar
Reter	Retedor	Ogum	Segurar, ter firme; deter, conter, refrear
Retornar	Retornador	Logunã	Regressar, voltar, restituir; fazer voltar, tornar
Retrair	Retraidor	Oxalá	Puxar a si; recolher; recuar; impedir, afastar-se
Reunir	Reunidor	Oxalá	Tornar a unir; conciliar, harmonizar
Reverter	Revertedor	Logunã	Regressar; voltar, retroceder
Revolver	Revolvedor	Iansã	Volver muito, agitar, remexer, misturar, girar
Romper	Rompedor	Ogum	Partir, despedaçar, estragar, rasgar; abrir à força
Sanear	Saneador	Obaluaiê	Tornar são, habitável ou respirável, curar, sarar, sanar
Saturar	Saturador	Oxalá	Fartar, encher, saciar
Secar	Secador	Omolu	Enxugar, tirar ou fazer evaporar a umidade; esgotar, estancar
Sedimentar	Sedimentador	Obaluaiê	Formar sedimento
Seduzir	Sedutor	Pombagira	Fazer cair em erro; iludir
Segmentar	Segmentador	Exu	Dividir em segmento
Segregar	Segregador	Exu	Pôr de lado; separar; expelir, isolar
Sensualizar	Sensualizador	Pombagira	Tornar sensual; incitar aos prazeres sensuais
Sensibilizar	Sensibilizador	Oxum	Tornar sensível, comover, abrandar o coração a

VERBO	FATOR	ORIXÁ	AÇÃO
Separar	Separador	Exu	Desunir, apartar, dividir, isolar
Setuplicar	Setuplicador	Oxalá	Multiplicar por sete; tornar sete vezes maior
Sextuplicar	Sextuplicador	Xangô	Tornar seis vezes maior
Sextavar	Sextavador	Xangô	Talhar em forma sextangular; dar seis faces a
Soldar	Soldador	Oxum	Unir com solda; fazer unir, cerrar
Solidificar	Solidificador	Oxalá	Tornar sólido; congelar
Solubilizar	Solubilizador	Oxumaré	Solubilizar uma substância, torná-la solúvel
Sublimar	Sublimador	Oxalá	Elevar a grande altura; purificar; exaltar
Tecer	Tecedor	Iansã	Entrelaçar, fazer (teias), urdir, tramar, trançar; entabular
Temporalizar	Temporalizador	Logunã	O mesmo que secularizar
Temporizar	Temporizador	Oxalá	Demorar, retardar, adiar, contemporizar
Tragar	Tragador	Oxaguiã	Devorar; engolir avidamente; absorver
Trancar	Trancador	Ogum	Frechar, segurar, travar com tranca, prender, enclausurar
Tranqueirar	Tranqueirador	Exu	Pôr tranqueira em; atravancar
Transferir	Transferidor	Ogum	Deslocar; fazer passar; ceder, transmitir, mudar
Transmutar	Transmutador	Obaluaiê - Nanã	Transformar, converter, transferir
Tremular	Tremulador	Iansã	Mover, agir, vibrar, agitar
Trifurcar	Trifurcador	Exu	Dividir em três ramos ou parte
Trincar	Trincador	Exu	Cortar, partir com os dentes; morder, picar, mastigar
Tumulizar	Tumulizador	Exu	Tumular, sepultar
Vigorizar	Vigorizador	Exu	Dar vigor a; fortalecer; vigorar
Virar	Virador	Logunã	Volver, voltar; mudar de um lado para outro a direção ou a posição de
Vitalizar	Vitalizador	Oxalá	Restituir à vida; dar nova vida a
Vivificar	Vivificador	Oxalá	Dar a vida a; reanimar; reviver
Voltar	Voltador	Logunã	Ir, regressar; tornar, recomeçar

O Simbolismo das Cores

Na Umbanda, as cores têm uma importante função de simbolizar os mistérios ou de identificarem as irradiações divinas sob as quais atuam os guias espirituais.

As cores se prestam a várias associações e, após conhecê-las, é possível interpretar os mistérios manifestados por elas em suas ações durante os trabalhos.

As associações são discutíveis porque depende do interpretador e do que ele acredita que é ou não é.

Portanto, alertamos os nossos leitores que poderão encontrar outras associações e ficarem em dúvida sobre qual será a certa e qual será a errada. Então, como não temos como provar o que dizemos, deixamos ao seu critério a escolha.

COR	ORIXÁ	ELEMENTO
Branco	Oxalá	Cristal
Verde	Oxóssi	Vegetal
Azul-claro	Iemanjá	Água
Azul-índigo	Ogum	Ar
Azul-turquesa	Oxumaré	Água-mineral
Azul-profundo	Logunã	Cristal
Amarelo	Iansã	Ar
Laranja	Oro Iná	Fogo
Vermelho	Xangô	Fogo
Marrom	Xangô-Oro Iná	Fogo
Magenta	Obá	Terra
Rosa	Oxum	Mineral-água
Violeta	Obaluaiê	Terra-água
Lilás	Nanã Buruquê	Água-terra
Roxo	Omolu	Terra

As cores também podem ser associadas aos sentidos:

COR	SENTIDO
Branco	Fé
Verde	Conhecimento
Azul-claro	Geração
Azul-índigo	Lei
Amarelo	Lei
Roxo	Geração
Violeta	Evolução
Lilás	Evolução
Rosa	Amor
Azul-turquesa	Amor
Magenta	Conhecimento
Azul-profundo	Tempo
Vermelho	Justiça
Laranja	Justiça

Mas também podemos associar as cores às suas funções

COR	FUNÇÃO
Branco	Harmonia, paz, fraternidade, etc.
Verde	Fartura, saúde, esperança
Rosa	Amor, gestação, etc.
Dourado	Riqueza, prosperidade, etc.
Amarelo	Esperança, crescimento, perseverança, etc.
Violeta	Saúde, paz, tranquilidade, etc.
Vermelho	Vigor, força, ação, etc.
Azul-escuro	Concentração, caráter, determinação, etc.
Azul-claro	Maternidade, amparo, compreensão, etc.
Laranja	Agitação, movimento, energia, etc.
Magenta	Razão, estabilidade, firmeza, etc.
Lilás	Carinho, ternura, maturidade, etc.
Roxo	Estabilidade, racionalismo, etc.

A Geometria Sagrada da Umbanda

As formas geométricas ou símbolos sagrados da Umbanda são os mesmos que estão espalhados em muitas religiões, e alguns deles são tão antigos que ninguém pode afirmar com exatidão quando começaram a adquirir significados religiosos.

Como podemos vê-los em outras religiões, ainda que recebam nelas outras interpretações, vamos dar-lhes o significado oculto na Umbanda:

O Triângulo: em muitas interpretações o triângulo simboliza o equilíbrio, noutras significa a trindade, etc.

Mas, à parte estes significados, o fato é que existe na criação um fluxo de ondas vibratórias que formam o que denominamos irradiação divina equilibradora da criação.

Esta irradiação tem por função equilibrar tudo o que Deus emanou de si, formando o "mundo manifestado".

Como é uma irradiação, então ela forma o que chamamos de vibração divina e, como tal, ela flui na criação em todos os graus vibracionais existentes.

Logo, não há só um triângulo pois, a cada grau vibracional, temos um novo e com um diferente grau de abertura.

Estas aberturas dos vértices diferenciam uns dos outros e destinam-se a equilibrar diferentes campos da criação.

Um equilibra a fé, outro equilibra a razão, outro equilibra o amor, etc.

Como na circunferência, que representa o todo, temos 360°, então teríamos de dar aqui muitos triângulos, tornando inviável este livro básico e didático.

Portanto, vamos nos limitar à descrição das sete irradiações ou linhas de Umbanda Sagrada e seus triângulos correspondentes, cujas funções mais se destacam para nossos propósitos.

Na irradiação da fé, regida por Oxalá e Logunã, temos um triângulo de 60° que se forma a partir do ponto central de sua mandala equilibradora.

A irradiação equilibradora da fé parte de um ponto central e quando ela se sobrecarrega, essa onda inicial se abre em cinco outras cortando a circunferência em seis partes.

E gera esta mandala. Observem:

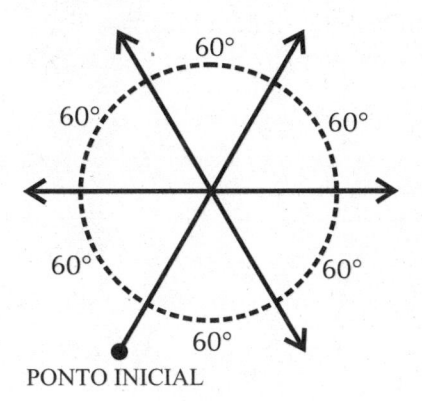

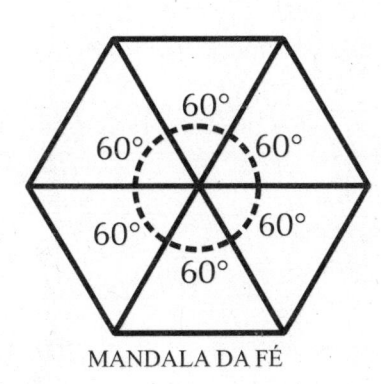

PONTO INICIAL

MANDALA DA FÉ

O triângulo da fé é este:

Se desdobrarmos esta onda vibratória equilibradora da fé, teremos uma tela vibratória equilibradora da fé, cujo orixá regente é Oxalá.

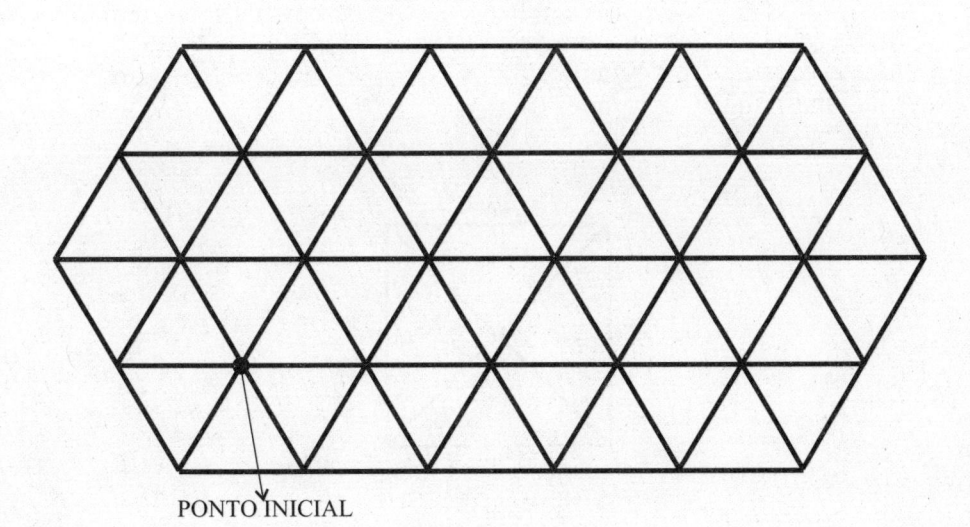

PONTO INICIAL

Ou seja: de um ponto inicial partem seis raios com abertura de 60° entre si e cada um, após percorrer uma certa distância, abre-se em outros cinco, formando uma mandala sextavada ou com seis lados iguais.

Na bússola, teríamos ± isto:

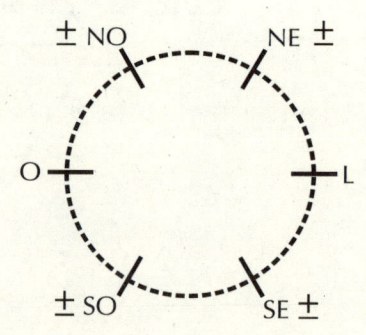

Já a irradiação equilibradora da razão ou da justiça, regida por Xangô, forma triângulos com 90° de abertura no vértice e uma mandala quadrada.

Vamos a ela:

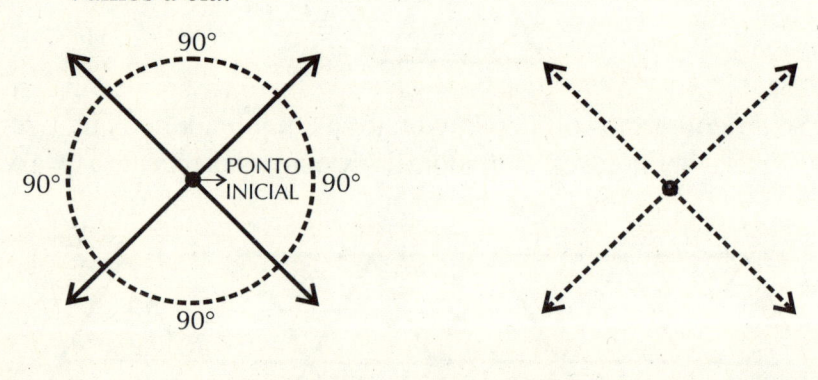

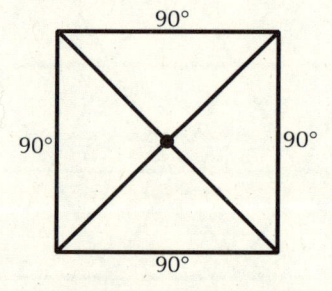

MANDALA DA JUSTIÇA

O triângulo da justiça é este:

Na bússola tem exatamente isto:

NO NE
SO SE

Tela Vibratória Equilibradora da Razão

PONTO INICIAL

Onda Vibratória Equilibradora da Razão

PONTO INICIAL

DESDOBRAMENTO

Na irradiação do conhecimento, regida por Oxóssi, que atua sobre o raciocínio e o aprendizado, o seu triângulo equilibrador tem a abertura de 40° e do ponto central partem nove raios, dividindo a circunferência em nove partes, formando a mandala equilibradora no sentido do conhecimento.

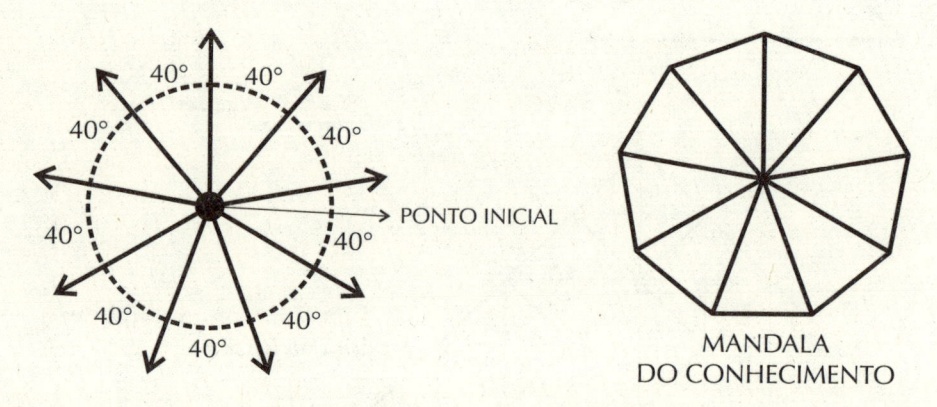

MANDALA DO CONHECIMENTO

O triângulo do conhecimento é este:

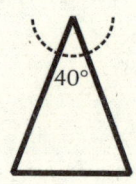

Na bússola é só sobrepor um raio no norte (N) e os outros a cada 40° de abertura de vértice a partir do centro.

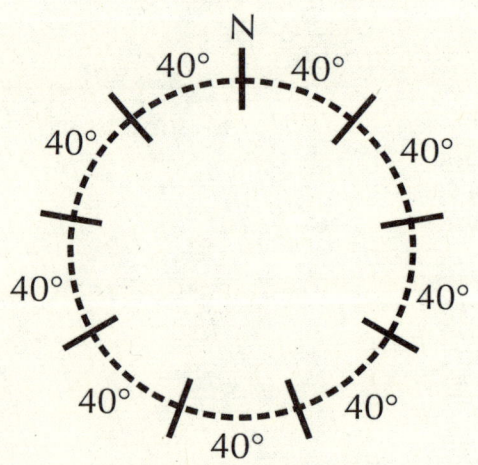

Irradiação do Conhecimento:

Tela Vibratória Sustentadora do Conhecimento:

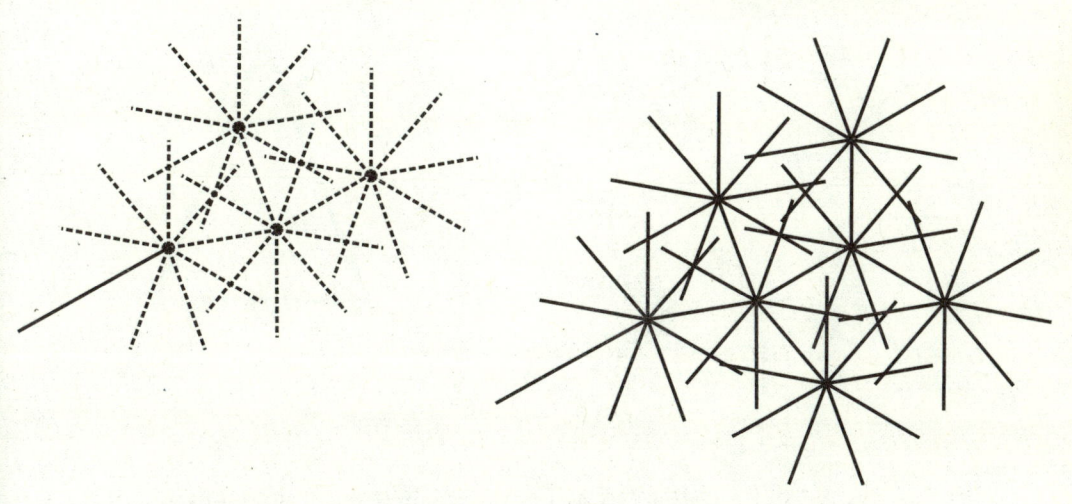

Na irradiação da Lei regida por Ogum, que atua como ordenadora de tudo o que Deus criou, a circunferência é dividida por oito raios, cujos ângulos de abertura são de 45°.

Na circunferência, temos isto:

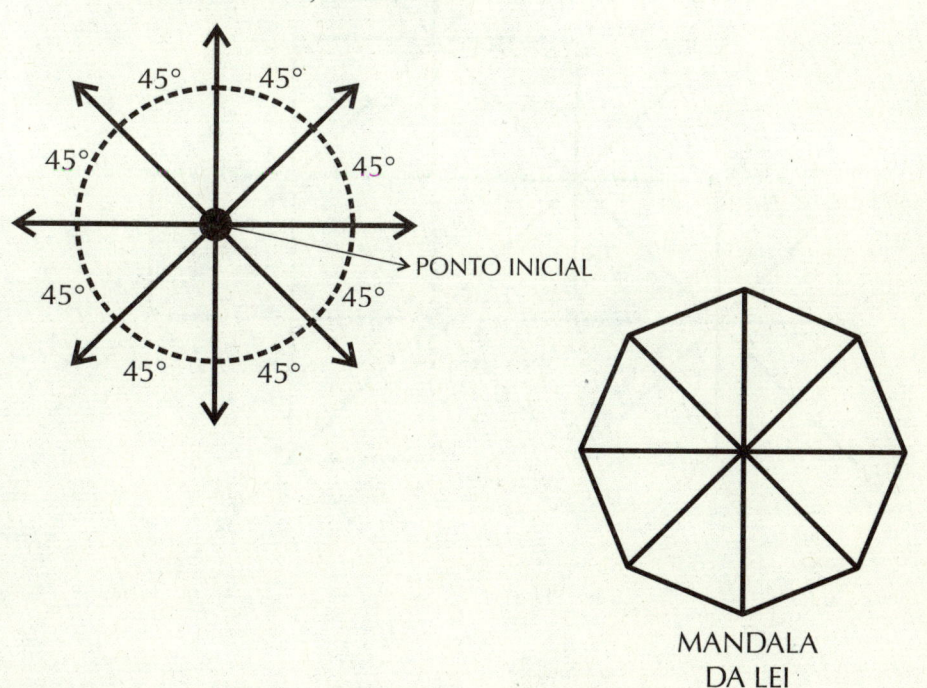

PONTO INICIAL

MANDALA DA LEI

Na bússola, temos isto, exatamente:

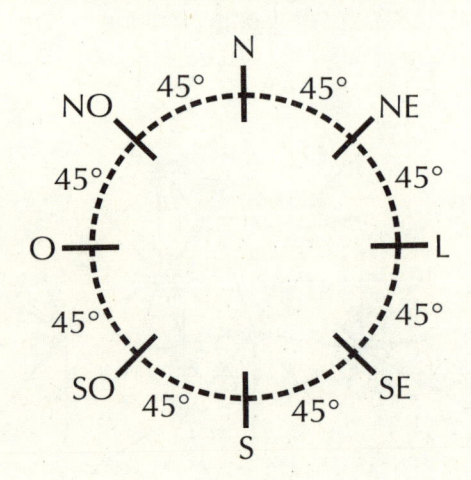

O triângulo equilibrador da lei é este:

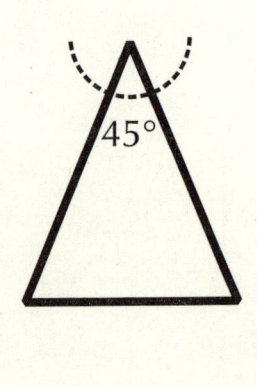

A Irradiação Equilibradora da Lei flui assim, a partir do ponto inicial:

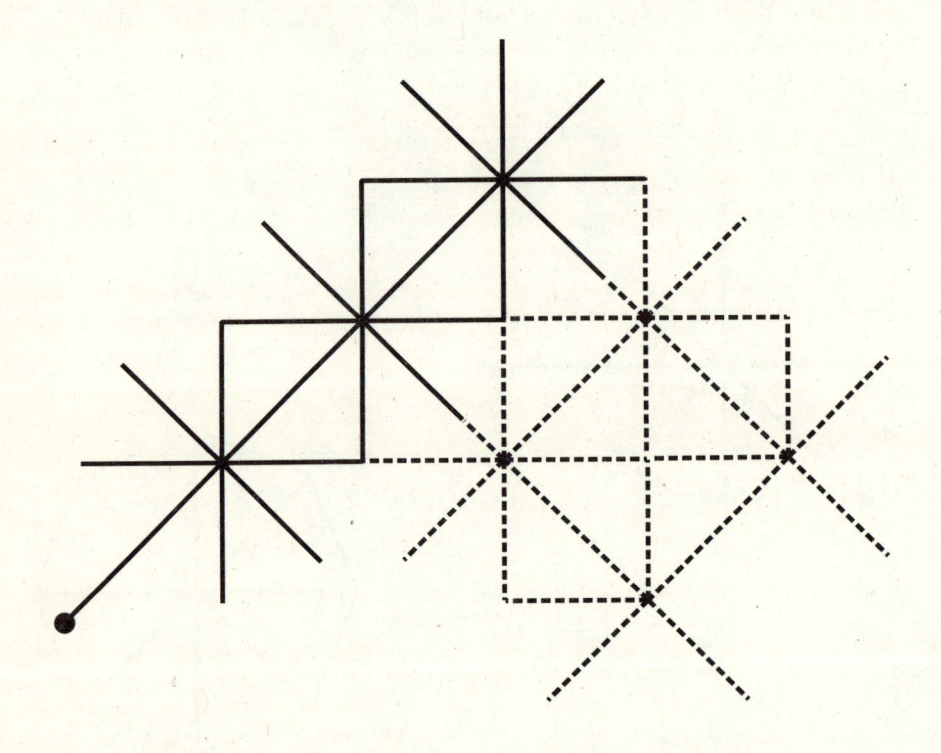

A Tela Vibratória Equilibradora é esta:

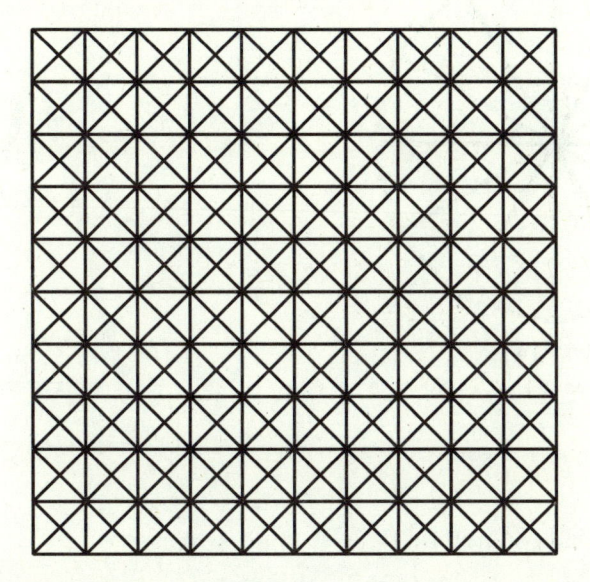

Na irradiação da evolução, regida por Obaluaiê, que atua como evolucionador de tudo o que Deus criou e emanou de si, a sua irradiação equilibradora divide a circunferência em doze partes e seu triângulo equilibrador tem 30° de abertura em seu vértice norteador.

Na circunferência temos isto:

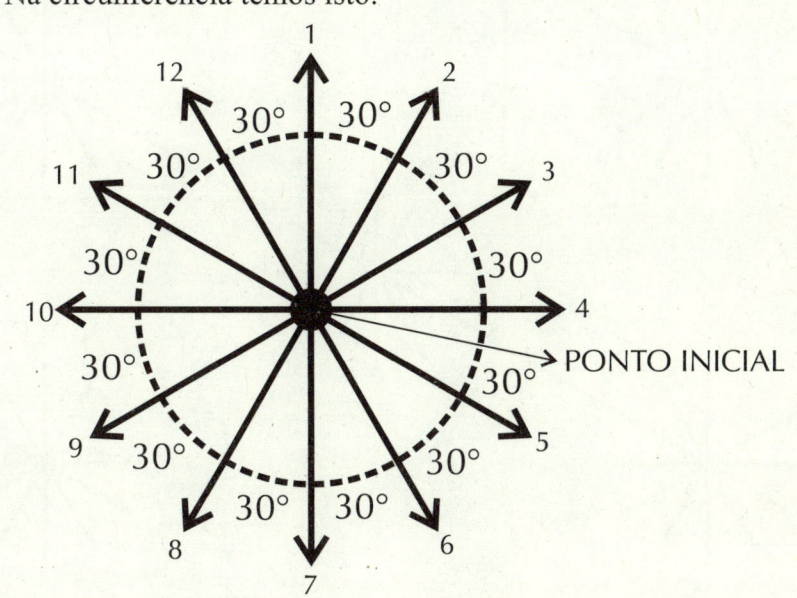

MANDALA
DA EVOLUÇÃO

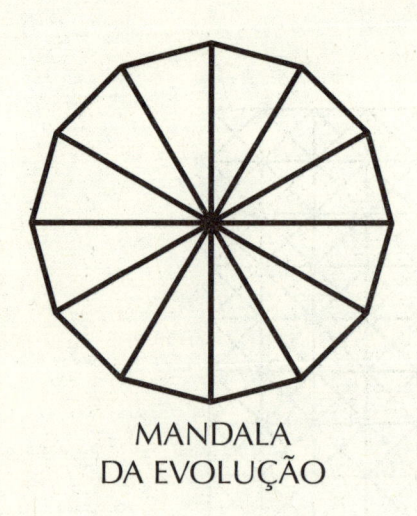

O seu Triângulo Equilibrador da Evolução é este:

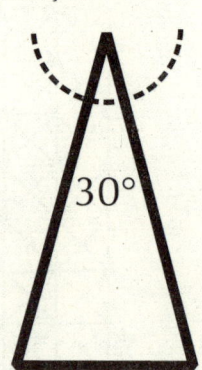

30°

A sua Onda Vibratória flui e se multiplica assim:

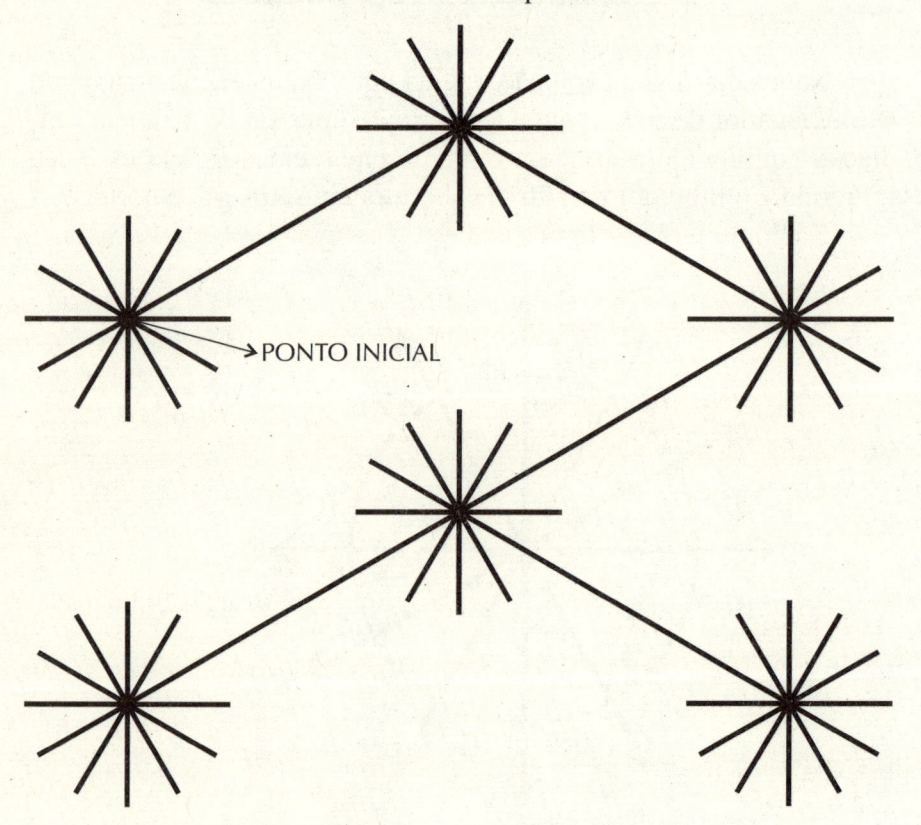

→ PONTO INICIAL

A sua tela não é tão difícil de ser construída.

Na Irradiação da Geração regida por Iemanjá, que atua sobre o criacionismo e a geratividade, o seu triângulo de equilíbrio tem 51,42° de abertura em seu vértice. Assim, do ponto central da circunferência partem sete raios, dividindo-a em sete partes iguais.

Então, temos isto:

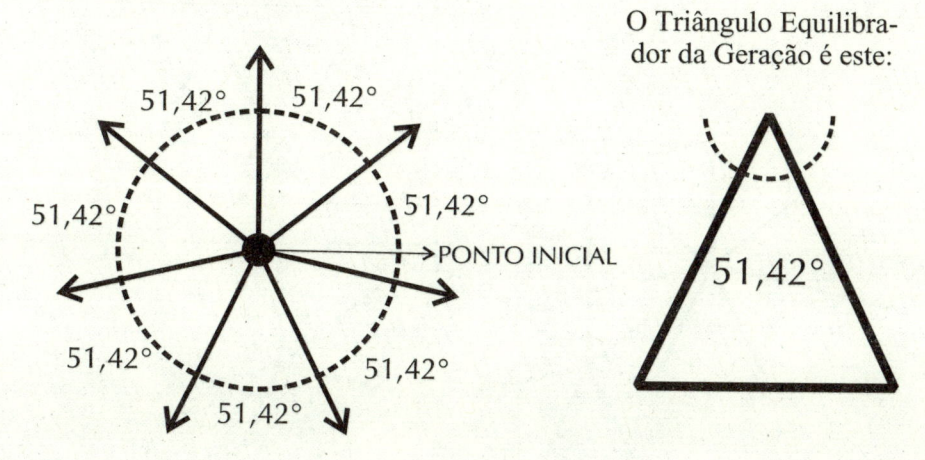

O Triângulo Equilibrador da Geração é este:

A Mandala da Geração é esta:

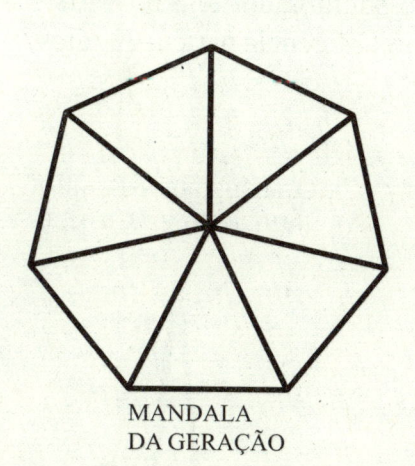

MANDALA
DA GERAÇÃO

Na bússola, temos isto:

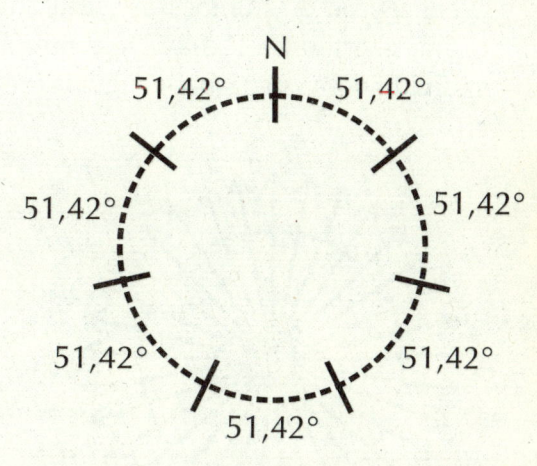

Cada uma de suas Ondas Vibratórias, partindo do ponto inicial, flui assim:

Sua Tela Vibratória Equilibradora é esta:

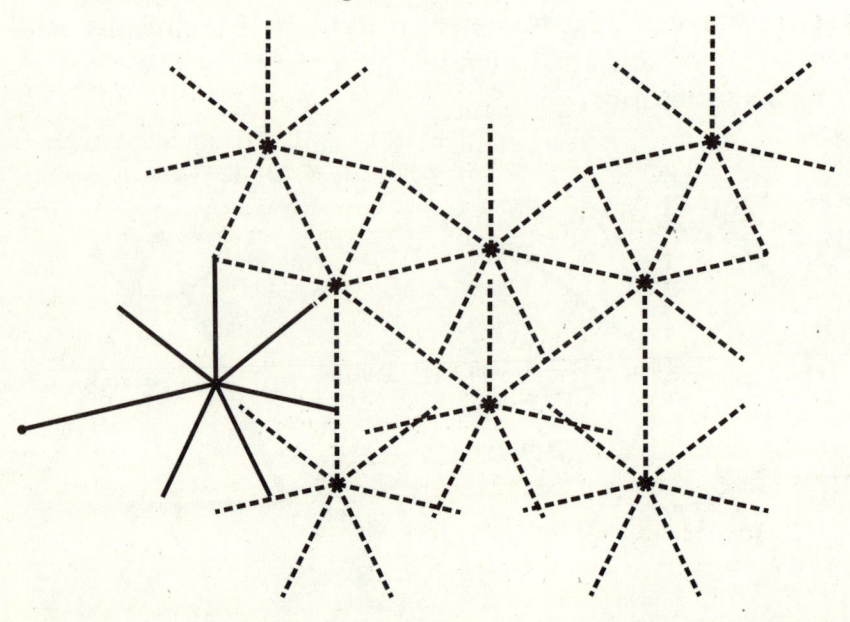

Na Irradiação do Amor, regida por Oxum, que atua sobre a concepção e as uniões, o seu triângulo equilibrador tem no vértice uma abertura de 10,90º. Do centro da circunferência partem 33 raios, dividindo-a em 33 partes iguais.

O Triângulo de Equilíbrio do Amor é este:

A Geometria Sagrada da Umbanda 183

A sua Mandala é esta:

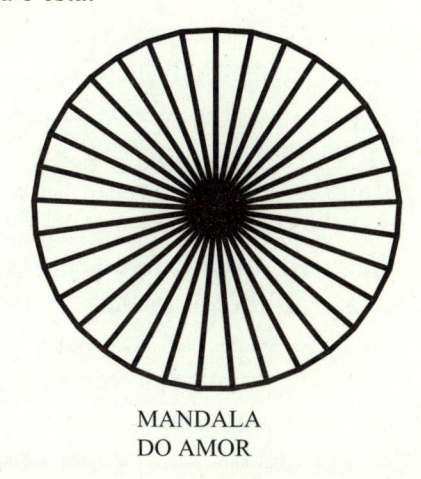

MANDALA
DO AMOR

O crescimento da sua Tela Vibratória é este:

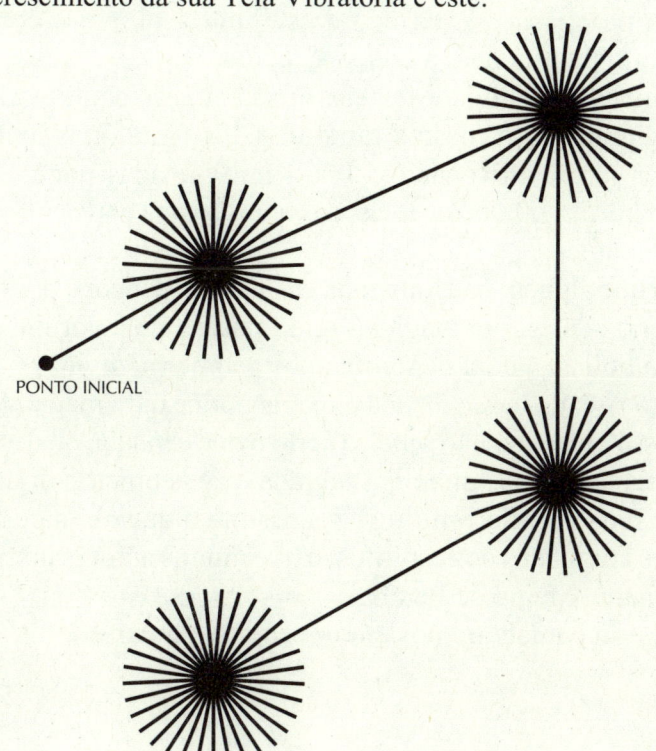

PONTO INICIAL

Lembramos de que é impossível fazer graficamente o cruzamento de seus raios formadores da tela porque cada um dos 33 raios emitidos pelo primeiro ponto, na segunda multiplicação chegam a 1.089 raios, e na terceira multiplicação chegam a 35.937 raios.

O espaço que temos aqui é pequeno e precisaríamos de vários metros quadrados para fazer a terceira multiplicação, quando ficaria visível a mais bela tela vibratória divina, regida por Oxum, Trono do Amor, assim como ficariam visíveis tantos cruzamentos, dos quais saem os signos mágicos equilibradores desse orixá.

Saibam que muitos dos pequenos "riscos" colocados pelos guias espirituais de Umbanda são provenientes desta e das outras telas vibratórias divinas existentes na criação.

Se só esta tela vibratória de Oxum, que é a sua tela equilibradora da concepção, já nos fornece cerca de 777 signos mágicos, então imaginem a soma de todos os signos mágicos existentes, se já foram identificados cerca de onze mil ondas vibratórias com modelos de fluir diferentes, gerando telas vibratórias, cada uma com uma função específica na criação, e, tal como esta tela equilibra a concepção, outras geram ou ordenam a concepção, etc.

Imaginem a infinidade de telas se só a função equilibradora gera tantos triângulos, e o mesmo tanto de telas vibratórias, então cada função das já identificadas (11.000) multiplicadas por trezentos e sessenta darão 3.960.000 de telas, das quais saem centenas de milhões de signos mágicos.

Será que alguém na Umbanda, em são consciência, pode afirmar que é "dono" da escrita mágica sagrada usada nela por meio da sua escrita simbólica, à qual denominamos geometria divina?

Ponto riscado na Umbanda é magia pura e pura magia. E só desconhece isso quem, ou não sabe ao certo o que é magia, ou desconhece a existência da magia simbólica sagrada e da geometria divina como ramos de uma ciência espiritual vastíssima e que abrange todos os campos de atividades dos espíritos, e que muitos autores umbandistas a denominam "Magia de Pemba".

Mas isso comentaremos em um capítulo à parte.

O Ponto Riscado da Umbanda

Desde o seu início com Zelio de Moraes a Umbanda recorreu à magia sagrada simbólica e os guias espirituais já riscavam seus pontos, que podiam ser de descarga, de firmeza, de proteção, de repulsão, de concentração de poderes, de identificação, etc.

O uso criou uma verdadeira heráldica umbandista porque os pontos riscados dos guias diferia da magia cabalística já existente há séculos e facilmente comprovada em livros de autores estrangeiros, escritos antes do advento da Umbanda.

Nos pontos cabalísticos deles, usavam-se signos astrológicos, letras do alfabeto hebraico ou de antigos alfabetos mágicos, números, símbolos e signos mágicos simbólicos.

E, se todos os descreviam como poderosos, e o são até hoje, no entanto os pontos riscados umbandistas também o eram e sempre serão porque estão fundamentados na escrita sagrada simbólica, que sempre existiu e existirá... e ninguém poderá arvorar-se em seu dono porque ela é um bem universal possível de ser usada por quantos dela tiverem conhecimento e souberem como usá-la em seu benefício.

Observem que aqui, neste livro, estamos desde o seu início conduzindo-os a este capítulo, pois elementos, cores, fatores, ondas vibratórias, poderes, forças, Deus e suas divindades estão na escrita mágica umbandista, formando um genuíno tratado mágico para a Umbanda.

A ciência do ponto riscado é o que é: uma ciência divina, e só quem a conhece e nela foi iniciado pode dizer-se possuidor de uma ou duas mãos de pemba.

Uma "mão de pemba" significa no linguajar umbandista que foi iniciado na escrita mágica simbólica sagrada da mão direita ou da mão esquerda ou seja: está autorizado a ativar os poderes das sete irradiações à direita ou á esquerda através de pontos riscados com as mais diversas finalidades.

Ser iniciado nas duas mãos significa que tanto pode riscar pontos da direita quanto da esquerda com a mesma funcionalidade.

A dinâmica da magia riscada umbandista obedece à de todas as magias: abrir um espaço mágico e, após ativar forças e poderes dentro dele, desencadear um trabalho específico que atenderá a quem o criou e ativou.

Se há pessoas que foram iniciadas e seus pontos riscados funcionam, no entanto os que os guias riscam funcionam melhor, porque eles conhecem a ciência divina e o mistério por trás deles, assim como sabem o exato significado de cada risco, signo e símbolo que inserir.

Quanto a nós, os seus beneficiários, às vezes copiávamos esses mesmos sinais mágicos e não sabíamos seus significados ou que poderes estavam ativando e que funções realizavam após serem ativados pelos seus riscadores.

Na magia, em muitas das formas existentes para praticá-la e usufruírem do seu poder, são criados os espaços mágicos onde ela realizará seu trabalho.

Muitos são os tipos de espaços mágicos e todos podem ser construídos com o uso dos mais variados elementos encontrados no que denominamos por natureza:
— Água
— Terra
— Vegetais
— Cristais
— Minerais
— Fogo, etc.

Os espaços podem ter as mais diversas formas geométricas. Eis algumas:

— Espaço mágico triangular — fazer um triângulo
— Espaço mágico cruzado — fazer uma cruz
— Espaço mágico estrelado — fazer uma estrela
— Espaço mágico pentagonal — fazer um pentágono
— Espaço mágico hexagonal — fazer um hexágono
— Espaço mágico septagonal — fazer um septágono
— Espaço mágico octagonal — fazer um octágono
— Espaço mágico eneagonal — fazer um eneágono
— Espaço mágico raiado — do centro, partir raios
— Espaço mágico circular — fazer um círculo
— Espaço mágico entrelaçado — fazer um entrelaçamento

Os espaços mágicos acima estão dentro da geometria sagrada e são os que têm sido usados nas mais diversas magias elementais já criadas no decorrer dos tempos, ainda que existam mais figuras geométricas a serem exploradas.

Os mais usados na Umbanda têm sido os espaços mágicos em triângulos, em cruz e em círculo.

Mas, se observarem os livros de pontos riscados dos guias de Umbanda, verão o uso de outros delimitadores além dos que aqui comentamos.

Observem as linhas que se cruzam e verão isto:

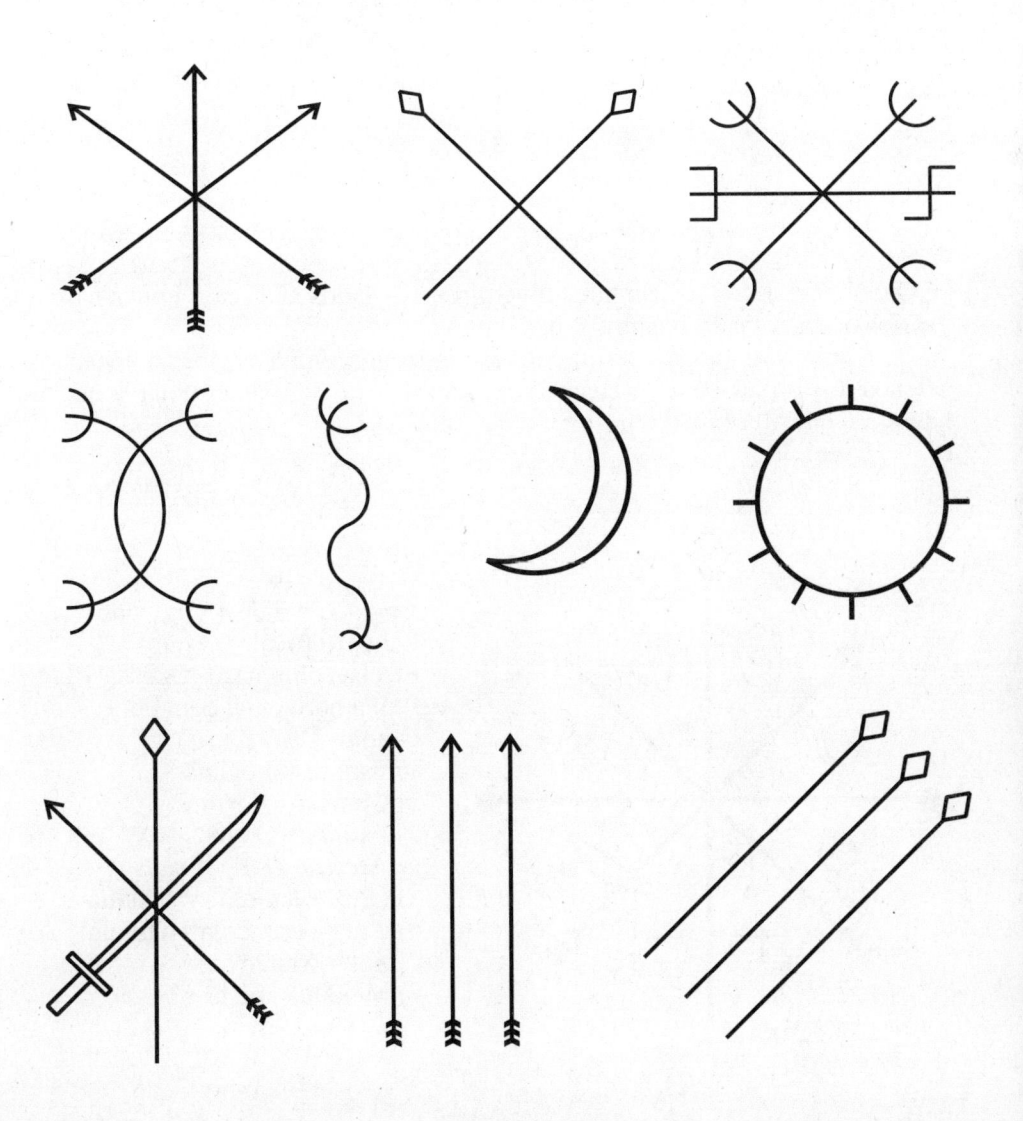

Quando colocam os riscos assim, estão criando espaços mágicos hexagonais:

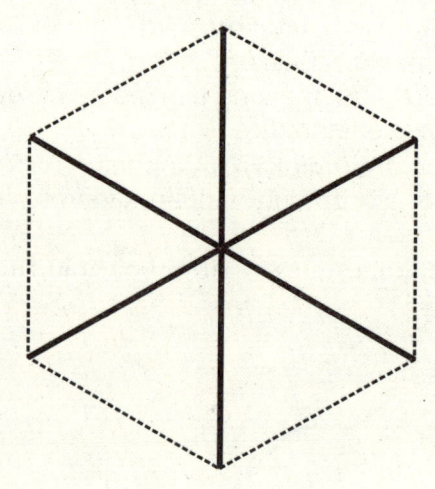

E, mesmo na abertura de um espaço mágico hexagonal, só o perfeito (com os seis lados e ângulos iguais) está definido e sabemos que seu regente é Oxalá pois, se os seis ângulos divergirem, os lados não serão iguais e aí vários orixás estarão regendo o hexágono.

Como os graus de abertura nunca são exatos, então os guias colocam signos dos orixás para destacar a regência deles e para determinar o que desejam que ali se realize.

Exemplo:

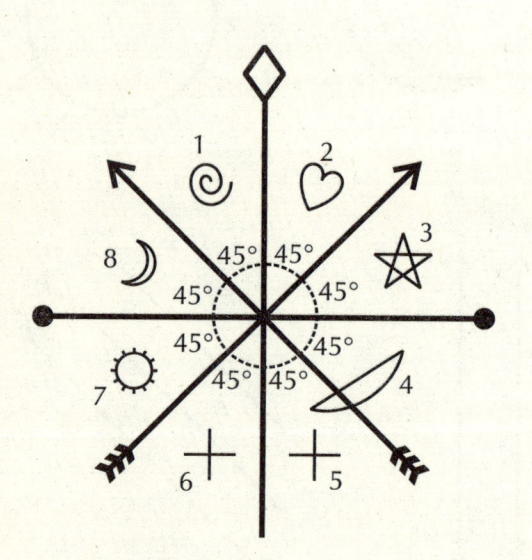

Ângulos = 8 de 45° = Ogum
Lança vertical = Ogum
Flechas oblíquas = Oxóssi
Linha horizontal com bolas = Omolu
1) Espiral = Logunã
2) Coração = Oxum
3) Estrela = Oxalá
4) Arco de 180° = Oxalá
5) Cruzes à direita = Obaluaiê
6) Cruz à esquerda = Omolu
7) Sol = Xangô
8) Meia lua aberta = Nanã

Quando colocam os riscos estão criando espaços mágicos não inscritos: Senão, observem:

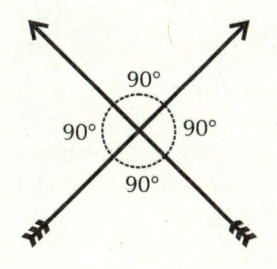

Espaço mágico quadrangular, de um guia espiritual de Oxóssi atuando na irradiação de Xangô (90°).

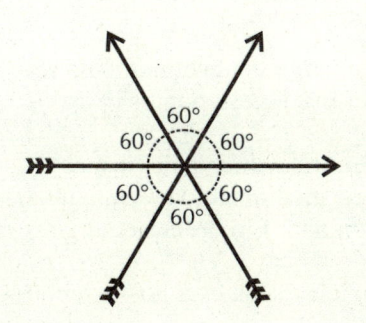

Espaço mágico hexagonal com seis lados iguais (ângulos com abertura de 60° graus. E um guia espiritual de Oxóssi (flechas retas) atuando na irradiação de Oxalá.

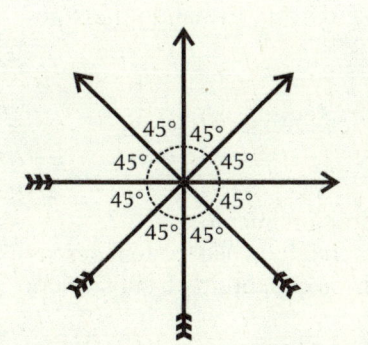

Espaço mágico octogonal com oito lados iguais (ângulos com 45° de abertura. É um guia espiritual de Oxóssi atuando na irradiação de Ogum.

Está bom, até aqui recorremos a espaços mágicos perfeitamente identificáveis. Mas e quando eles riscam isto?

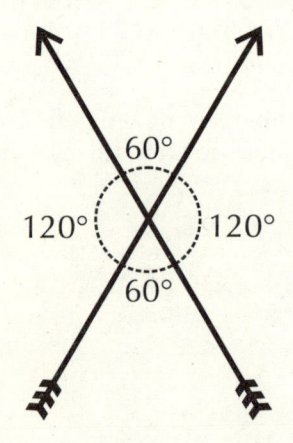

Se o ângulo de 60° é de Oxalá e o de 120° é de Nanã Buruquê, então a regência é dupla e Oxalá está regendo o trabalho no alto e no embaixo e Nanã está regendo o trabalho na direita e na esquerda, pois a abertura de ângulo dele está na linha norte-sul e a dela está na linha leste-oeste.

Parece complicado, não é mesmo?

Mas é complicado mesmo quando não se tem o conhecimento da regência dos graus na circunferência. Logo, fazer livros com pontos riscados de Umbanda é fácil, bastando copiá-los ou criá-los.

Agora, interpretá-los, aí é uma questão de conhecimento dessa magnífica ciência divina. E, até onde temos visto, ele é inédito tanto na Umbanda quanto em todas as outras religiões, mágicas ou não. Em ordens ocultistas ou não, etc.

Lembrem-se que a disposição das linhas ou riscos está nos dizendo quem rege tal espaço mágico.

E, além disso, espaços mágicos riscados dentro de círculos são concentradores e absorvedores.

Já os não contidos por um círculo são irradiadores e dispersadores.

Quanto aos signos inseridos neles, aí o guia está firmando mais poderes, forças e funções.

— Poder = divindades. Ex.: ✡ = Justiça Divina
— Força = Elementos

— Função = Funções. Ex.: ↗ = Direcionamento

Obs.: quanto aos elementos, seus signos mágicos não podem ser revelados ao plano material e os guias espirituais os encobrem ou substituem usando água, velas, pedras, flores, ervas, etc.

O poder e a força podem ser revelados. Agora, quanto aos seus signos, há uma proibição severa dos regentes da magia riscada impedindo que eles sejam revelados ao plano material.

Quanto aos signos astrológicos alusivos aos elementos, são o que são: alusões! São uma convenção humana que os antigos magos criaram para não quebrar uma proibição da lei dos mistérios.

Círculos, cruzes ou triângulos feitos com elementos diversos (água, pedras, ervas, sementes, etc., funcionam da mesma forma que os pontos riscados porque devem ser distribuídos criando os espaços mágicos com os quais se deseja trabalhar.

Tudo isto está sendo feito o tempo todo pelos guias espirituais ou pelos médiuns e só não vê quem não tem as chaves interpretativas da Magia de Umbanda.

Abaixo damos uma tabela com os orixás mais conhecidos, em quantas partes dividem a circunferência e o ângulo de abertura dos seus triângulos.

Sabendo-se o grau de abertura de ângulo do triângulo de cada orixá

Orixá:	Divide a circunferência em:	Ângulo de abertura:
Logunã	2 partes	Ângulo de 180°
Nanã	3 partes	Ângulo de 120°
Xangô	4 partes	Ângulo de 90°
Oxalá	6 partes	Ângulo de 60°
Iemanjá	7 partes	Ângulo de 57,42°
Ogum	8 partes	Ângulo de 45°
Oxóssi	9 partes	Ângulo de 40°
Obá	10 partes	Angulo de 36°
Obaluaiê	12 partes	Ângulo de 30°
Omolu	13 partes	Ângulo de 27,69°
Iansã	21 partes	Ângulo de 17,14°
Oro Iná	24 partes	Ângulo de 15°
Oxum	33 partes	Ângulo de 10,9°
Oxumaré	72 partes	Ângulo de 5°
Exu	360 partes	Ângulo de 1°

em suas funções equilibradoras podemos identificar qual ou quais deles estão atuando no ponto riscado de um guia de Umbanda. E, caso não seja possível medir o ângulo, observem os signos colocados entre os riscos ou na ponta deles, que fica fácil.

Saibam também que há uma sutil diferença entre signos aparentemente iguais, tais como as existentes entre estes:

┼ = Cruz Estabilizadora   ┼ = Cruz Equilibradora

╬ = Cruz Estabilizadora de Oxalá

┤┼ = Cruz Elevacionista de Xangô (90°)

╱┼ = Cruz Elevacionista de Nanã (120°)

┤╲ = Cruz Estabilizadora de Omolu

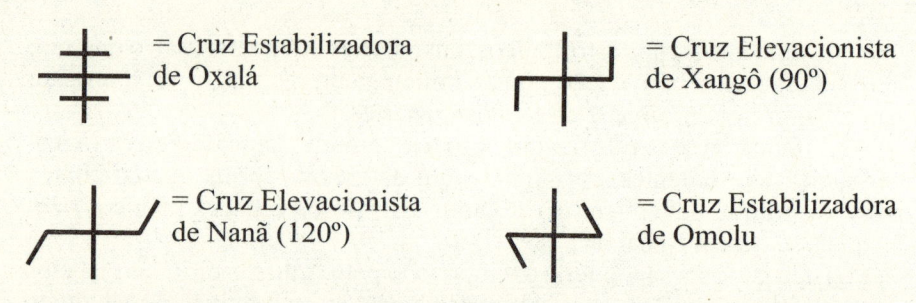

Como tomamos a função equilibradora dos orixás e, através dos seus triângulos, determinamos os seus graus, saibam que com todas as funções os mesmos graus se aplicam.

Se não, vejamos:

Quem já viu um ponto riscado de Exu saberá do que estamos falando:

A onda vibratória estabilizadora da criação tem uma forma de fluir só sua e forma ângulos que determinam a quem ela pertence e está regendo a ação nos pontos riscados por eles:

Observem isto:

Onda Vibratória Estabilizadora:

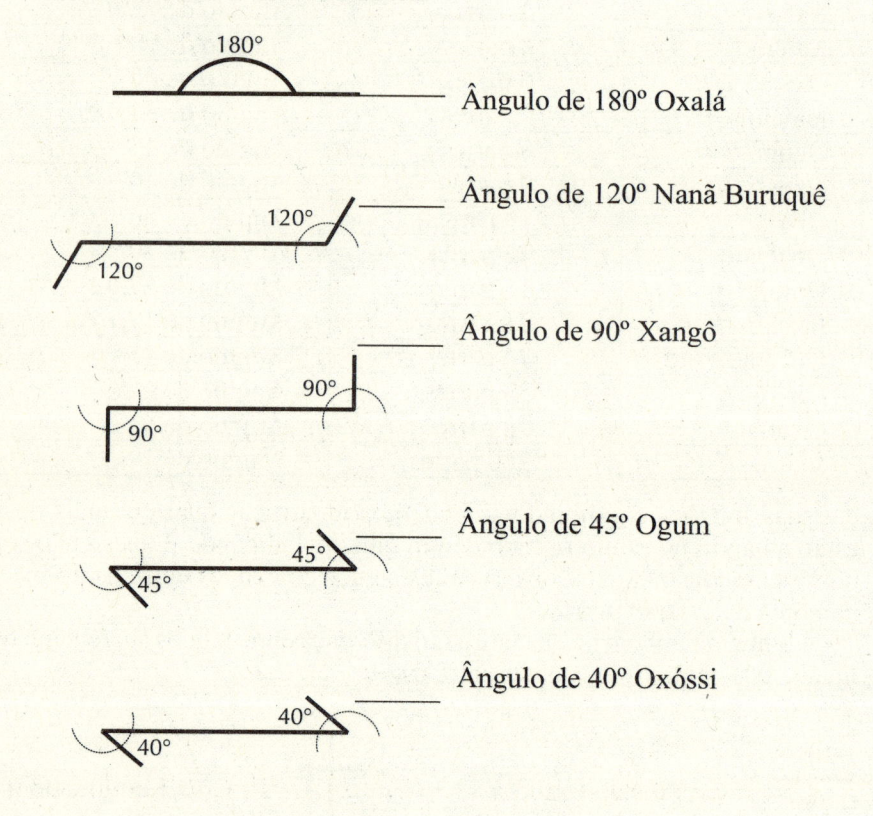

Ângulo de 180° Oxalá

Ângulo de 120° Nanã Buruquê

Ângulo de 90° Xangô

Ângulo de 45° Ogum

Ângulo de 40° Oxóssi

Tridentes de Exus

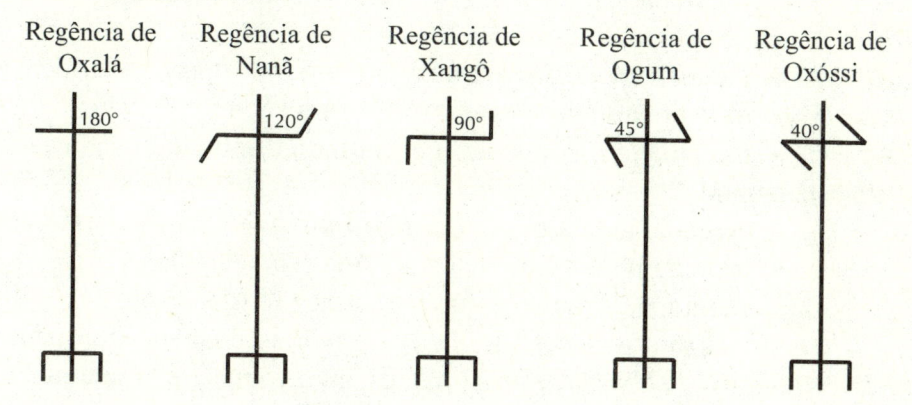

Regência de Oxalá	Regência de Nanã	Regência de Xangô	Regência de Ogum	Regência de Oxóssi
180°	120°	90°	45°	40°

Será que todos os tridentes, que são símbolos tripolares, estão assumindo um significado compreensível aos nossos leitores?

E estes signos atemporais nas suas regências?

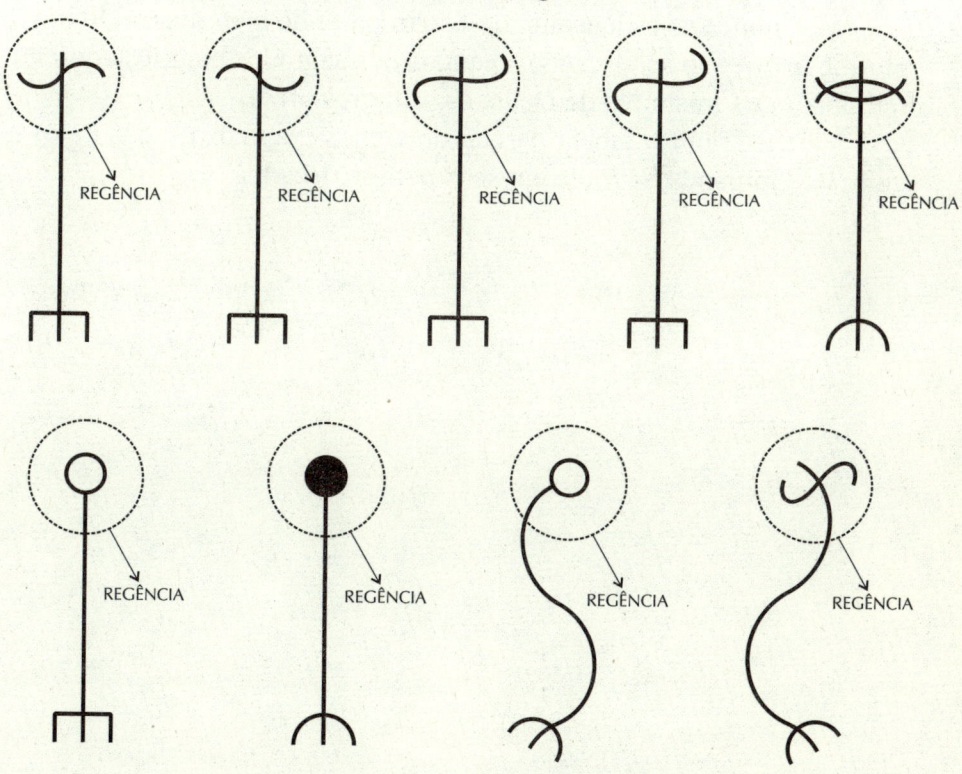

Será que são todos iguais?

Afinal, Exu não atua por si só e precisa de uma regência em sua escrita mágica sagrada simbólica.

E para a abertura de ângulo ou a curvatura dos próprios tridentes? Alguém já atentou para esse detalhe para saber em qual campo os Exus estão atuando, já que a regência indica sob qual irradiação ele está atuando?

— A regência indica de "quem" é o Exu.

— O tridente indica em que campo ele está atuando.

Interessante, não? ou será que isso nunca lhes ocorreu?

Os signos são "pedaços" de ondas vibratórias, e sabendo de quem são os ângulos de abertura, suas funções, etc., com certeza será mais fácil a leitura dos pontos riscados de Umbanda.

A partir daqui, terão uma gama de signos mágicos e é muito difícil não encontrarem nessas tabelas os signos usados pelos guias espirituais em seus pontos riscados.

Mas nunca se esqueçam que fazem parte de algo maior, divino mesmo, e que são as vibrações mentais dos sagrados manifestadores religiosos dos mistérios de Deus: os senhores orixás!

Veja a seguir a tabela parcial de signos mágicos usados pelos guias de Umbanda Sagrada em seus pontos riscados.

Tabela de Signos Mágicos

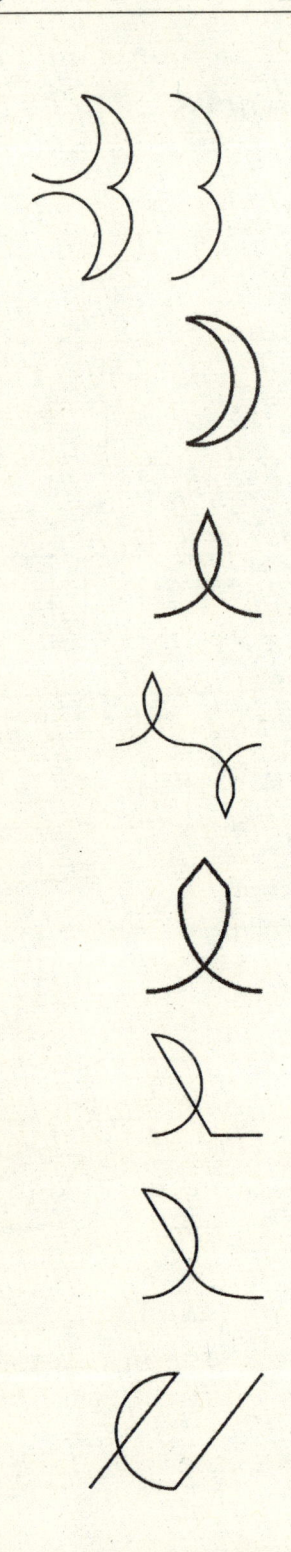

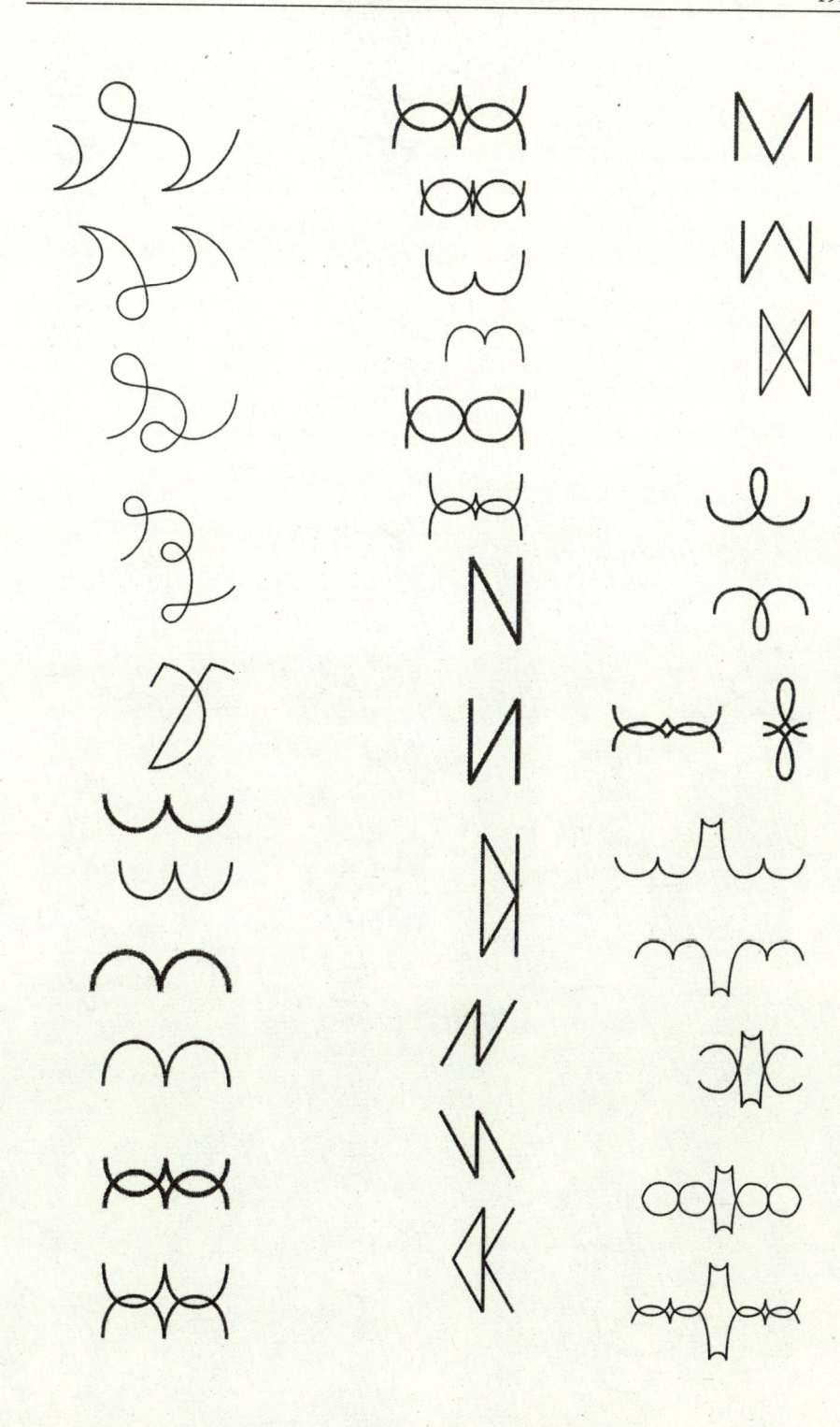

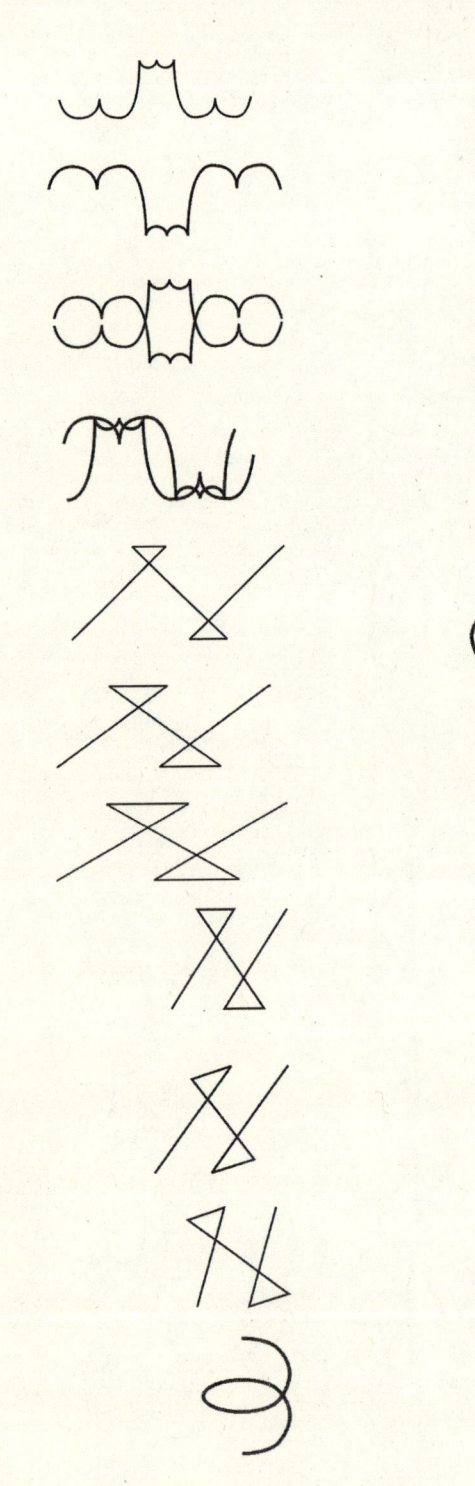

O Ponto Riscado da Umbanda 199

Ciência do Ponto Riscado

A Posição dos Signos Mágicos

Um mesmo signo mágico, colocado em dois pontos (polo-grau) diferentes de uma circunferência realiza o mesmo trabalho (função) mas em dois campos diferentes.

Como afirmamos na ciência dos entrecruzamentos que do ponto central partem 360 raios e na ponta de cada um deles está assentada uma divindade-mistério, então um signo de uma divindade e que tem uma função, ao ser colocado no raio regido por outra divindade estará realizando a sua função no campo de outra divindade-mistério.

Como exemplo, escolhido aleatoriamente, vamos mostrar como isto acontece:

A onda vibratória atemporal movimentadora de Iansã flui em sentido vertical do seu polo para o centro e vice-versa, como mostrado na figura ao lado.

Como na criação, quem rege todos os movimentos e as movimentações é Iansã, então quando é preciso dar movimento a algo ou a alguém ou movimentar algo ou alguém, só a irradiação movimentadora de Iansã poderá fazê-lo, já que nenhum outro orixá dá movimento a algo ou a alguém.

Então, no ponto riscado de Umbanda, a colocação de um mesmo signo mágico em raios diferentes indica que uma mesma função está sendo realizada em campos diferentes.

No nosso exemplo, recorremos à função movimentadora de Iansã, à sua onda e ao seu signo movimentador.

Este signo, riscado no raio centro-norte indica que a função movimentadora de Iansã está sendo realizada em seu próprio campo (a lei) e sobre algo ou alguém paralisado por ela (a lei) quando excedeu-se nesse campo.

Mas este mesmo signo movimentador, se riscado em outro raio da circunferência, estará atuando sobre algo ou alguém paralisado por ela (a lei) porque havia se excedido no campo de outra divindade e em outro sentido. Ex.:

— Omolu paralisa quem se excede.
— Oxum agrega coisas novas.

Então, se alguém se exceder na sua ânsia de agregar mais e mais bens, mesmo à custa do bem estar alheio, será paralisado pelo poder paralisador (Omolu) de tudo o que atentar contra a vida (a própria ou a alheia).

Aí temos como exemplo alguém que foi paralisado por Omolu quando excedeu-se no campo de Oxum. E ficará paralisado até que Iansã (a lei) volte a conceder-lhe livre movimentação, quando então poderá voltar a agregar coisas para si.

A colocação do signo mágico movimentador de Iansã no raio de Oxum, neste exemplo, tem por finalidade dar movimento a alguém que se encontrava paralisado por Omolu no campo de Oxum.

E, se alguém tiver sido paralisado por Omolu em qualquer outro dos campos regidos pelos outros orixás, só Iansã lhe devolverá seu movimento (direito de voltar a deslocar-se na criação segundo suas necessidades e os seus desejos).

Por isso, na ciência do ponto riscado de Umbanda é preciso saber ler as várias formas como os guias usam os signos.

Vamos a algumas, ainda que os raios aqui usados não estejam com suas verdadeiras regências.

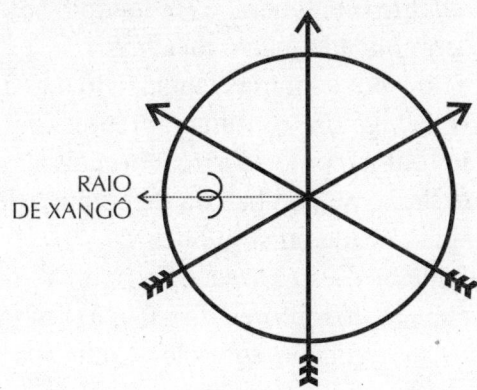

Exemplo a:

Aqui o guia espiritual que riscou o signo movimentador de Iansã é de Oxóssi e está dando movimento a algo ou a alguém paralisado na irradiação de Xangô, assim como pode estar indicando que na irradiação de Xangô ele atua como devolvedor do movimento a algo ou a alguém.

Como a irradiação de Xangô está dividida ou graduada em sete polos-graus, ainda é preciso saber em qual deles o signo foi riscado para podermos ler corretamente este ponto.

Suponhamos que este signo foi riscado no sexto polo-grau, à esquerda da irradiação de Xangô, e o regente desse polo-grau é o 6º Xangô ou Xangô da Evolução, que atua no campo de Obaluaiê.

a) Então este guia tanto poderá estar devolvendo o movimento a algo ou alguém paralisado por Omolu quando estava dentro do campo de Xangô e excedeu-se na manutenção do equilíbrio da evolução, desequilibrando-a.

b) Assim como poderá estar mostrando simbolicamente que é um guia de Oxóssi que atua como movimentador no campo de Xangô, do 6º Xangô, que é o equilibrador da evolução dos seres e dos meios onde eles vivem.

Quando um guia apõe ou inscreve um signo em um ponto riscado, além dessas possibilidades já descritas, ele também poderá estar firmando esta função no seu ponto e ativando isto:

— Ao inscrever o signo movimentador de Iansã no 6º polo-grau do raio de Xangô, ele está ativando o mistério do 6º Xangô e dando a este polo-grau a função de movimentar algo ou alguém paralisado por Omolu quando esse algo ou alguém se desequilibrou na sua evolução ou desequilibrou algo ou alguém, excedendo o seu limite.

— Parece complicado, não é mesmo?

— Saibam que, por ser uma ciência, isto não é complicado, mas sim é complexo e exige um contínuo aprendizado, que não é obtido de uma hora para outra, como se assenhoreiam algumas pessoas que se autonomeiam "mão de pemba" ou de conhecedores dos "arcanos sagrados da magia riscada ou simbólica".

Até onde sabemos, estes "mãos de pemba" desconhecem a ciência do X, a ciência dos fatores divinos, a simbologia sagrada, as ondas vibratórias, as regências dos polos-graus dos raios, as regências de todos os raios, a posição deles dentro da circunferência, as reais funções dos orixás na criação, etc.

Então, como alguém pode arvorar-se em profundo conhecedor dessa ciência apegando-se e recorrendo a signos classificados espuriamente ou a algum alfabeto linguístico ou numérico cujos fundamentos se perderam no tempo e que já não pode ser explicado ou sonorizado formando palavras ou frases conectadas entre si?

Nós não entendemos e não aceitamos esses supostos "mãos de pemba". Você os aceita?

— Então é problema seu se aprendeu errado e está ensinando os seus discípulos de forma errada.

O Arco na Magia Riscada de Umbanda

Comecemos dizendo que existem ângulos e curvas e que, dependendo do ângulo, muda-se a regência, pois a cada grau da circunferência há um raio e que a cada amplitude ou comprimento de uma onda curva também isso acontece.

Também já comentamos que os raios têm seus polos-graus e que cada um deles é em si uma réplica do ponto central e têm suas Divindades-Mistérios regentes.

Assim sendo, vamos procurar passar um fundamento da magia riscada simbólica jamais imaginado pelos estudiosos dela no plano material.

Observem isto:

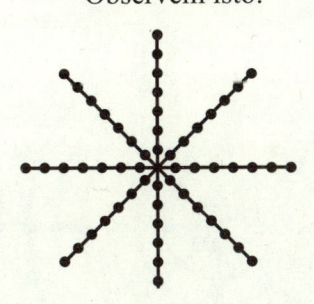

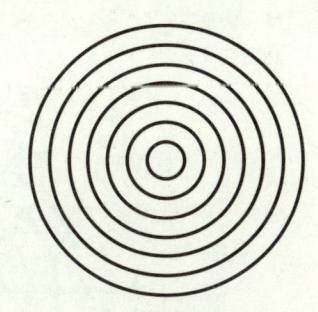

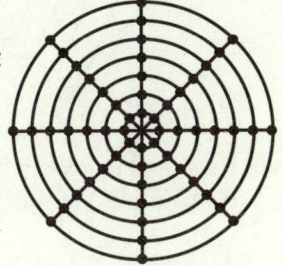

Juntando estas duas figuras, temos isto:

Dividindo esta figura temos isto:

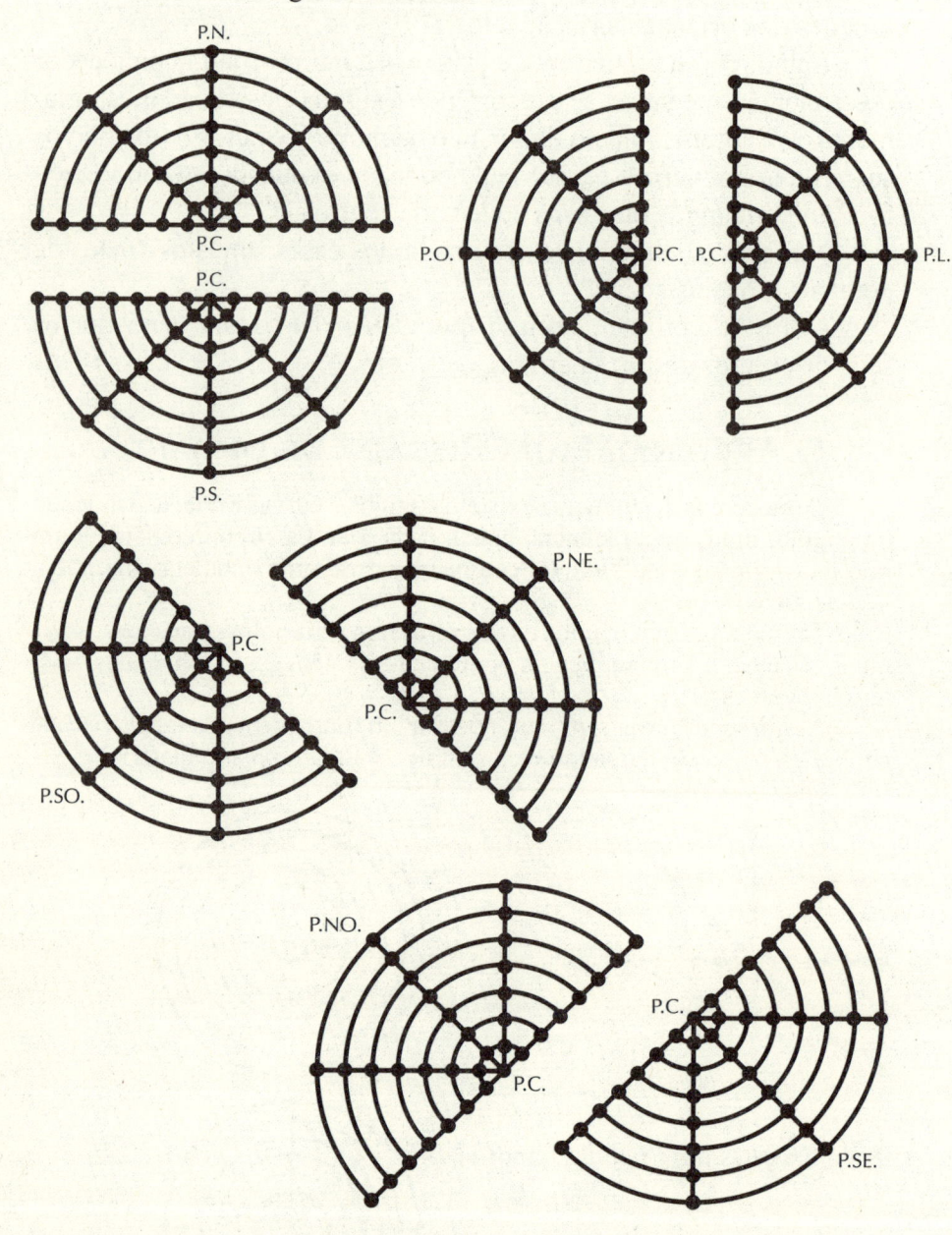

Observem que na ciência do X ou dos entrecruzamentos só riscamos os arcos formados pelas curvas que passam pelos polos-graus dos oito raios cardeais.

Saibam que, ainda que nada revelem, os guias de lei de Umbanda Sagrada conhecem esta ciência e todos os seus desdobramentos na magia riscada simbólica.

Nesta divisão dos meridianos e dos círculos temos raios e semicírculos concêntricos.

E, quando os guias riscam arcos em seus pontos, só os fazem desta forma:

Ex.:

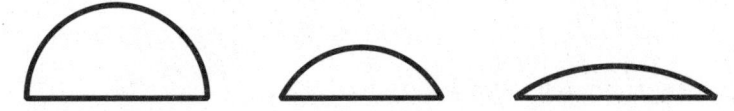

Mas, na ciência do X, estão riscando isto:

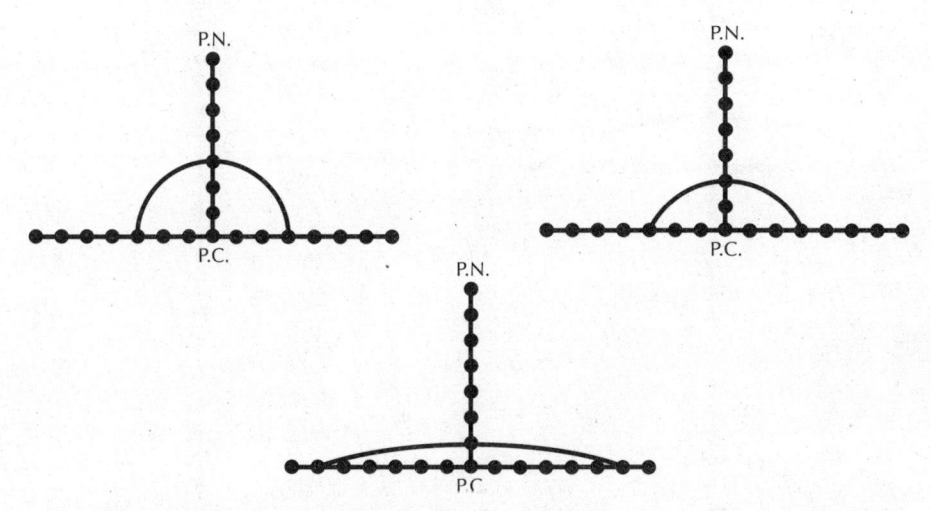

— Só que eles só riscam o arco e o raio que é o eixo perpendicular.
— Como na maioria dos casos eles colocam flechas ou lanças, vamos a alguns exemplos:

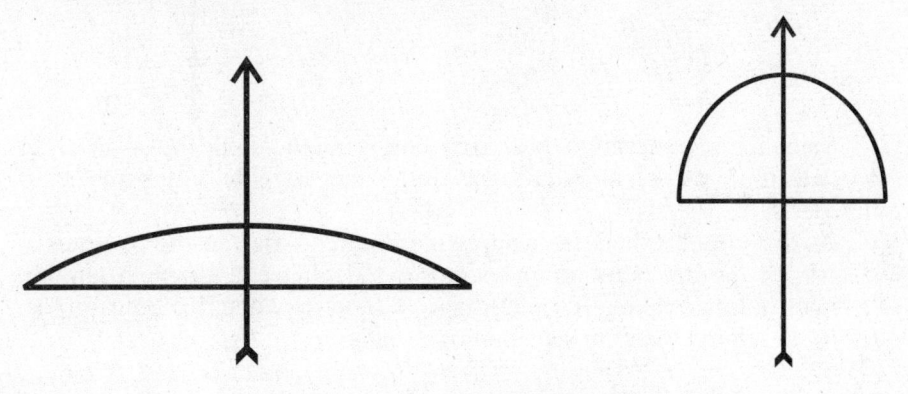

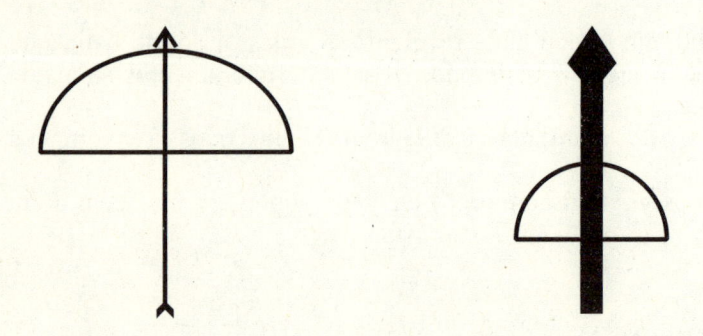

Decodificando esses símbolos, temos isto:

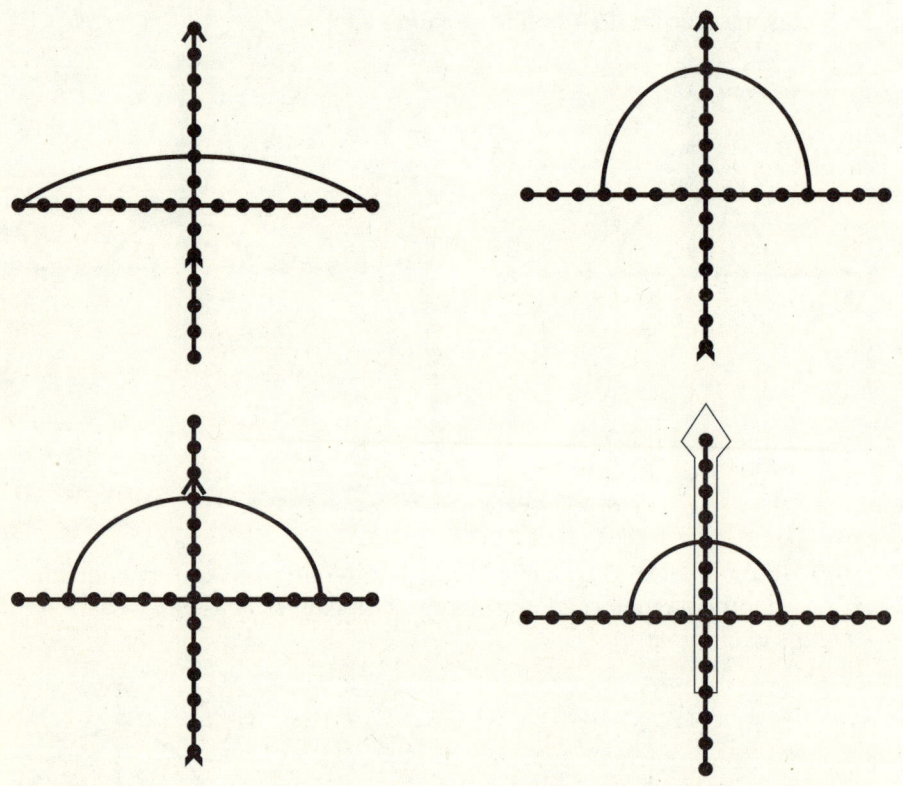

Saibam que a curvatura do arco e o comprimento da flecha ou da lança estão indicando os polos-graus e suas divindades regentes cujos mistérios e funções são ativados.

As duas pontas da curva sempre alcançam os mesmos polos-graus à esquerda e à direita. Já os comprimentos das flechas e lanças nem sempre são iguais acima e abaixo do meridiano, e tudo depende dos polos-graus que eles desejam ativar em seus pontos riscados.

Mas também é possível que as flechas ou lanças não sejam riscadas no raio perpendicular e sim que ativem raios oblíquos regidos por outros orixás, tais como nos exemplos a seguir:

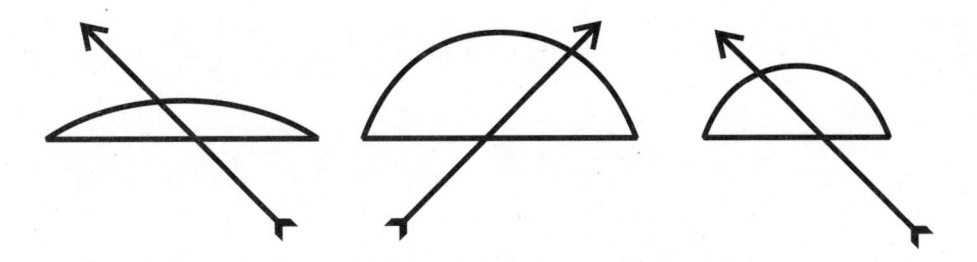

Enfim, bastará colocar desenho nos entrecruzamentos e ver que orixás estão sendo ativados através dos polos-graus.

Esperamos que o pouco que nos foi permitido revelar aqui auxilie os umbandistas a verem com outros olhos os pontos riscados de Umbanda e a magnífica ciência divina existente por trás deles e, ainda que não saibam como identificar os orixás que estão atuando em um ponto riscado, no entanto já têm uma noção vaga de que eles usam de uma ciência e da geometria sagrada simbólica.

Esperamos poder publicar futuramente um outro livro de nossa autoria, e do qual foram tirados os exemplos que damos aqui e cujo nome é este: *Curso de Magia Riscada Simbólica Umbandista.*

ONDAS VIBRATÓRIAS TEMPORAIS E ATEMPORAIS

As ondas vibratórias são em si um mistério e podem ter a mesma função, ainda que umas formem ângulos e outras formem curvas.

Vamos comentar estes assuntos para que entendam melhor a escrita simbólica usada pelos guias espirituais de Umbanda.

a) Ondas Vibratórias Temporais: estas ondas formam ângulos e, nas suas funções, atuam regidas pelos ciclos e ritmos da criação.

Seus modelos ou geometria sagrada são compostos por riscos retos.
Exemplo:

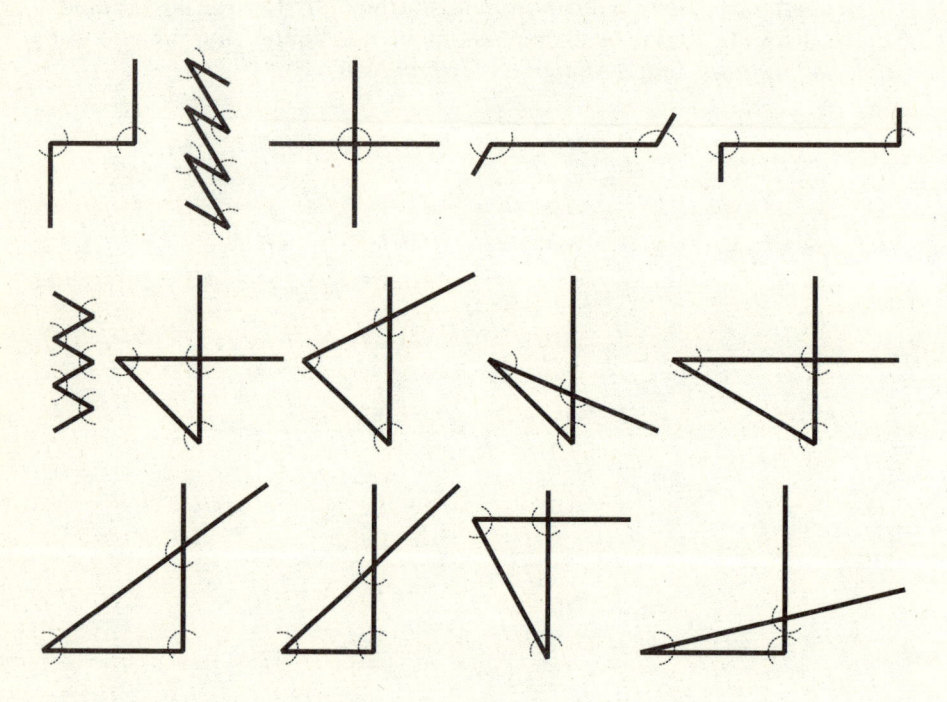

Enfim, são tantos os desenhos ou figuras geométricas formadas pelas ondas vibratórias temporais que, só os leitores observando-as nas ondas e nas nossas tabelas de signos para entenderem o que estamos comentando.

E, mais uma vez, ressaltamos isto: o grau de abertura dos ângulos formados por elas determina a sua regência.

b) Ondas Vibratórias Atemporais: estas ondas formam curvas ou entrelaçamentos e as suas funções não são regidas pelos ciclos e ritmos da criação, podendo atuar sobre eventos passados, presentes ou futuros.

Assim como os ângulos indicam a regência de uma onda temporal, as curvaturas indicam a regência das ondas atemporais.

Para cada onda temporal existe outra atemporal com a mesma função, ainda que seu "modelo" seja diferente e seu modo de fluir crie um modelo de tela vibratória, símbolo e signos diferentes das ondas retas.

Observem isto:

Ondas vibratórias repulsora e atratora atemporais de Oxalá:

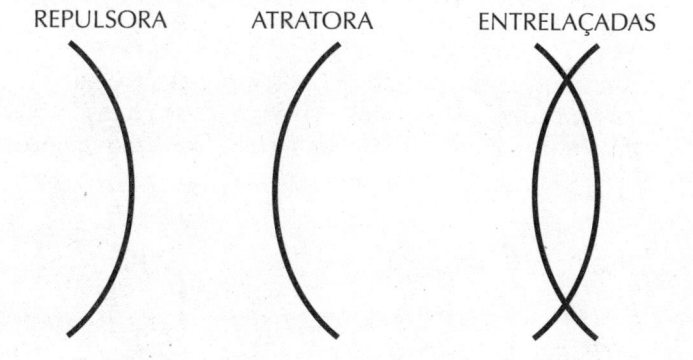

REPULSORA   ATRATORA   ENTRELAÇADAS

Ondas vibratórias repulsora e atratora atemporais de Oxum:

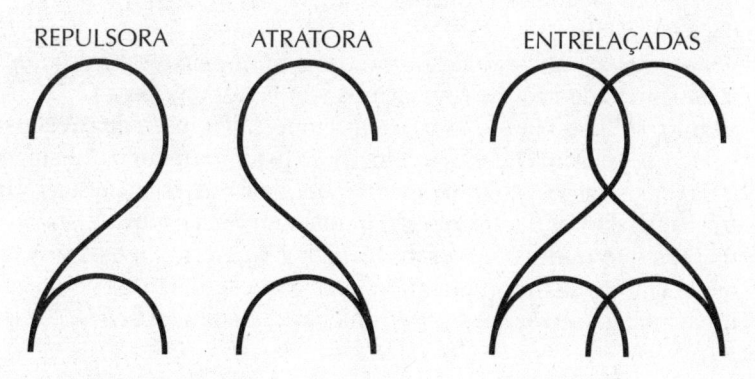

REPULSORA   ATRATORA   ENTRELAÇADAS

Os modelos e as curvaturas são diferentes mas as funções são as mesmas, e isto acontece com todas as ondas vibratórias.

Vejamos as ondas atratoras temporais desses dois orixás:

Ondas vibratórias repulsora e atratora temporais de Oxalá:

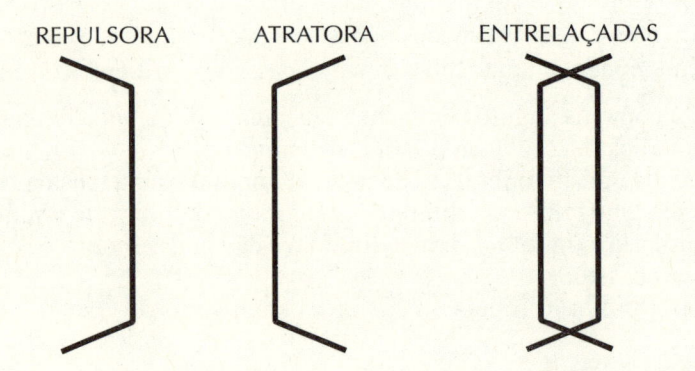

REPULSORA   ATRATORA   ENTRELAÇADAS

Ondas vibratórias repulsora e atratora temporais de Oxum:

As mesmas funções, os mesmos orixás, mas as ondas curvadas (ou curvas) são atemporais e as ondas anguladas (ou retas) são temporais.

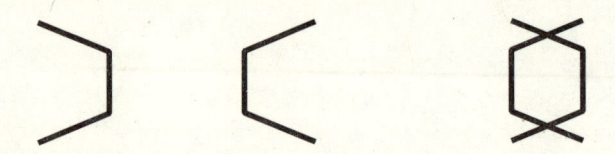

Você já havia lido isto antes em algum livro de simbologia ou de Umbanda, amigo leitor?

— Não, é claro que não! Até nosso médium psicógrafo desconhecia esse mistério antes de nós lhe revelarmos isto há alguns anos.

Portanto, saiba que tudo tem o seu tempo e seu meio de revelar-se.

— O tempo, é este. O meio, um médium psicógrafo umbandista, como não poderia deixar de ser, pois só um entenderia os mistérios de sua religião, e não seria antes da hora determinada pelos mentores espirituais.

Sabemos que muitos tentaram decifrar o mistério da escrita sagrada simbólica de Umbanda, mas não houve um só que tenha tido acesso às suas chaves internas e o que receberam foram chaves ocultadoras desse mistério divino.

Cruzamentos

1º Cruzamento de um templo.
2º Cruzamento de uma empresa.
3º Cruzamento de uma casa.
4º Cruzamento de uma pessoa.
5º Cruzamento de uma imagem.
6º Cruzamento de uma guia de trabalho.
7º Cruzamento de uma guia de orixá.

A palavra cruzamento em seu significado profano indica duas vias que se cruzam.

Já no seu sentido religioso umbandista, cruzamento significa imantação protetora.

Assim, fazer o cruzamento ou cruzar algo ou alguém significa colocar ou dotar esse algo ou esse alguém de um campo específico que o protegerá e o dotará de certas defesas contra projeções mentais ou elementais prejudiciais e nocivas.

No seu sentido mais elevado, cruzar significa consagrar. Portanto, o ato de cruzarmos um local, uma guia ou uma pessoa é consagratório e exige condições específicas para realizá-lo.

A Magia Simbólica ou Riscada

A Umbanda tem entre os seus fundamentos divinos a escrita mágica simbólica sagrada e os seus guias espirituais, assim como muitos médiuns servem-se dela para realizarem trabalhos importantes de magia riscada.

Saibam que a magia riscada é uma das mais poderosas entre as muitas existentes e dela os iniciados vêm se servindo desde a Antiguidade para criarem pontos de defesa; de descarga; de limpeza; de purificação; de energização; de inversão de forças; de retorno de magias negativas; de proteção, etc.

Ninguém sabe ao certo quando começou o uso da magia riscada simbólica, já que resquícios dela têm sido encontrados entre todas as antigas civilizações e religiões naturistas, a maioria já extintas ou transmutadas em novas religiões e povos.

O fato é que, se o uso é antigo e universal, o conhecimento sobre os fundamentos sagrados da escrita mágica foram mantidos ocultos de todos os curiosos e só uns poucos tiveram acesso a eles e ainda assim não os revelaram, preferindo mantê-los secretos e só tornando-os conhecidos dos seus seguidores mais fiéis e leais.

Com isto, um conhecimento magnífico deixou de ser usado por muitos e deixou de beneficiar a humanidade, pois a magia riscada é muito simples de ser realizada, muito prática e funcional.

— Ela é simples porque de posse de um conhecimento básico é possível alguém praticá-la.

— É prática porque pode ser riscada em qualquer lugar, não exigindo nada além do local para riscá-la.

— É funcional porque, se corretamente ativada, cumpre o que lhe for determinado por quem riscá-la.

Símbolos, pentáculos, talismãs, amuletos, símbolos, etc. vêm sendo usados por milhões de pessoas em todo o mundo ajudando-as a criar barreiras ou para-raios astrais poderosos e eficazes contra certas classes de espíritos trevosos ou contra certos padrões vibratórios negativos.

Este uso, hoje generalizado, no passado era exclusivo dos membros da religiões nacionais pois cada povo tinha a sua e cada uma possuía seus símbolos sacros e mágicos. Assim como possuíam suas magias exclusivas, mantidas a sete chaves, porque era com elas que os chefes religiosos (feiticeiros, pajés, xamãs, etc.) defendiam seu rebanho de fiéis e a si próprio das magias dos seus "concorrentes".

Com o tempo muitos símbolos e "alfabetos mágicos" circularam de mão em mão, mesmo entre pessoas que nada entendiam ou sabiam a respeito dos seus fundamentos, mantidos secretos pelos seus criadores e beneficiários.

Hoje é possível encontrar livros que trazem uma vasta simbologia, coletada por pessoas dedicadas a este mister, mas que pouco revelam sobre os fundamentos sagrados por trás de cada um deles.

Saibam que a simbologia ou magia simbólica divide-se desta foram:

1- Magia Simbólica do Alto ou Celestial
2- Magia Simbólica do Embaixo ou Oposta
3- Magia Simbólica da Mão Direita ou Positiva
4- Magia Simbólica da Mão Esquerda ou Negativa
5- Magia Simbólica Unipolarizada ou Unifuncional
6- Magia Simbólica Bipolarizada ou Bifuncional (dual)
7- Magia Simbólica Tripolarizada
8- Magia Simbólica Tetrapolarizada
9- Magia Simbólica Pentapolarizada
10- Magia Simbólica Hexapolarizada
11- Magia Simbólica Heptapolarizada
12- Magia Simbólica Octapolarizada
13- Magia Simbólica Polipolarizada

Comentemos estas magias simbólicas

1) *Magia Simbólica do Alto ou Celestial:* esta forma de praticar a magia simbólica ou riscada ativa poderes da criação classificados como universais ou positivos e benefícios a todos.

2) *Magia Simbólica do Embaixo ou Oposta:* esta forma de praticar a magia simbólica ou riscada ativa poderes da criação classificados como opostos ou do embaixo e só é usada em certos casos porque sua ação é limitadora de excessos cometidos por pessoas desequilibradas em algum dos sentidos da vida (fé, amor, conhecimento, justiça, lei, evolução e geração). Ela fecha as faculdades mentais dos espíritos, privando-os dos recursos que lhes permite praticarem o mal.

Saibam que esta magia oposta não é a inversão de símbolos, tal como fazem e ensinam alguns dos seus adeptos, como riscar pentagramas invertidos, cruzes invertidas, etc., atribuindo-lhes grandes e devastadores poderes.

Não! A Magia Simbólica do Embaixo trabalha com as ondas vibratórias, com os símbolos e os signos gerados pelas divindades que regem as esferas negativas, ou as faixas vibratórias abrigadoras dos espíritos desequilibrados, e cujas funções são as de esgotarem o negativismo e a emotividade deles ainda que seja preciso fechar em seus mentais as suas faculdades, desequilibradas pelo mau uso, tanto quando viveram no plano material quanto no espiritual.

Muita confusão já foi feita entre a Magia Simbólica do Embaixo, que é divina e regida por Divindades-Mistérios e cujos fundamentos têm sido mantidos ocultos do lado material da vida, e da inversão de símbolos sacros universais da magia simbólica celestial.

Mas isso se deve ao desejo insano de pessoas desequilibradas pela obsessão de serem vistas como "poderosas", e nada mais.

Vocês, amigos leitores e umbandistas, não devem cair nesse "desvio desumano", pois quem está por trás dessas práticas são espíritos adeptos das antigas missas negras e dos sabás infernais praticados por sacerdotes degenerados e desequilibrados, por magos negros ávidos por mostrarem-se aos seus asseclas e seguidores como poderosos "mãos de pemba", como avatares reformadores da humanidade e, no nosso caso, da Umbanda.

Mas eles são o que são: escravos da vaidade, da arrogância, da intolerância e do desejo de dominarem os incautos que acreditarem nos seus discursos enganosos.

Quanto à verdadeira magia oposta, vamos dar um exemplo de onde, quando e como ela pode, deve ou é usada.

a) A fé é um dos sete sentidos da vida e sua função é proporcionar-nos os meios adequados, virtuosos e luminosos de vivenciarmos nossa religiosidade e nossos sentimentos de amor a Deus e a toda a sua criação.

b) Uma pessoa, com uma religiosidade fervorosa começa a se desequilibrar no sentido da fé e induz a intolerância entre os seus seguidores, levando-os a perseguirem pessoas com outras crenças, chegando ao extremo de assassiná-las pois creem que, por não professarem a mesma crença, são infiéis, hereges, adoradores do mal, etc., e devem morrer.

c) Intolerância é oposta à fraternidade, que é um dos mistérios da fé.

d) As divindades irradiadoras das vibrações estimuladoras da fé deixam de ser acessadas por essas pessoas intolerantes e seus magnetismos mentais começam a sintonizar automaticamente as ondas mentais das divindades regentes das esferas negativas, cujas funções são as de fecharem as faculdades mentais "religiosas" desses desequilibrados.

Então, automaticamente, algum guardião dos mistérios da fé que atua sobre os invertedores dos seus sentidos, ativa seu símbolo sagrado (cetro simbólico de poder) e dele sai uma poderosa irradiação fechadora das faculdades mentais associadas à fé nessas pessoas desequilibradas e possuídas pela intolerância. E logo elas começam a crer que os demônios as estão perseguindo porque adoram Deus.

O correto seria elas crerem que os demônios entraram em suas vidas por causa dos seus desequilíbrios. Mas como um desequilibrado irá aceitar essa verdade?

Como uma pessoa assim é como um louco que não se acha louco, a tendência é viver uma vida atormentada e vendo em tudo que desagradá-la e em todos que contrariá-la a presença do demônio.

É a loucura elevada a procedimento religioso, não?

Pois isso está acontecendo a todo instante com alguém.

Enfim, os poderes opostos estão aí e não é para atuarem contra os inocentes ou os virtuosos e sim contra quem entra em desequilíbrio em um ou em vários sentidos da vida ao mesmo tempo.

Logo, não confundam nunca os poderes divinos que atuam sobre os desequilibrados com os desatinos e as inversões das funções dos símbolos sacros praticadas justamente por essas pessoas.

Poder é uma coisa. Loucura, desatino e inversão de funções é coisa de espírito encarnado desequilibrado.

3) *Magia Simbólica da Mão Direita ou Positiva:* esta forma de praticar a magia simbólica ou riscada ativa poderes cujas funções pertencem a divindades regentes das dimensões da vida ou das esferas à direita da dimensão ou esfera humana. Ela destina-se a nos trazer vibrações e energia benéficas, apassivadoras do nosso emocional e estimuladores das nossas faculdades mentais já abertas pelos regentes celestiais mas que ainda estão em desenvolvimento.

4) *Magia Simbólica da Mão Esquerda ou Negativa:* esta forma de praticar a magia simbólica ou riscada ativa poderes cujas funções pertencem a divindades regentes das dimensões ou esferas à esquerda da dimensão ou esfera humana. Ela destina-se a anular as nossas vibrações mentais negativas e a remover do nosso meio formas elementares de vida atraídas para ele por causa dos nossos sentimentos e pensamentos ruins ou negativos.

5) *Magia Simbólica Unipolarizada ou Unifuncional:* esta forma de praticar a magia simbólica ou riscada ativa poderes centrais da criação cujas funções são únicas. Também é conhecida por Magia Simbólica Teúrgica.

6) *Magia Simbólica Bipolarizada ou Dual:* esta forma de praticar a magia simbólica ou riscada ativa poderes da criação espalhados por todas as dimensões e esferas e é regida por divindades bipolares ou duais, que tanto amparam os seres virtuosos quanto punem os seres desequilibrados. Seus símbolos e signos mágicos assumem uma dessas duas funções dependendo apenas da intenção de quem os riscar e ativar.

7) *Magia Simbólica Tripolarizada:* esta forma de praticar a magia simbólica ou riscada ativa poderes tripolares da criação espalhados por todas as dimensões e esferas e é regida por divindades tripolares.

Os seus três polos ou triplas funções são estes:
— Polo positivo tem a função de enviar-nos vibrações e energias positivas e sustentadoras das nossas atividades positivas.
— Polo negativo tem a função de enviar-nos vibrações e energias negativas paralisadoras das nossas atividades maléficas.
— Polo neutro tem a função de enviar-nos vibrações e energias neutralizadoras das nossas atividades se contrárias às leis divinas.
Seu símbolo mais expressivo é o tridente do mitológico Deus dos mares, Netuno.

8) *Magia Simbólica Tetrapolarizada:* esta forma de praticar a magia simbólica ou riscada ativa poderes de divindades assentadas nas esferas do alto, do embaixo, da direita e da esquerda.

Seu símbolo mais expressivo é a cruz equilátera.

9) *Magia Simbólica Pentapolarizada:* esta forma de praticar a magia simbólica ou riscada ativa os poderes geradores de todas as divindades.

O seu símbolo mais expressivo é o pentagrama.

10) *Magia Simbólica Hexapolarizada:* esta forma de praticar a magia simbólica ou riscada ativa os poderes equilibradores da criação.

O seu símbolo mais expressivo é o hexagrama.

11) *Magia Simbólica Heptapolarizada:* esta forma de praticar a magia simbólica ou riscada ativa os poderes do setenário sagrado. Seu símbolo mais expressivo é o candelabro com sete braços.

12) *Magia Simbólica Octapolarizada:* esta forma de praticar a magia simbólica ou riscada ativa os poderes dos mistérios octogonais ou que irradiam de oito formas diferentes cada uma de suas funções.

O seu símbolo mais expressivo é o octágono.

13) Magia Símbolo Polipolarizada: esta forma de praticar a magia simbólica ou riscada ativa símbolos e signos polifuncionais pois, dependendo da posição em que forem inscritos ou riscados, realizam funções diferentes e diferentes trabalhos.

Na Umbanda, a magia simbólica é usada em várias das suas formas de ser praticada e os pontos riscados pelos guias de lei são formados por símbolos e signos provenientes de todas as formas aqui descritas... e de outras interditadas ao conhecimento dos umbandistas, tais como: magia solar, magia lunar, magia horária, magia elemental, etc.

— Nos símbolos e signos estão as funções.
— Nas suas posições dentro dos pontos riscados estão os mistérios ocultos ativados por eles.

DE ONDE SAEM OS SIGNOS MÁGICOS

Os signos mágicos, espalhados por todas as culturas religiosas, nem sempre são identificados como tal e sim como caracteres especiais, sagrados mesmo.

Vemo-los em máscaras ritualísticas; em brasões religiosos; em estolas; em mantos; em adereços ou vestes de imagens sacras; em cajados; em vasos; em pórticos e altares; em decorações internas e externas de templos, etc.

Enfim, os signos mágicos estão espalhados por todos os lugares onde surgiram religiões e, mesmo que muitas já tenham deixado de existir, seus códigos sobreviveram e têm-se mostrado para quem tem olhos para vê-los.

Nós entendemos que mesmo sem saberem quais são os seus fundamentos sagrados, ainda assim eles são evocadores de poderes e encerram em si toda uma sacralidade silenciosa e que suscitam respeito, admiração e curiosidade em quem se sente atraído por eles.

A falta de um conhecimento profundo sobre eles não invalida o seu uso, se bem que também não proporciona uma forma de extraírem o seu maior poder de realização.

Nós, até onde nos foi possível, procuramos nos livros de magia simbólica ou de pontos riscados de Umbanda de diversos autores e não encontramos uma explicação profunda ou fundamental sobre os signos mágicos usados pelos guias espirituais. O que encontramos foram interpretações pessoais do que viam nos pontos cabalísticos riscados pelos guias espirituais.

Alguns autores consultados por nós até chegaram bem próximo das chaves interpretativas, mas não souberam reconhecê-las ou não identificaram as fechaduras das portas dos fundamentos ocultos da escrita mágica sagrada simbólica usada pelos guias de Umbanda.

Com isso, várias interpretações surgiram e criaram um certo antagonismo entre os seus criadores, acirrando ânimos e deixando em segundo plano a tal "lei de pemba".

A própria espiritualidade superior, vendo mais egocentrismo e arrogância que fundamentos nas várias interpretações de então, foi isolando desde os seus nascedouros essas interpretações e eclipsaram todas, só restando mesmo os livros de pontos riscados, compilados a partir da reprodução dos pontos cabalísticos riscados pelos guias espirituais durante os trabalhos nos terreiros.

O fato fundamental é que cada signo, símbolo ou risco (onda) mágico inserido nos pontos cabalísticos dos guias de lei saem das irradiações mentais dos sagrados orixás, que são vivas e divinas e têm funções específicas e as mais diversas possíveis.

Cada risco inscrito em um ponto cabalístico tem sua função e a realiza em nível vibracional, energético e magnético assim que o ponto é riscado pelo guia ou pelo médium autorizado a riscá-lo.

Saibam que toda onda tem a sua forma de crescimento (modelo); vibra em uma frequência só sua (seu grau vibratório); multiplica-se da mesma forma; absorve um ou vários fatores; abstraindo-os da energia divina emitida por Deus e transmuta-os em emanações, emissões e cargas energéticas capazes de realizar a função a que se destina (seu trabalho na criação).

Cada onda vibratória mental emitida pelos sagrados orixás realiza uma função ou trabalho na criação e não existe um só lugar em toda a criação de Deus que ela não esteja presente e atuante.

Com isso entendido, então saibam que todo signo, símbolo e onda riscada em um ponto cabalístico ressona nas suas telas mentais divinas e, "conectados" a elas, trazem do mais elevado nível vibratório (o nível divino) as vibrações funcionais e adaptam-nas à vibração terra (neutra), podendo ser direcionados daí em diante pelo seu operador (guia ou médium magista).

Há uma ciência simbólica estudada nos colégios de magia existentes no astral e a simbologia é composta por milhares de ondas vibratórias, por milhares de símbolos sagrados e por milhões de signos mágicos, assim como por milhares de mandalas.

Não podemos dizer que dominamos no plano terreno toda a simbologia porque o que já nos foi transmitido é pouco se comparado ao que existe no plano espiritual.

Mas podemos afirmar com toda convicção que esse pouco que nos foi transmitido tem fundamento e ressona no astral intensamente e vimos usando-o nos trabalhos de Magia Divina das Sete Chamas Sagradas, já praticada por milhares de pessoas.

Como tem fundamento, todos os iniciados nela ativam-na com um poder de realização magnífico, divino mesmo!

Signos, símbolos, ondas e telas vibratórias, mandalas puras, mistas e compostas são partes de uma ciência maior, divina.

O Sacerdócio e o Sacerdote Umbandista

Toda religião só assumiu essa condição quando criou um corpo uniforme de sacerdotes bem instruídos e bem orientados quanto às suas obrigações e seus deveres.

— Suas obrigações: expandir a sua crença (religião); converter o maior número possível de pessoas, integrando-as à sua doutrina (forma de praticar-se uma religião).

— Seus deveres: amparar, orientar, confortar, ajudar e ensinar seus fiéis, assim, como batizá-los, iniciá-los, casá-los, confessá-los, ouvi-los, ministrar-lhes cultos religiosos e amoldar o caráter e a moral deles de acordo com os seus princípios religiosos e os da sociedade que formam e à qual pertencem.

— O sacerdócio é uma das mais respeitadas entre todas as atividades profissionais.

— O sacerdócio é a profissão da fé e deve ser exercido com sabedoria, descrição, bom senso, racionalismo e fidelidade aos princípios da religião a que está ligado o sacerdote.

— O sacerdócio, se confere respeitabilidade a quem o exerce, também traz em si uma conduta e uma enorme responsabilidade a quem se consagrou a esse ofício e exige-lhe uma postura condizente com seu grau.

E quem não age segundo se espera, causa um grande dano à imagem da sua religião e prejudica o trabalho dos seus confrades, pois passam à sociedade uma imagem distorcida e falsa do que a sua religião exige ou prega aos seus fiéis.

Não raramente, e quase sempre, os sacerdotes são os responsáveis pelo crescimento ou ocaso das suas religiões.

Que todos tenham sempre em mente que o sacerdócio deve ser revestido de todo um cerimonialismo e precisa ser isento de mundanismo. E que de um sacerdote se exige coerência, fidelidade, responsabilidade, moral elevadíssima, caráter, têmpera, bom senso e racionalidade, condenando todos os comportamentos aMoraes e corruptores da moral e dos costumes que regulam a sociedade a que pertencem, pois seus fiéis, se fazem parte da sua religião, também fazem parte da sociedade civil e laica, regida por leis gerais reguladoras da moral, dos usos e costumes dos seus membros.

Sacerdócio e legislação, sacerdotes e governantes devem formar as duas partes de uma sociedade: a civil e a religiosa!

A Umbanda é classificada como um culto espírita afro-ameríndio-brasileiro. Mas ela nasceu dentro de uma sociedade dominada pela cultura ocidental e predominantemente cristã (romana). Logo, seus princípios Moraes legais se impõem e devem ser os mesmos para os umbandistas senão nos tornamos corpos estranhos dentro dessa sociedade, que nos repudiará ou nos verá como esdrúxulos e nos menosprezará ou nos condenará.

É responsabilidade do sacerdote umbandista adaptar seus princípios religiosos às leis civis e à constituição do seu país, senão confundirá a mente dos seus fiéis, assim como os colocará em confronto com seus governantes e os antagonizará cívica e religiosamente com as outras religiões aqui existentes e os colocará à margem das leis, criadas pelos legisladores e pelos governantes para servirem a todos.

O que um sacerdote umbandista deve fazer é adequar-se às leis vigentes e, se alguma lhes for desfavorável ou prejudicial, então deve trabalhar no sentido de mudá-la ou de adequá-la à sua crença e princípios religiosos.

Um sacerdote umbandista não deve imiscuir-se na crença e nos princípios das outras religiões aqui existentes, pois isso não lhe diz respeito e não é da sua alçada. Mas deve repudiar com veemência qualquer ingerência de outras religiões (inclusive de outros cultos afros) nos seus assuntos.

Isto é um dos deveres mais sagrados de um sacerdote umbandista consciente dos seus deveres e de suas obrigações sacerdotais.

O Isolamento de um Templo Umbandista

1º) Isolar todo o perímetro do terreno onde está localizado o terreiro com um fio de cobre e outro de aço.

2º) Atar as pontas do fio de cobre a uma barra de aterro e as pontas do fio de aço a um vergalhão de aço.

A barra e o vergalhão devem ter um metro (+ ou -) de comprimento.

3º) Cavar dois buracos na entrada do terreno. Os buracos devem ter 30 cm (+ ou -) de diâmetro e de profundidade.

4º) Enterrar em um dos buracos a barra de cobre e no outro a barra de aço, deixando 30 cm acima do nível do solo.

5º) Colocar ao redor da barra de cobre e ao redor da barra de aço uma camada de carvão mineral.

6º) Cobrir essas duas camadas com uma de serragem.

7º) Cobrir as camadas de serragem com areia de rio misturada com pó de ferro.

8º) Cobrir essa camada de areia e pó de ferro com uma camada de barro cerâmico ou de fabricação de tijolos. Se conseguir um vermelho e outro branco, coloque este ao redor da barra de ferro e o vermelho ao redor da barra de cobre.

9º) Colocar moedas sobre as duas camadas de barro.

10º) Espetar sete tridentes curvos ao redor da barra de cobre e sete tridentes retos ao redor da barra de aço (eles devem estar apontando para cima).

11º) Fincar sete punhais pequenos ao redor de cada barra.

12º) Cobrir tudo com lã de aço e derramar terra sobre a lã até nivelar o buraco com o solo. A seguir, cimente-o, só deixando visível as duas barras.

13º) Coloque sete olhos de boi e sete búzios fechados ao redor da barra de aço e sete olhos de cabra e sete búzios abertos ao redor da barra de cobre.

14º) Ao redor dos assentamentos com as barras de cobre e aço, acenda sete velas pretas, sete velas vermelhas e sete brancas.

15º) Abra um champanhe, derrame um pouco sobre a barra de cobre e um pouco em círculo por fora dos círculos de velas. O resto deixe na garrafa e ofereça à senhora Pombagira guardiã dos Mistérios da Esquerda do seu orixá feminino.

16º) Abra uma garrafa de pinga, derrame um pouco sobre a barra de aço e um pouco em círculo por fora dos círculos de velas. O resto, deixe na garrafa e ofereça ao senhor Exu Guardião dos Mistérios da Esquerda do seu orixá masculino.

17º) Cigarros devem ser acesos no assentamento da senhora Pombagira guardiã e charutos devem ser acesos no assentamento do senhor Exu Guardião.

Após esse assentamento inicial, sempre que for abrir uma sessão de trabalhos, o dirigente deverá firmar um triângulo com uma vela branca, uma vela vermelha e uma vela preta.

No assentamento feminino, a vela branca fica no vértice voltado para dentro e no masculino a vela branca fica no vértice voltado para fora.

Bebidas, charuto e cigarro são recomendados, não deixando de derramar um pouco sobre as barras e no solo em volta do assentamento.

O Assentamento de Forças na Umbanda

O ato de assentar forças é um legítimo recurso da religião umbandista herdado dos cultos afros e insere-se no campo da magia.

Assentar uma força significa criar no lado material um campo ou um ponto que pode ser ativado pelo médium tanto quando for abrir uma sessão de trabalhos espirituais como ao se sentir sobrecarregado energeticamente ou espiritualmente.

Sabemos que todo assentamento tem várias funções, tanto no lado material quanto no espiritual.

Um médium, em um processo lento e contínuo, deve ir assentando suas forças espirituais à medida que elas se identificam, riscam seus pontos, solicitam sua guia de trabalho e pedem que se faça a sua firmeza com uma oferenda em um campo de forças da natureza (o seu santuário natural).

Assentar uma força é dar-lhe os recursos elementais mínimos e indispensáveis para que ela possa trabalhar com certa segurança e tenha nos elementos colocados em seu assentamento as fontes energéticas adicionais que precisa ter à disposição o tempo todo e que serão usadas sempre que se fizerem necessárias.

Um assentamento também é um portal multidimensional e cada um dos elementos usados nele tem sua finalidade e é em si uma passagem para outras realidades habitadas por seres que vivem em dimensões diferentes da nossa, que é a humana.

Em um assentamento, todos os elementos têm suas fundamentações em realidades e mistérios da criação e não devem ser vistos com fetichismo ou paganismo e sim como "meios" colocados à disposição do guia espiritual ou do orixá a quem ele é consagrado.

Mas que fique claro a todos que não se deve exagerar ou cair no ridículo de colocar tudo e de tudo em um assentamento, senão acabarão colocando nele elementos cujas vibrações e energias são antagônicas ou anuladoras de suas funções.

Boa orientação espiritual e um pouco de conhecimento são indispensáveis, assim como uma boa dose de bom senso.

De um a sete elementos é o suficiente para ter-se um bom assentamento, não sendo recomendado o uso de elementos de origem animal.

— Pembas também são usadas nos assentamentos, tanto para cruzarem os elementos como para serem colocados nele.

A pemba, a toalha, a espada, as guias ou colares, a cor das roupas, as ferramentas, as águas, as ervas, as fitas, etc, são os assuntos seguintes:

A Pemba

A Umbanda tem no uso da pemba um dos seus recursos mágicos e ela pode ser usada de várias formas, tais como:

— Para riscar pontos cabalísticos
— Para cruzar os filhos de fé
— Para fazer pós-purificadores
— Para limpar pessoas
— Para cruzar imagens ou outros objetos
— Para assentamentos, etc.

Pemba significa pedra e é um elemento mágico mineral.

A confecção das pembas acontece desta forma: um mineral, um tipo de calcário (um gesso) branco é moído e coado e depois é amoldado em formas ovais dando-lhe uma forma de fácil manuseio e de boa resistência, não sendo muito duro ou muito mole.

A pemba ideal é aquela que risca facilmente sem esfarelar-se toda.

Os guias espirituais gostam de riscar seus pontos cabalísticos quando vão trabalhar e cada guia tem os seus pontos riscados, raramente repetidos por outros guias, ainda que alguns símbolos, signos e ondas sejam comuns.

Mas sempre vemos diferenças entre os pontos de guias pertencentes a uma mesma linha ou corrente de trabalhos espirituais.

As pembas podem ser consagradas ou não, tudo depende da orientação dos guias espirituais.

A) Uma consagração simples pode ser feita por todos os médiuns e se processa desta forma:

1 — risca-se um círculo, firmam-se sete velas coloridas sobre ele e uma vela branca no seu centro.

2 — coloca-se as pembas brancas ou coloridas (menos as de cor preta) dentro dele.

3 — evoca-se Deus e os sagrados orixás, pedindo-lhes que irradiem sobre aquele círculo e imantem as pembas ali colocadas com suas vibrações divinas e que as consagrem para serem usadas segundo as necessidades dos guias e dos médiuns (para riscarem pontos, para cruzarem pessoas, para fazerem pós-específicos, para se tornarem condensadoras e anuladoras de energias negativas, etc.

Após todas as velas se queimarem, devem recolher as pembas, já consagradas pelos sagrados orixás e guardá-las em uma caixa ou envolvê-las em tecidos com as suas cores, só voltando a manuseá-las quando forem usá-las.

Esta forma de consagração é a mais simples de ser feita e deve ser dentro do congá ou na casa do médium, sempre em um local adequado.

B) Uma consagração já mais específica também existe e processa-se de manaira diferente, pois a consagração da pemba é feita nos campos vibratórios e devem ter a cor da irradiação sob a qual trabalham os guias*.

Se bem que há guias espirituais que atuam sob varias irradiações e preferem usar só a pemba branca porque nela se concentra e se condensa a maioria das vibrações divinas.

A exceção é em relação às vibrações que só se concentram nas pembas pretas ou vermelhas.

Estas duas cores são especiais porque nelas podem ser concentradas vibrações de irradiações divinas que pertencem a dimensões da esquerda (se vermelhas) ou a dimensões do embaixo (se pretas).

---

* N. do E.:Ver mais sobre este assunto no livro *Formulário de Consagrações Umbandistas*, Rubens Saraceni, Madras Editora.

As pembas vermelhas concentram e condensam as vibrações ígneas positivas ou passivas (da direita) e as vibrações ígneas negativas ou ativas (da esquerda). Portanto, é uma cor dual.

Já a pemba preta concentra e condensa vibrações das divindades regentes dos polos negativos das sete linhas de Umbanda, das divindades com funções opostas-complementares e seu uso é restrito aos Senhores Exus e Senhoras Pombagiras de Lei ou a médiuns iniciados e cujas mãos foram consagradas sob a regência e a irradiação das divindades regentes do Mistério das Sete Pembas Sagradas (divindades que regem e regulam o uso da Magia Riscada Simbólica Divina).

Este mistério e suas divindades regentes serão comentados em um outro livro, porque muitas pessoas que se dizem "mãos de pemba" ou iniciados na tal "Lei de Pemba" e até vendem a preço de ouro suas pembas consagradas desconhecem este mistério e nunca foram iniciados nele, ainda que se apresentem como grandes iniciados.

No que foram iniciados, não sabemos! E eles não dizem, pois podem ser desmascarados com facilidade.

O que sabemos é que são bons no convencimento de quem os ouve e paga-lhes caro por suas pembas fajutas e sem poder algum, além do que passarão a elas os guias espirituais dos médiuns, que não falam nada aos seus iludidos médiuns para não decepcioná-los ainda mais com os aproveitadores da boa fé dos médiuns umbandistas, sempre em busca dos fundamentos sagrados da sua religião mas, quase sempre, enganados facilmente por pseudos babalaôs ou pseudo-iniciados... em retóricas rebuscadas e infundadas.

O fato é que existe uma iniciação secreta no "Mistério das Sete Pembas Sagradas" e só quem passar por ele pode nomear-se "mão de pemba", pois em suas mãos todas a pembas se imantam naturalmente e os pontos que riscarem adquirem poder de realização assim que forem riscados.

N.A: Eu me lembro de que uma vez assisti a uma pantomima de um suposto "mão de pemba", quando ele riscou um amontoado desconexo de signos mágicos e estourou sobre seu "ponto cabalístico" uma bucha de pólvora, dizendo que aquilo (aquela pantomima para iludir incautos) iria acabar com uma suposta demanda feita contra mim.

Como eu percebi que ele fazia aquilo para impressionar-me e para se mostrar poderoso, calei-me e deixei ele viver a sua ilusão, passada para ele pelo seu "poderoso mestre-iniciador", outro iludido sobre a Magia de Pemba e que deixou vários seguidores antes de ser recolhido às sombras pela Lei Maior, ela sim, a regente do uso da Magia Riscada Simbólica Sagrada.

Bem, voltando ao nosso comentário, uma outra forma de consagração de pemba deve ser feita nos pontos de forças na natureza (os santuários naturais) e se processa desta forma:

1 — Faz-se uma oferenda ritual ao guia espiritual no campo de sua irradiação principal (mata, pedreira, cachoeira, cemitério, mar, etc.) e deposita dentro dela (cercada por velas na cor da pemba) a(s) pemba (s) que se deseja consagrar.

2 — Após feito isso, o médium deve incorporar o seu guia (da direita ou da esquerda), um cambone deve dar-lhe o que ele pedir, assim como as pembas a serem consagradas.

Os guias espirituais têm "mãos de pemba" e as imantarão e concentrarão nelas as vibrações das irradiações divinas nas quais foi iniciado e de cujas vibrações retira símbolos, signos e ondas vibratórias que inscrevem nos seus pontos.

3 — Após o guia consagrá-la, o cambone deve recolocá-las dentro do círculo da oferenda e deixá-las em imantação até que o guia desincorpore e o médium agradeça aos orixás e ao seu guia por consagrarem a sua pemba.

4 — Após os agradecimentos, o médium deve envolver a sua pemba em tecido da mesma cor que a dela e guardá-la, só voltando a manuseá-la se for riscar algum ponto cabalístico.

O local ideal no congá para guardar pembas consagradas desta forma é atrás das imagens dos orixás e guias (se as tiverem nos seus altares) ou em um compartimento dele, oculto dos frequentadores do seu centro.

No caso de serem membros de um centro, devem guardá-las em suas casas, mas mantê-las encobertas e acondicionadas em uma caixa fechada e fora do alcance dos seus familiares.

C) **Consagração especial de pembas na irradiação dos orixás:** este tipo de consagração é específico e especialíssimo e a consagração se processa por meio dos elementos (terra, água, ar, fogo, mineral, vegetal, cristal e tempo.

Esta é a mais poderosa consagração que existe e, após consagrá-la em uma vibração (elemento), a pemba se torna em si um instrumento ativo e realizador dos próprios poderes dos elementos e das vibrações que fluem através deles.

Esta consagração demanda tempo e deve ser feita somente por quem tem outorga de seu guia para fazê-la, pois curiosos e não outorgados nada conseguirão obter porque a Lei Maior é onisciente e sabe quem pode (ou não) realizar esse tipo de consagração.

A Toalha na Umbanda

O uso da tolha é generalizado na Umbanda, ainda que a maioria dos médiuns o faça segundo a orientação dos seus guias espirituais.

É certo que os guias pouco revelam sobre os fundamentos desse mistério e limitam-se a determinar como ela deve ser, que símbolo e signos devem inserir nelas... e nada mais.

Mas o fato é que a toalha, tal como a pemba, os colares, a espada, as ferramentas, as águas, as ervas, os pontos riscados, etc., é fundamento da religião umbandista e possui um mistério geral para todas, regido pelo orixá Oxalá e mistérios particulares para cada uma das cores inseridas nelas (ou delas) pois podem ser de todas as cores, inclusive a preta consagrada na irradiação de Exu.

O mesmo mistério que envolve as velas ou as pembas ou as fitas, os símbolos ou as ferramentas envolve as toalhas.

Que fique certo que quem rege o mistério da toalha é o orixá Oxalá e todos os outros servem-se dele por meio das suas cores identificatórias.

As toalhas têm varias medidas e atendem a várias necessidades, tais como:

— Toalhas de cabeça
— Toalhas de pescoço
— Toalhas de identificação

— Toalhas de cobertura do peito
— Toalhas de cobertura das costas
— Toalhas de trabalhos espirituais e mágicos

Vamos comentá-las uma a uma:

1º) Toalha de cabeça: é usada para cobrir a cabeça e devem enrolá-la de tal forma que ela fique firme para não se soltar, tal como a usam os "árabes".

2º) Toalha de pescoço: esta toalha é retangular e seu comprimento deve ser tal que ela se pareça com uma estola que, quando colocada, suas pontas fiquem um pouco abaixo do umbigo.

Sua largura tem mais ou menos 30 cm. Já o seu comprimento varia em função da altura das pessoas.

3º) Toalha de identificação: esta toalha é retangular e traz em um de seus lados o ponto simbólico da tenda frequentada pelo médium. Seu comprimento é de mais ou menos 70 cm e sua largura é de mais ou menos 20 cm.

Usa-se prendê-la na cintura, deixando-a cair pelo lado da coxa direita. Ela não deve ter sua ponta abaixo do joelho.

Usá-la no lado esquerdo não é correto.

4º) Toalha de cobertura do peito: esta toalha deve ser usada em giras onde incorporam orixás femininos. Suas duas pontas de cima devem ser amarradas com nós firmes para não se soltarem enquanto elas giram.

As suas cores devem ser as dos orixás.

5º) Toalhas de cobertura das costas: esta toalha é usada em cerimônias quando os médiuns passam por determinadas iniciações ou consagrações. Sua cor é branca e deve ter no seu centro o ponto riscado do guia chefe do médium.

6º) Toalha de trabalhos mágicos e espirituais: esta toalha deve ter estas medidas: 60 cm de largura e 180 cm de comprimento.

Ela deve passar por consagrações específicas nas sete irradiações, tornando-a um portal multidimensional e a cada consagração ela deve ser orlada com uma fita de cetim na cor dos orixás regentes de cada vibração.

Após consagrá-la nas sete vibrações divinas da Umbanda ela pode ser usada pelo médium nos seus trabalhos espirituais.

Uma toalha consagrada é poderosíssima e seu uso é desta forma:

1º) Estende-se a toalha sobre uma esteira para não sujá-la. Depois, deita-se a pessoa sobre ela e o médium ajoelha-se diante dos pés da pessoa e entoa cantos do orixá que deseja que atuem sobre a pessoa curando-a, descarregando-a, purificando-a, cortando demandas, amarrações, etc.

2º) Deita-se a pessoa sobre a esteira, cobrindo-a com a toalha. Depois, procede-se a cantos e determinações mágicas na força dos sagrados orixás para que as sete vibrações divinas imantem os sete campos vibratórios da pessoa sob ela e dissolvam todas as vibrações negativas projetadas contra ou atraídas por ela, assim como removam todas as energias condensadas nesses campos.

Também devem determinar que todas as formas de vida elementares que tenham se alojado nos corpos internos da pessoa sejam retiradas.

Ela, colocada desta forma, anula trabalhos feitos com Eguns, com a fotografia da pessoa, os encantamentos negativos, trabalhos com bonecos, enterrados em covas, etc.

A Magia Divina e a Umbanda

O Tempo na Umbanda

Para escrever sobre a Magia Divina preciso retroceder no tempo e voltar ao ano de 1982, quando eu estava sofrendo (já naquela época) pesados ataques do baixo astral, ataques estes desfechados a partir de Magias Negras feitas por concorrentes que queriam atingir-me materialmente porque eu possuía uma próspera casa de carnes em São Caetano do Sul.

O que eu já havia aprendido na Umbanda era o que todos os umbandistas aprendiam (e ainda aprendem hoje), e isso não era suficiente para cortar demandas feitas por pessoas conhecedoras das Magias Negras mais terríveis.

Lembro-me de que então começaram a chegar alguns guias espirituais diferentes, ainda que se apresentassem como Caboclos, Pretos-Velhos ou Exus, mas que também diziam-me que eram "magos".

E faziam algumas coisas até então desconhecidas por mim, mas que ajudavam a cortar aquelas magias.

Eram Guias de Umbanda e eram Magos, e isto (a magia) me atraiu e ali começaram a ensinar-me coisas até então não ensinadas nos centros que eu havia frequentado como médium. E em 1984 a coisa só piorou, porque abrimos o nosso centro de "fundo de quintal" (em um porão para ser mais exato) em um bairro (Jardim Ercília) cheio de terreiros e de pessoas que viviam de dar consultas e de fazer trabalhos remunerados para seus clientes.

Então começaram a vir demandas tanto do meu lado comercial quanto espiritual e eu havia virado "garçom de Exu", de tantos despachos que eu tinha que fazer para eles quebrarem as demandas feitas contra mim.

Creio que isso foi o desencadeador do meu desprezo contra quem faz Magia Negra e, creio eu, minhas explosões de revolta contra aquele estado das coisas porque, conversando com amigos, eles me diziam que com eles era a mesma coisa: choques com o baixo astral e demandas!

Também creio que meu inconformismo com aquele estado das coisas alcançou alguma esfera superior e comoveu os poderes divinos, pois os guias-magos começaram a ensinar-me coisas simples que cortavam Magias Negras poderosíssimas feitas por profundos conhecedores delas, alguns até com "cursos" de especialização nesse campo feitos com feiticeiros oriundos de outros países.

Uma das primeiras magias que me ensinaram foi a do Tempo e como firmá-lo de uma forma totalmente diferente da forma usada nos cultos de nação, e ensinaram-me que Iansã é a Guardiã Divina dos Mistérios do Tempo, mas que havia uma divindade feminina, Logunan, que formava um par vibratório com Oxalá e que ela sim, é que era a Regente dos Mistérios do Tempo.

Ensinaram-me que Iansã rege os Mistérios do Ar e que Ogum é o Guardião dos Mistérios regidos por Iansã. Ensinaram-me como firmar o "tempo" e seus poderes religiosamente e iniciaram-me na Magia do Tempo para eu poder ensiná-la a outras pessoas no futuro.

E quando eu firmei o Tempo no lado de fora do meu terreiro de Umbanda (já em outro local) ali, na firmeza da minha mãe Logunan, eu cortava a maioria das demandas feitas contra mim ou meus "filhos de fé" sem usar mais elementos que uma vela branca, uma vela preta e uma cabacinha cheia de água amarrada em um bambu espetado na terra.

E os guias-magos diziam-me: isto não é de nenhum culto de nação. É seu e dos seus irmãos umbandistas! Use e ensine quem quiser aprender a verdadeira Magia Divina da Umbanda Sagrada.

Na época procurei tanto nos livros de escritores umbandistas como de autores candomblecistas e não encontrei nada escrito que me esclarecesse as diferenças entre orixás regentes de mistérios (eles são os mistérios em si mesmos) e os orixás guardiões de mistérios (eles regulam a ação dos mistérios na vida das pessoas).

Assim como não encontrei uma explicação para o que os guias-magos haviam me ensinado: há uma Divindade Regente do Tempo (Nahe iim) e uma Divindade Guardiã dos Mistérios do Tempo (Ça-iim).

Nos candomblés nigerianos o orixá associado ao tempo é Iroko, e nos candomblés do tronco linguístico Bantu há cantos e até há um culto (velado) ao Tempo.

Estudando os sincretismos do Tempo nas várias culturas religiosas antigas notei que ele está em todas elas, assim como notei que também havia divindades associadas aos fatores atmosféricos (chuva, vento, raios, tempestade, etc.).

E os mestres-guias-magos insistiam na afirmação de que havia um orixá feminino que gera em si os ciclos e ritmos da criação e é em si o tempo, onde tudo acontece e evolui e ela forma um par vibratório com Oxalá, que é em si o mistério do espaço multidimensional.

— Tempo e espaço estão na Teologia de Umbanda e muito bem definidos, ainda que Oxalá seja um orixá conhecido de todos e a orixá feminino que forma esse par único não seja, ou até seja sincretizado com Iansã.

— Ela gera o fator tempo e ele gera o fator espaço. Juntos são o tempo e o espaço onde os outros orixás se realizam religiosamente na vida dos seres.

— Ele é a fé, a estabilidade, ela é o dinamismo que a religiosidade impõe a todos os seres.

Eu tinha o nome silábico, sagrado mântrico dela (Nahe iim), mas ainda não tinha o seu nome em Yorubá, e aí estava a minha dificuldade em ensiná-la aos umbandistas para que estes, de uma forma só nossa, pudessem oferendá-la, firmá-la em seus centros e beneficiarem-se dessa poderosa mãe geradora do Tempo, tão poderosa que na sua firmeza viramos demandas, cortamos trabalhos com eguns, limpamos os nossos centros, etc.

E tudo porque eu não tinha um nome yorubano!

Então Pai Benedito de Aruanda comunicou-me: Oiá no Candomblé Nagô e Iansã na Umbanda, certo? Logo, a regente e orixá geradora do Tempo receberá o nome Logunã e a Guardiã dos Mistérios do Tempo receberá o nome Iansã, pois repetir Matta e Silva que trouxe Yori e Yorimá e não foi aceito não dará certo. ·

Logunã ficará como o Tempo e Iansã como a Lei... e que o tempo e a lei nos amparem das tempestades que advirão dessa codificação ousada.

Tempestades (magias terríveis) é o que não tem nos faltado desde então. Mas tanto o Tempo quanto a Lei (tanto Logunã quanto Iansã) têm nos amparado e nos livrado do que os adversários dessa codificação ousada têm tentado nos infligir: a nossa destruição!

Mas que todos os umbandistas saibam disso: para terem o amparo de Logunã (do tempo-mistério) tanto para si quanto para as suas tendas é muito simples e fácil de ser feito, desde que creiam e queiram ter essa mãe do Tempo em suas vidas de forma consciente.

Como eu fui incumbido de abrir o culto ao Tempo na Umbanda, também tornei simples a sua firmeza e o seu assentamento, assim como a chamada para a incorporação das suas falangeiras (seres femininos naturais e manifestadoras religiosas dessa nossa mãe geradora do Tempo).

— Oferenda: frutas ácidas, licor de menta, flores do campo, velas brancas e azuis escuras.

— Firmeza no tempo (campo aberto):

a) 13 pedaços de bambu de mais ou menos um metro fincados no solo, formando um círculo.

b) 13 velas brancas e 13 velas pretas acesas em círculo, por fora dos bambus acendem-se as velas pretas e por dentro do círculo acendem-se as velas brancas.

c) 13 copos com água entre os bambus.

d) No centro desse círculo coloca-se uma cabaça (poronga) grande em pé e com a tampa do gargalo cortada. A cabaça deve ser enchida de água limpíssima.

e) Nos bambus devem amarrar fitas brancas e pretas (13 de cada cor).

f) No centro também devem fincar um bambu com uma cabaça amarrada nele e cheia de água. Após a queima das velas devem recolher esse bambu e levá-lo para o centro ou para casa, fincá-lo no quintal (a céu aberto) e dali em diante devem firmar o Tempo a cada 7 dias. A firmeza é simples e consiste em acender uma vela branca e outra preta perto do bambu. Também devem encher com água a cabaça.

A cabaça deve ser amarrada no bambu com uma fita branca e outra preta.

Após acenderem as velas e darem água ao Tempo, devem saudá-lo curvando-se e tocando o solo com a testa, pedindo-lhe proteção para si, sua casa e sua família (se o culto for doméstico) ou para sua tenda, para seus filhos de fé, para os seus trabalhos espirituais e que todas as cargas negativas e demandas contra a tenda sejam arrastadas para o tempo e nele sejam esgotadas.

Também podem pedir que elas sejam viradas e enviadas de volta para quem as fez, punindo-os.

Já a cabaça grande, devem recolhê-la e levá-la para colocá-la sobre o nosso altar e mantê-la sempre cheia de água pois esta é a sua firmeza no interior do seu terreiro. A parte do gargalo dela, e que foi cortada, deve ser cobrerta com um tecido branco.

Aí tem uma firmeza, oferenda e assentamento do tempo na Umbanda, tudo isso foi transmitido a nós por quem é de direito: os guias mentores de Umbanda Sagrada!

Cerimônia Fúnebre

Ritual de Purificação do Corpo e Encaminhamento do Espírito

Purificação do Corpo:
1º- Purificação do corpo com incenso
2º- Purificação do corpo com água consagrada
3º- Cruzamento do corpo com a pemba branca
4º- Cruzamento do corpo com óleo de oliva
5º- Borrifação do corpo com essências e óleos aromáticos

Encomenda do Espírito:
1º- Apresentação do falecido
2º- Palavras acerca dos espíritos
3º- Prece ao Divino Criador Olorum
4º- Canto de Oxalá
5º- Hino da Umbanda
6º- Canto de Obaluaiê
7º- Canto ao Orixá de Cabeça do falecido
8º- Despedida dos presentes
9º- Fechamento do caixão
10º- Transporte do corpo ao cemitério
11º- Enterro do corpo
12º- Cruzamento da cova onde foi enterrado
Purificação do Corpo: como o sacerdote umbandista deve proceder

1º- Purificação do corpo com incenso: o sacerdote deve incensar o corpo do falecido proferindo estas palavras:

— Irmão (fulano de tal) neste momento eu incenso seu antigo corpo carnal e peço a Deus que onde você estiver que o seu espírito receba este incensamento e seja purificado de todos os resquícios materiais ainda agregados nele, tornando-o mais leve e mais puro para que você possa alçar seu ao voo espiritual rumo às esferas superiores da vida.

2º- Purificação do corpo com a água consagrada:

— Irmão (fulano de tal) neste momento eu purifico o seu antigo corpo com a água consagrada para que onde você estiver o seu espírito receba esta purificação de todos os resquícios materiais ainda agregados nele, tornando-o mais puro para que você possa alçar seu voo espiritual rumo às esferas superiores da vida.

3º- Cruzamento com a pemba branca consagrada:

— Cruzar a testa, a garganta e as costas das mãos, dizendo estas palavras:

— Irmão (fulano de tal) neste momento eu cruzo o seu antigo corpo com a pemba branca consagrada para que onde você estiver o seu espírito fique livre de todos os resquícios dos cruzamentos materiais ainda agregados nele, desobrigando-o de responder àqueles que fizeram esses cruzamentos em você quando você ainda vivia no plano material e com isso torno-o livre para que possa alçar seu voo espiritual rumo às esferas superiores.

4º- Cruzamento com o óleo de oliva consagrado:

— Untar o ori, cruzar a testa, cruzas as costas das mãos e o peito do corpo do falecido, dizendo estas palavras:

— Irmão (fulano de tal) neste momento eu unto o seu ori anulando nele os resquícios das firmezas de forças feitas em sua coroa e retiro dela a mão de quem as fez, purificando o seu espírito e livrando-o de ter que responder aos chamamentos de quem quer que seja e que tenha permanecido no plano material ou de quem quer que seja e que ainda se sinta seu superior e seu responsável nos assuntos relacionados às suas antigas práticas religiosas, e com isto torno-o livre para que possa alçar seu voo rumo às esferas superiores.

5º- Aspergir com essências e óleos aromáticos:
— Aspergir com uma essência aromática desde a cabeça até os pés o corpo do falecido.
— Aspergir com um óleo aromático desde a cabeça até os pés o corpo do falecido.
Durante esses atos devem ser ditas estas palavras:
— Irmão (fulano de tal) onde quer que você esteja neste momento que o seu espírito seja envolvido por esta essência e este óleo para que assim você possa alçar seu voo rumo às esferas superiores envolto numa aura perfumada e com o seu espírito livre de quaisquer resquícios materiais que nele ainda pudessem ter restado.

Encomenda do Espírito

1º- Apresentação do falecido:
— O próprio sacerdote ministrante ou uma pessoa que conheceu bem o falecido deve neste momento da cerimônia fúnebre dizer algumas palavras sobre ele aos presentes.

2º- Palavras acerca da missão do espírito que encarna:
— O sacerdote ministrante deve recitar algum texto escolhido por ele ou recitar de si mesmo algumas palavras sobre a missão do espírito que encarna e do que ele leva para o mundo dos espíritos quando do seu retorno à morada maior.

3º- Prece ao Divino Criador Olorum (Deus):
— Olorum, senhor nosso Deus e nosso Divino Criador, eis-nos reunidos à volta do corpo carnal do teu filho (citar o nome do falecido) que cumpriu sua passagem pela terra com fé, amor e confiança, e não esmoreceu em momento algum diante das provações a que se submeteu para que pudesse evoluir e aperfeiçoar ainda mais a sua consciência acerca da Tua Grandeza, Senhor Nosso Pai!
Acolha seu espírito que já retornou ao mundo maior onde está a morada dos que O servem com humildade, fé e caridade Senhor Nosso Pai!
Envolva-o na Tua Luz Divina e Ampare-o no Teu amor eterno, Senhor Nosso Pai.
Amém!

4º- Canto de Oxalá:

— O sacerdote ministrante ou a corimba deve puxar um ponto cantado de Oxalá, e após ele terminar deve dirigir algumas palavras a este Orixá maior na Umbanda solicitando-lhe que acolha o espírito do falecido, ampare-o e direcione-o para as esferas superiores do mundo espiritual.

5º- Hino da Umbanda:

— O sacerdote ministrante ou a corimba deve cantar o hino da Umbanda em homenagem ao espírito do falecido que durante a sua passagem pela Terra seguiu a religião umbandista.

6º- Canto de Obaluaiê:

— O sacerdote ministrante ou a corimba deve cantar um ponto de Obaluaiê e após ele terminar deve dirigir algumas palavras a esse Orixá, que é o Senhor das Almas e do Campo-Santo para que acolha o espírito do falecido e ampare-o durante o seu transe de passagem do plano material para o plano espiritual direcionando-o para o seu lugar nas esferas espirituais.

7º- Canto ao Orixá de Cabeça do falecido:

— O sacerdote ministrante deve proferir algumas palavras sobre o Orixá de Cabeça do falecido pedindo-lhe que ampare o espírito do seu filho(a) durante seu retorno ao mundo dos espíritos.

8º- Despedida dos presentes na cerimônia:

— Todos os presentes, começando pelos seus familiares devem dar a volta no caixão onde está depositado o corpo do falecido despedindo-se dele e desejando-lhe uma vida luminosa e virtuosa no mundo espiritual.

9º- Fechamento do caixão:

— O caixão deve ser fechado pela pessoa responsável pela funerária encarregada do seu enterro.

10º- Transporte do corpo ao cemitério:

— Se esta cerimônia foi realizada no centro onde o falecido frequentava ou em sua casa o caixão deve ser carregado pelos seus familiares e amigos até o veículo que o transportará até o cemitério onde deverá ser enterrado. Mas se esta cerimônia for realizada na capela do cemitério onde será enterrado, então o seu transporte deverá ser feito desde a capela até o seu túmulo da maneira que for recomendado pelos responsáveis pelo cemitério onde ele será enterrado.

11º- Enterro do corpo:
— O caixão, após ser depositado dentro da cova, deve receber uma fina camada de pemba ralada antes que seja coberto de terra.

12º- Cruzamento da cova onde o falecido foi enterrado:
— Após o túmulo ser coberto de terra e as flores serem depositadas sobre ele o sacerdote ministrante deve cercá-la com pemba ralada criando um círculo protetor a sua volta, e deve acender quatro velas brancas, uma acima da cabeça, uma abaixo dos pés, uma do lado direito e outra do lado esquerdo formando uma cruz, e proferir estas palavras:

— Divino Criador Olorum, amado pai Obaluaiê, amado pai Omolu, senhores guardiões do Campo Santo, aqui eu selo e cruzo a cova onde (fulano de tal) teve seu corpo enterrado impedindo assim que ela venha a ser profanada e impedindo que seu espírito venha a ser perturbado por quaisquer ações que possam ser intentadas contra ele a partir de agora.

Batismo na Umbanda

1) Abertura de trabalho completa.

2) Comentário sobre a necessidade e os benefícios do batismo.

3) Elementos ritualísticos usados no batismo: água, banha de carneiro, pemba ralada, vela batismal.

4) Entregar a vela batismal branca aos pais (se o batismo for de uma criança) ou à própria pessoa (se ela tiver condições de segurá-la).

5) O batismo:

a) perguntar aos pais, se for o batismo de uma criança, se desejam batizá-la na Umbanda. Se for o batismo de uma pessoa adulta, perguntar-lhe se ela deseja se batizar por livre e espontânea vontade.

b) apresentar a Olorum (Deus) a pessoa a ser batizada.

c) determinar o par de padrinhos divinos da pessoa a ser batizada.

d) conceder a um homem e a uma mulher a honra de representarem aqui na Terra o par de padrinhos divinos (cada padrinho deverá segurar na mão direita uma vela batismal da cor que representa o padrinho divino).

e) posicionar os padrinhos ao lado dos pais (se for o batismo de uma criança) ou atrás da pessoa.

f) iniciar o batismo da pessoa, primeiramente purificando sua coroa ou ori com água.

6) Passar a banha de carneiro na coroa, na testa, na nuca, na palma das mãos e na sola dos pés.

7) Colocar pemba ralada em todas as partes do corpo untadas com ela.

8) Cruzar a pessoa com uma vela batismal branca, que simboliza Olorum (Deus).

9) Solicitar ao par de padrinhos que abençoem a pessoa batizada em nome de Olorum e o Orixá que ali, na cerimônia, está representando.

10) Encerrar o batismo com uma prece de bênção à pessoa batizada.

Sacerdócio

Assentamento de Forças

O assentamento de forças em um Templo de Umbanda é de importância fundamental porque esse assentamento é o meio indispensável que os orixás e os guias espirituais precisam para poder atuar com desenvoltura em todos os campos vibratórios a partir do plano material, que é o acesso natural a todos os planos da criação, a todas as dimensões da vida, a todas as faixas vibratórias, a todos os reinos da natureza e a todos os domínios onde os seres vivem e evoluem.

O ato de assentamento de forças é o início da criação de um templo porque, sem elas assentadas, não há como um guia espiritual, que atua em uma vibração específica (de Ogum, por exemplo) solucionar o problema de uma pessoa localizado na vibração de outro orixá.

Para que entendam isso, saibam que cada orixá é, em verdade, uma vibração divina na qual o Criador se realiza e faz surgir tudo o que é necessário para que a vida flua em todo o seu esplendor e magnitude, porque ela não está limitada unicamente a nós, os espíritos.

Não, a vida é muito mais ampla e envolve tudo nos meios onde ela flui.

Quando falamos no "Mistério Oxum" (ou outro dos mistérios de Deus) estamos falando em algo de tão grande esplendor e magnitude, que estamos falando dos espíritos regidos por esse mistério; das plantas (flores, frutos, sementes, etc.) regidas por esse mistério; dos animais (bichos, répteis, peixes, etc.) regidos por esse mistério; dos sentimentos (amor, ternura, carinho, afetividade, concepção, maternidade, uniões, etc.) regidos por esse mistério.

Estamos falando de uma natureza divina (de Deus) que flui naturalmente através de um dos seus mistérios ao qual denominamos orixá Oxum.

Oxum, o Mistério de Deus, participa da construção do Universo porque é o mistério conceptivo d'Ele. É em Oxum que Deus concretiza o que sua mente divina concebe, e por isso Oxum é sinônimo de concepção em todos os sentidos, desde a concepção do Universo até o ato singelo de uma abelha conceber a sua colmeia e o seu enxame de abelhas trabalhadoras da natureza, ou de uma plantinha delicada conceber-se em si mesma e multiplicar-se na própria natureza, também concebida em Oxum, o mistério da concepção da vida... e do meio onde a vida flui.

O ato de se assentar um orixá é o ato de assentamento de um mistério dentro do templo, trazendo-o para dentro dele e potencializando-o, pois está espalhado de modo uniforme por toda a criação e à disposição de todos igualitariamente.

O mistério é neutro na sua manifestação natural. Mas nós, ao assentá-lo em nosso templo, estamos concentrando-o em seu assentamento e adaptando sua vibração coletiva, universal e uniforme à do nosso orixá individual, que é o manipulador e concentrador divino dele, porque é em si uma individualização em um ser de natureza divina, que são os orixás individuais de cada médium que, por sua vez, é um concentrador e manipulador espiritual do mistério que assentar em seu templo.

Entendam bem o sentido do que descrevemos acima porque é de fundamental importância que, quando forem fazer vossos assentamentos, os façam com concentração, respeito, preceitos, segurança e confiança, já que ele é o elo material de uma cadeia que começa em Deus e chega até vocês, o elo espiritual materializado dessa cadeia.

Um assentamento é um ponto de forças individual (do médium) e abre-se para todas as dimensões da vida, e para todos os graus vibratórios da criação.

Se Oxum, por exemplo, é um dos graus vibratórios de Deus que alcança com sua vibração tudo e todos que Deus criou nessa sua vibração divina, esta mesma vibração se abre para todas as outras vibrações d'Ele por meio dos seres divinos manifestadores do Mistério Oxum, e que são denominadas de mães Oxum.

Sim, o mistério em si mesmo, nós o chamamos de Oxum.

Já as divindades que "entram" nas outras vibrações, cada uma através de uma faixa ou grau vibratório específico da criação e que são chamados de correntes eletromagnéticas vivas e divinas, e que fluem horizontalmente por toda a criação, estas são chamadas de Oxuns e estão "assentadas" em seus tronos energéticos se só geram a energia "Oxum" ou em seus "tronos-degraus" se são regentes não só da natureza (do meio), mas também regem a evolução dos seres (espíritos), das criaturas (bichos) e das espécies (plantas, elementais, etc.).

Há duas classes de divindades médias: as que estão voltadas unicamente para a natureza e as que estão voltadas para o amparo da vida que flui nessa mesma natureza (os seres, as criaturas e as espécies).

Na Magia Divina, trabalhamos com as classes de divindades energéticas voltadas para o amparo e equilíbrio da natureza, em seu sentido mais amplo, porque alcançamos até a natureza íntima da pessoa que ajudamos com a magia.

Já as divindades voltadas para o amparo, equilíbrio e a evolução dos seres, das criaturas e das espécies, estas atuam pelo sentido da fé, da religiosidade e da evolução dos seres e as ativamos mentalmente ou magisticamente:

— Mentalmente, nós as ativamos com os de cantos litúrgicos e orações.

— Magisticamente, nós as ativamos mediante oferendas rituais em seus pontos de forças na natureza.

Essa ativação religiosa também é chamada de "Magia Ritual", um pouco diferente em seus procedimentos da Magia Divina, mas com a qual compartilha os elementos comuns a ambas.

Um assentamento genuíno é a fusão dessas duas magias em um único ponto de forças individualizado e restrito aos trabalhos a serem realizados pelo médium por intermédio dos seus guias espirituais e da sua religiosidade.

Os assentamentos das "forças" de um médium não é algo que deve ser feito de uma só vez, mas sim, deve ser feito à medida que essas forças vão se apresentando e solicitando suas "ferramentas" (elementos naturais ou os manufaturados pelo seu médium).

— Os elementos naturais são os encontrados na natureza e estão em estado bruto ou como foram gerados nela (sementes, raízes, folhas, flores, pedras, minérios, águas, etc).

— Os elementos manufaturados pelo próprio médium (quando lhe é possível) são os colares, as armas simbólicas, etc., e que devem seguir as especificações de quem as solicitou porque cada guia espiritual e cada orixá individual possui sua individualidade dentro do seu mistério, exigindo certas diferenciações, ainda que em um mistério existam elementos comuns a todos ou como é chamado por nós: elementos de contato entre seres divinos ou espirituais manifestadores de um mesmo mistério.

Os elementos, após serem adquiridos pelo médium, devem ser purificados, alguns em água corrente e outros no fogo (luz de velas).

Após serem purificados, devem ser consagrados pelos guias ou pelos seus orixás.

A consagração pode ser feita de duas maneiras:

1ª) Na natureza, no ponto de forças do guia ou do orixá.

2ª) Dentro do Templo, em Cerimônias específicas.

O procedimento é este:

1) Purificar os elementos;

2) Envolvê-los em um tecido apropriado;

3) Ir até o ponto de forças da entidade (guia ou orixá) e abrir uma oferenda ritual (velas, essências, flores e alimentos), com o círculo de velas amplo o suficiente para que possam colocar dentro dele os elementos a serem consagrados;

4) Fazer evocações, orações e cantos da entidade, pedindo a ela que imante os elementos com sua energia (axé);

5) Se possível, é recomendável que a entidade incorpore e um(a) auxiliar ou cambono coloque em suas mãos os elementos, um a um, para que seja "trabalhada", magnetizada e consagrada por quem terá nela um meio material através do qual atuará em benefício dos encarnados e dos trabalhos espirituais;

6) Após a consagração dos elementos, estes devem ser novamente envoltos no tecido e levados para casa, onde deverão ser guardados em um local apropriado ou devem levá-lo ao Templo, onde deverão ser colocados nos locais indicados pela entidade pois ela terá nesses elementos um recurso poderoso, que ativará e direcionará segundo suas necessidades, as do Templo e as do seu médium.

— Esses elementos, se de entidades da direita, devem ficar no altar ou dentro do Templo.

— Se forem elementos de entidades da esquerda, devem ser colocados no local destinado às suas firmezas, na tronqueira, no lado de fora do Templo ou numa dependência isolada dentro dele (um cômodo ou casinha de Exu).

Na Umbanda, não fazemos sacrifícios de animais (galos, galinhas, pombos, bodes, etc.) nas consagrações desses elementos; essas práticas são tradição no Candomblé, que também procede segundo rituais próprios.

Se somos uma religião, e somos, então não precisamos copiar os rituais de outras, e sim desenvolvermos os nossos, aperfeiçoá-los e recorrermos a eles sempre que precisarmos, sem nos preocuparmos se o nosso ou os dos outros é o mais "forte".

Afinal, o que um "pai-de-santo" às vezes com conduta mercantilista, e apenas interessado em obter alguma vantagem sobre os médiuns de Umbanda, poderá fazer nesse sentido?

Será que um guia espiritual de Lei, com moral ilibada, apenas movido pelo interesse de auxiliar seu médium ou os que se colocam sob sua orientação e pura luz e amor, não tem mais poder que certos "pais-de-santo" mercantilistas, desprovidos de qualquer sentimento de irmandade ou de fraternidade?

Cuidado, médium de Umbanda, você poderá se deixar impressionar por rituais pomposos ou misteriosos e fazê-los, acreditando que sua vida vai mudar para melhor e que suas "forças" se tornarão poderosíssimas, mas o que temos visto na maioria dos casos de umbandistas que assim procederam é que suas forças minguaram, muitos dos seus guias se afastaram, seus orixás viraram-lhes as costas, quiumbas ou eguns tomaram seus lugares... e tanto suas vidas entraram em parafuso quanto seus Templos tornaram-se vazios ou vieram mesmo a fechar!

E isso tudo sem acrescentarmos que se tornaram escravos-alimentadores de mercantilistas e falsos sacerdotes, travestidos de grandes conhecedores dos fundamentos dos Orixás.

Há uma disputa acirrada para se conseguir "filhos" pois, quanto mais alguém possuir, mais prestígio terá.

Então, acautele-se umbandista!

Sacerdócio Vocacional Umbandista

A Umbanda, ao longo de sua existência, tem ajudado tantas pessoas com seu meritório trabalho socorrista espiritual que se destaca entre as várias religiões existentes em nosso país.

Ela é vista pelas outras religiões não afros como mais uma seita de "pagãos" ou fetichista ou animista, ainda que nós não aceitemos essas classificações.

Bem sabemos como as pessoas são ajudadas em nossos trabalhos espirituais: elas chegam sofridas, desorientadas, perturbadas, obsediadas, desequilibradas, doentes, desempregadas, desesperançadas, etc., e logo são atendidas pelos nossos guias que se desdobram para ampará-las e devolver-lhes a paz perdida por causa dos seus sofrimentos.

Muitas pessoas são ajudadas logo na primeira consulta com os guias. Outras precisam de um tratamento e um acompanhamento que dura semanas ou meses. Outras descobrem-se médiuns e começam seus desenvolvimentos mediúnicos, integrando-se às correntes de médiuns das tendas de Umbanda.

Mas há aqueles que não se encontram, mesmo indo a várias tendas diferentes e consultando-se com guias e médiuns de capacidade comprovada.

Esses, infelizmente, saem falando que foram atrás de "macumba", mas era tudo fajuto, pois não resolveram seus problemas.

Quanto a esses, nada temos a dizer porque foram, são e sempre serão os "incompreendidos" pela vida, e até por Deus, não?

Bem, quanto ao ótimo trabalho socorrista ou de acolhimento dos necessitados, nota máxima para a nossa religião. Mas...

Mas a Umbanda, se está muito bem preparada para ajudar as pessoas que vão às suas tendas para resolver seus problemas e depois se afastarem delas, só voltando quando novos problemas surgirem, não se preparou para acolher estas pessoas e desenvolver nelas o senso de religiosidade, convertendo-as e doutrinando-as, integrando-as e fazendo com que elas se sintam umbandistas. Nós não estamos preparados para ser seus sacerdotes de fato, mas sim, só estamos preparados para socorrê-las e mandá-las para casa, onde continuarão a sentir-se cristãs.

Desde o seu início a Umbanda privilegiou a pessoa médium e deu pouca ou nenhuma atenção às pessoas que acorriam aos milhares às suas tendas em busca do lenitivo espiritual para suas mazelas, convertendo-as.

E assim tem sido e se não fizermos algo a situação não mudará nunca porque a atual geração de dirigentes umbandistas só aprendeu a socorrer espiritualmente com seus guias quem vai às suas tendas em busca de ajuda.

Assim, e sem culpar ninguém por essa situação, a Umbanda deixou de converter milhões de brasileiros, de doutriná-los e de torná-los o seu rebanho de fiéis e de adeptos.

Hoje, quase um século depois de seu início, a Umbanda é mostrada como uma seita com cerca de 400.000 adeptos pelas estatísticas oficiais, ainda que saibamos que só o número de médiuns seja de várias vezes esse número.

Assim, percebemos que nem o número exato de umbandistas médiuns está correto porque até os umbandistas respondem ao censo que são católicos, cristãos, espíritas, etc.

Sim, afinal, foram batizados na igreja católica e muitos se sentem constrangidos em assumir que são pessoas diferentes, pois são médiuns e que são praticantes de uma religião discriminada tanto social quanto profissionalmente.

E as causas desse estado da religião umbandista deve-se unicamente à postura de todos nós, dirigentes espirituais, em relação a quem nos procura.

Os sacerdotes das outras religiões são ágeis na conquista de novos fiéis, adeptos e seguidores das suas crenças e doutrinas religiosas e não deixam escapar uma só pessoa que adentra em seus templos em busca de ajuda.

Acolhem quem os procuram e trabalham com afinco o senso de religiosidade deles, convertendo-os e integrando-os às suas religiões, que crescem geometricamente porque ainda orientam o novo fiel a trazer novos adeptos, valorizando muito quem se dedica a essa atividade de proselitismo religioso.

E nós umbandistas, o quê fazemos nesse sentido?

— Nada, não é mesmo?

Nossas tendas são pequenas ou são um pequeno cômodo no fundo das nossas casas e não comportam uma grande assistência, certo?

Além do mais, se uma pessoa já foi atendida e ajudada pelos nossos guias, é hora de ela se afastar para que outros possam ser ajudados, não é mesmo?

Assim, tanto nós e nossos guias aconselhamos os consulentes a só voltarem caso tenham novos problemas como eles, sentindo-se bem, não sentem necessidade de ficar tomando passes toda semana, não é mesmo?

Aqui, neste ponto, está o nó górdio que nenhum umbandista conseguiu desatar até agora, porque não aprendeu como acomodar dentro da Umbanda as pessoas ajudadas pelos nossos guias.

Mas nós, inspirados e orientados por espíritos mentores da Umbanda, temos a solução para esse problema e desenvolvemos uma alternativa muito positiva.

A solução consiste em algo que exige coragem, dedicação e religiosidade das pessoas que aderirem a essa alternativa umbandista.

— Coragem, porque os adeptos do pronto-socorro e nada mais, antes de conhecerem-na já se voltaram contra dizendo que é bobagem investir seu precioso tempo na religiosidade, na conversão e doutrinação de quem busca ajuda em seus centros.

— Dedicação, porque um sacerdote vocacional será um religioso umbandista responsável pelo seu grupo de fiéis.

— Religiosidade, porque só quem se sente bem vivenciando sua religiosidade é generoso o suficiente para compartilhá-la com outras pessoas e assumirá a orientação delas como um genuíno sacerdócio.

Nós acreditamos que é possível reverter o atual quadro da Umbanda e torná-la tão grande quanto as igrejas evangélicas ou centros espíritas.

Acreditamos nos poderes divinos que se manifestam na Umbanda e já comprovamos em cultos coletivos o bem-estar que proporcionam aos seus participantes.

Temos tido um retorno muito positivo das pessoas que participam deles e nos elogiam, dando verdadeiros testemunhos sobre o poder dos sagrados orixás.

A nossa proposta, amparada pelos mentores espirituais da Umbanda é inovadora e visa criar um corpo de sacerdotes umbandistas que possam formar grupos de adeptos, convertê-los em ritos específicos e conduzi-los dali em diante e pelo resto da vida deles, assumindo para o seu grupo de fiéis a mesma importância que têm os sacerdotes das outras religiões para os seus rebanhos.

— Sabemos que muitos dirão: isto não é Umbanda!

Mas será que os sagrados orixás só se dispõem a amparar os trabalhos espirituais ou a receberem oferendas e pedidos de ajuda após elas serem feitas?

— Será que eles não têm o poder divino de sustentarem as pessoas a partir dos sentimentos de fé que vibram por eles?

Se não fossem capazes de fazer isso pelas pessoas que os amam, respeitam e adoram, não seriam divindades e sim meros espíritos.

Mas a verdade é que eles podem sustentar as pessoas a partir de suas religiosidades e nada mais precisam para que desenvolvamos uma dinâmica religiosa coletiva, tal como desenvolveram as outras religiões logo nos seus inícios.

Sabemos que no passado e em solo nigeriano, cada aldeia tinha seu orixá e este cuidava de todos, respondendo tanto aos clamores mentais quanto ofertatórios dos seus fiéis.

E também sabemos que as oferendas só eram recomendadas pelos babalaôs em casos extremos, e não para coisas banais ou que podiam ser resolvidas pelas próprias pessoas.

Mas infelizmente e por várias razões, os africanos trazidos para cá não puderam desenvolver livremente a mesma dinâmica religiosa que havia lá e só conservam o recurso religioso e mágico ofertatório, que acabou por tormar-se a única forma de cultuarem suas divindades.

Por ser um processo iniciático, só quem tinha e tem a mediunidade de incorporação se inicia e se desenvolve, assumindo uma importância na vida de quem os procurava ou procura hoje.

Como muitos obtinham e ainda obtêm várias vantagens (grupal, social, pecuniária, política, etc.) com essa forma de cultuarcm os orixás, qualquer iniciativa que mude o atual estado das coisas certamente despertará reações as mais variadas.

Afinal, a nenhum dos atuais detentores do poder religioso dos orixás interessa que as pessoas saibam que eles, que são divindades de Deus, podem atuar coletivamente e tão positivamente na vida das pessoas quanto atuam Jesus Cristo, Buda, Krishna, etc., que têm cultos coletivos magníficos e já aperfeiçoados no decorrer dos séculos.

Acreditamos mesmo que será uma surpresa para os padres e os pastores evangélicos o surgimento do culto aberto e coletivo dos sagrados orixás, já que nunca esperavam uma reação desse tipo às suas investidas sobre o nosso magro rebanho de fiéis.

E, com certeza, eles serão colocados em desvantagem perante seus fiéis porque o nosso panteão de divindades, se já se mostrava poderoso na dinâmica antiga, tem se mostrado poderosíssimo e maravilhoso nos nossos cultos coletivos.

Nós temos orixás para todas as situações aflitivas e não precisamos buscar fora da nossa religião algum santo milagreiro, porque milagre é com nossos amados orixás.

O Colégio de Umbanda Sagrada, como sempre desde sua fundação em 1999, sai na frente e com propostas ou alternativas concretas e de fácil aplicação na Umbanda e na vida dos umbandistas.

— Criamos o estudo Teológico na Umbanda.
— Criamos a Magia Divina.
— Criamos a Escola de Desenvolvimento Mediúnico.
— Criamos Curso de Sacerdócio Pleno.
— E agora, criamos o Sacerdócio Vocacional e desenvolvemos toda a sua dinâmica religiosa que dispensa o sacerdote da necessidade de ser médium de incorporação. Apenas precisa ser religioso, ter fé e iniciar-se nessa nova dinâmica de atuação coletiva dos sagrados orixás.

Se os umbandistas perceberem a grandeza do que lhes está sendo oferecido, com certeza em menos de uma década quem estará preocupado com o imenso número de seguidores da Umbanda serão os dirigentes das outras religiões.

Mas se não perceberem ou, se derem ouvidos aos acomodados e aos que têm auferido suas vantagens e desprezarem esta dádiva dos sagrados orixás, com certeza continuarão a culpar os evangélicos e seus proselitismos agressivos pelo esvaziamento de suas tendas ou pelo desaparecimento delas, pois serão colocados na ilegalidade por eles.

Que todos os umbandistas em geral e cada um consigo mesmo reflitam neste meu comentário e tirem suas conclusões.

O culto coletivo era uma das nossas propostas mais preciosas e que iríamos sugerir que fosse adotado por todas as federações e organizações umbandistas em um congresso, também proposto por nós ao SOUSP, mas que foi torpedeado justamente na sua 1ª reunião preparatória por um dos maiores líderes da Umbanda em São Paulo, que preferiu trocá-lo pela sua festa de louvação anual ao Orixá Ogum.

Entendemos que esse líder, "feito" em um culto afro não umbandista, não tinha um real interesse no crescimento da nossa religião pois implicaria uma perda de seu poder sobre seus seguidores.

— Mas, quem tem realmente poder?

É quem comanda meia dúzia de puxas-sacos ou quem lidera milhares de umbandistas, todos esclarecidos e conscientes da importância de praticarem uma religiosidade saudável?

Meditem!

Escola de Desenvolvimento Mediúnico Umbandista

Na Umbanda, o desenvolvimento dos médiuns acontece com as pessoas possuidoras da mediunidade de incorporação entrando para a corrente mediúnica, e pouco a pouco irem desenvolvendo-se e sendo doutrinadas até que, com o passar dos anos, comecem a dar passes.

Esta é a regra e tem sido assim desde o início da Umbanda como religião.

A ideia de criar um curso voltado exclusivamente para o desenvolvimento dos médios de incorporação e para prepará-los mais rapidamente surgiu em meados da década de oitenta, quando abri o meu primeiro centro de Umbanda e vieram muitas pessoas com mediunidade pedindo para entrarem nele e ali se desenvolverem.

Por determinação do Senhor Caboclo Arranca Toco, fazíamos uma lista de espera e as pessoas vinham tomar passe espiritual até que um grupo se formasse e pudesse se desenvolver, todos juntos e por igual.

Nesse tempo, mais ou menos a cada seis meses um novo grupo começava e era auxiliado pelos mais velhos da casa.

Era muito positivo esse método porque separava o médium iniciante do trabalho pesado (desobsessão corte de demanda, descarrego, etc) e quando o médium adquiria estabilidade em sua incorporação e já entendia o funcionamento da casa e dos trabalhos, então era integrado aos dias de atendimentos ao público, ajudando a cambonear os guias e gradativamente começava a fazer transportes, descarregos e desobsessões.

Com cerca de seis meses de giras de desenvolvimentos separados dos trabalhos de atendimentos, um médium iniciante já incorporava guias espirituais de todas as linhas puxadas por nós Caboclos (as), Pretos-Velhos (as), Baianos, Boiadeiros, Marinheiros, Sereias, Crianças, Exus e Pombagiras (estas só para mulheres).

Então, com o médium já seguro de sua mediunidade e conhecedor do seu universo espiritual, era hora de conduzi-lo à sua misão.

Nesse tempo, a doação de um dia especifico para o desenvolvimento trouxe grande crescimento à nossa modesta, mas ampla Tenda espiritual localizada no bairro Jardim Ercília, na zona leste de São Paulo.

E, muitos anos depois, já instalados no bairro do Belenzinho, capital, retornei a dinâmica de desenvolvimento já testada muitos anos antes e criei a escola de desenvolvimento mediúnico umbandista, voltada exclusivamente para o médium iniciante.

O sucesso é inegável e são tantas as pessoas que buscam o desenvolvimentos que temos que conter a entrada de nossos médiuns por falta de espaço físico,

E a mesma receptividade tem havido nas escolas de desenvolvimento criadas em centros de amigos nossos que também acreditam que está na hora da Umbanda organizar-se melhor e oferecer ao seus novos adeptos um pouco mais de conforto, doutrina e confiança.

Esperamos que em breve todos os centros criem suas escolas de desenvolvimento, separando o iniciante e auxiliando em um curto espaço de tempo a conceder melhor suas forças espirituais.

Essa ideia já foi adotada por muitos e todos estão satisfeitos com os resultados obtidos.

Umbandistas, adotem essa ideia e criem em seus centro suas escolas de desenvolvimento mediúnico!